신개념 중국어

New Concept Chinese

북경어언대학출판사 편
원제 新概念汉语 4 – 课本
편저 崔永华 | 편역 임대근, 이수영

본책

4

다락원

편저
崔永华
북경어언대학 교수
북경어언대학출판사 대외한어교재 총괄 편집·심사자
前 HSK 위원회 위원
前 세계한어교학학회 상무이사
前 중국대외한어교학학회 부회장

편역
임대근
한국외국어대학교 중국어통번역학과 교수
한국외국어대학교 대학원 글로벌문화콘텐츠학과 교수
『베이직 중국어 1~3』 공저 (중국어뱅크)
『드라마 중국어회화 핵심패턴 233』 공저 (길벗이지톡)
『팅리에 강해지는 听和说』 편역 (다락원)
『중한대역문고 중국 얼거(儿歌)선』 편역 (다락원)
『한국通 중국어』 저 (다락원)
『신개념 중국어 1~4』 편역 (다락원)

이수영
한국외국어대학교 통번역대학원 한중과 졸업
가톨릭대학교 동아시아언어문화학부 중국언어문화전공 강사
경인여자대학교 항공관광과 강사
한국산업인력공단 국가기술자격 다국어시험 전문 번역 위원
『신개념 중국어 3~4』 편역 (다락원)

북경어언대학출판사 편
원제 新概念汉语4-课本
편저 崔永华 | 편역 임대근, 이수영

본책

들어가는 말

중국어, 욕심부리지 말고 차근차근,
새롭게, 쉽게, 재미있게 배우세요!

『신개념 중국어』 시리즈는 중국 북경어언대학출판사에서 출간한 『新概念汉语』 시리즈의 한국어판입니다. 외국인에 대한 중국어 교수법을 다년간 연구해 온 교수진이 기획 및 집필에 참여해 내용이 실용적이고 흥미로우며, 간단하고 효과적인 학습법·교수법을 기초로 설계되어 커리큘럼이 체계적이고 탄탄합니다.

새롭다! 『신개념 중국어』 시리즈는 기존의 교재들과 차별화됩니다. 한 과가 두 페이지(1~2권) 또는 네 페이지(3~4권)로 보기 좋게 펼쳐지고 끝나는 단순함, 풍부하고 다채로운 연습으로 학습 포인트를 자연스럽게 체득하게 하는 영민함, 학습 내용을 일방적으로 전달하지 않고 적재적소에서 질문을 던져 가며 차분하게 안내하는 친절함 등이 교재 곳곳에 녹아 있습니다.

쉽다! 『신개념 중국어』 시리즈의 각 권은 40과(1~2권) 또는 20과(3~4권)로, 양질의 본문 학습과 연습이 유기적으로 이루어집니다. 본문은 익혀야 할 학습 포인트가 많지 않고 명확해 부담이 없으며, 연습은 반복적이고 종합적이라 충분한 복습이 됩니다. 한 과 한 과 차근차근 학습해 나가다 보면 말하기는 물론 듣기·쓰기·읽기까지 가벼운 책 한 권으로 모두 가능해집니다.

재미있다! 『신개념 중국어』 시리즈는 지루할 틈이 없습니다. 본문에는 중국의 문화와 유머, 중국인의 사상과 감성 등이 가득 담겨 있으며, 풍부한 삽화는 내용 연상 및 이해에 도움이 됩니다. 연습은 형태가 창의적이고 다채로워 단조롭지 않습니다.

다년간 중국어 교재 연구·개발에 열정을 쏟아 온 다락원과 강의 경험이 풍부한 국내 교수님이 주체가 되어 재편한 『신개념 중국어』 시리즈는 다양한 학습자와 교사가 편리하게 활용할 수 있는 신개념 중국어 완성 프로그램입니다. 원서의 특장점을 최대한 부각하고, 국내 실정을 고려해 부족함이 없도록 수정·보완했습니다. 중국어 공부를 처음 시작하는 입문자부터 고급자까지 본 시리즈를 통해 활기차게 생동하는 중국과 중국어를 배울 수 있을 거라 확신합니다.

다락원 중국어 출판부

차례

들어가는 말	3
차례	4
이 책의 구성과 활용법	6
일러두기	9

학습 포인트	단어	핵심 어법	간체자
01 孔子 공자			12
• 역사적 인물 소개하기	• 전문가	• 동작의 주체를 이끄는 개사 '由' • 'A对B产生影响' 문형	子
02 手机短信 문자 메시지			16
• 제품의 기능 설명하기	• 장소 ①	• 목적, 수단, 방법을 이끄는 개사 '通过' • 상황의 변화를 나타내는 '越来越'	面
03 空马车 빈 마차			20
• 성장 일화 말하기	• 식물	• '除了+A(+以外), 还+B' 문형 • 정도의 증가를 나타내는 '越+A+越+B'	见 贝
04 海洋馆的广告 해양박물관의 광고			24
• 기억에 남는 광고 소개하기	• 신체 부위	• 부사 '眼看' • 부사 '到处'	了
05 筷子 젓가락			28
• 동서양의 식사 도구 비교하기	• 손으로 하는 동작	• 방향보어 '出来'의 파생용법 • 방법이나 기준을 이끄는 개사 '按照'	生
06 慢生活 슬로우 라이프			32
• 생활 방식에 대한 가치관 말하기	• 장소 ②	• 당위성을 나타내는 조동사 '应该' • '不只A, 还B' 문형	又 辶
07 剪裤子 잘린 바지			36
• 재미있는 일화 말하기	• 시간대 표현	• 이유, 목적을 이끄는 개사 '为了' • 방향보어 '起'의 파생용법	心 忄
08 吐鲁番 투루판			40
• 좋아하는 도시 소개하기	• 과일	• 명칭을 나타내는 '称为' • 시점을 나타내는 '当……的时候'	着
09 坐电梯 엘리베이터 타기			44
• 데이트 신청하기	• 집, 건물	• '除非A, 才B' 문형 • 부사 '只'	土 士
10 有趣的谐音词 재미있는 해음자			48
• 해음자 소개하기	• 생활용품	• 사역을 나타내는 동사 '使' • 접속사 '而'	礻 衤

학습 포인트	단어	핵심 어법	간체자
11 海豚和鲨鱼 돌고래와 상어			52
• 동물 관련 일화 말하기	• 동물	• 방향을 나타내는 개사 '朝' • '只要A，就B' 문형	火 灬
12 什么也没做。 아무것도 안 했어요.			56
• 가사일 분담에 대해 말하기	• 의류와 잡화	• '连……都/也' 문형 • 부사 '总是'	天 夫
13 老年人的休闲生活 노인들의 여가 생활			60
• 여가 생활 소개하기	• 연령대별 명칭	• 사례를 열거하는 '有的……' • '一边……一边……' 문형	老
14 青藏铁路 칭짱철도			64
• 선호하는 교통수단 소개하기	• 자연	• 가정을 나타내는 조사 '……的话' • 부사 '甚至'	年
15 地球一小时 지구를 위한 한 시간			68
• 캠페인 소개하기 ①	• 오락	• 선택을 나타내는 접속사 '或者' • 방향보어 '上'의 파생용법	只 兄
16 母亲水窖 어머니를 위한 물탱크			72
• 캠페인 소개하기 ②	• 형용사	• 부사 '大都' • 이중부정을 통한 긍정 '不得不'	力 刀
17 月光族 위에광족			76
• 소비에 대한 가치관 말하기	• 단위 표현	• '只有A，才B' 문형 • '不仅A，还B' 문형	方 万
18 细心 세심함			80
• 직업과 역량에 대해 말하기	• 성어	• 범위를 나타내는 부사 '都' • 관점을 나타내는 '对……来说'	会
19 丝绸之路 실크로드			84
• 문화 간 교류 및 차이점 말하기	• 국가	• '把+A+동사술어+为+B' 문형 • 부사 '几乎'	假
20 汉语和唐人街 중국어와 차이나타운			88
• 명칭의 유래 말하기	• 시대별 유명인사	• 유래나 어원을 이끄는 '来自' • '所+동사+的'	无 失

부록

번체자 본문	94
녹음 대본과 모범답안	101
단어 색인	121

이 책의 구성과 활용법

『신개념 중국어 4』는 준중급 수준의 학습자, 新HSK 4급 입문 수준의 학습자를 대상으로 합니다. 40~80시간에 걸쳐 20과 구성의 본책에서 다루는 주제별 표현과 630여 개의 단어(词), 200여 개의 글자(字), 40개의 어법 포인트 등을 마스터한다면 新HSK 4급을 마스터할 수 있으며, 중급 수준의 중국어 듣기, 말하기, 읽기, 쓰기 능력을 갖출 수 있습니다. 또, 문단 만들기를 중점적으로 훈련하여 일상·업무·학습 방면의 내용을 분명하게 이해하고 표현할 수 있으며, 어떤 사건이나 현상에 대한 자신의 관점을 논리적으로 설명할 수 있습니다.

본 책

매 과의 첫 번째, 두 번째 페이지에서 본문을 통한 단어·표현·어법 학습이 이루어지고, 세 번째, 네 번째 페이지에서 앞에서 배운 단어·표현·어법을 활용한 활동이 이루어집니다

본문	에피소드, 중국 문화, 유머 등의 다양한 주제별 단문을 듣고, 질문에 답하는 방식으로 학습합니다.
새 단어	모르는 단어의 품사와 의미를 확인합니다.
핵심 표현	핵심 문형과 표현, 어법을 익힙니다.
본문 해석	해석을 통해 본문을 완전히 이해합니다.
본문 암송	제시어를 참고하며 빈칸을 채워 본문의 내용을 다시 말해 봅니다.

이렇게 학습하세요!

❶ 오른쪽 페이지는 가리고, 과 제목과 질문을 읽은 다음 삽화를 통해 본문 내용을 유추합니다.
❷ 본문 녹음을 두 번 들으면서 본문 앞 질문에 대한 답이 무엇일지 생각해 봅니다.
❸ 오른쪽 페이지의 '새 단어'를 열어 확인하고, 발음과 뜻을 익힙니다.
❹ 본문 녹음을 다시 들으며 자신이 생각한 답이 맞는지 확인합니다.
❺ 오른쪽 페이지의 '핵심 표현'을 학습한 후, 녹음을 다시 듣습니다.
❻ 오른쪽 페이지의 '본문 해석'을 확인한 후, 녹음을 여러 번 따라 읽고, 혼자서도 읽어 봅니다.
❼ 본문을 가리고, 본문 아래 질문에 최대한 구체적으로 답해 봅니다.
❽ '본문 암송' 코너의 제시어를 참고하며 빈칸을 채워 본문의 내용을 다시 말해 봅니다.
❾ '본문 해석'을 보면서 중국어로 다시 말해 봅니다.

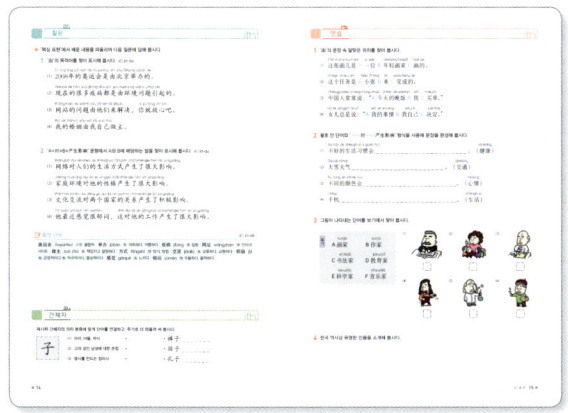

활용	앞에서 배운 핵심 표현이 사용된 모범 문장을 익히며 활용법을 익힙니다.
확장 단어	모르는 단어의 품사와 의미를 확인합니다.
간체자	유의하여 구분해야 하는 간체자와 부수의 형태·발음·의미를 익혀 봅니다
연습	다양한 형태의 '어법 → 단어 → 말하기' 연습으로, 학습한 모든 내용을 완전히 터득합니다.

이렇게 학습하세요!

❶ '활용'의 전체 녹음을 두 번 듣습니다.
❷ 한 문장씩 따라 읽어 본 후, 질문에 대한 답이 무엇일지 생각해 봅니다.
❸ 모르는 단어가 있으면 하단의 '확장 단어'에서 발음과 뜻을 익힙니다.
❹ 최하단에 정리된 '간체자'의 형태·발음·의미를 숙지하고, 예시를 더 떠올려 봅니다.
❺ '핵심 표현'과 '활용'에서 익힌 내용을 바탕으로 '연습' 1, 2번을 풀어 봅니다.
❻ '연습' 3번을 통해 여태까지 배웠던 단어를 정리해 봅니다.
❼ '연습' 4번을 통해 여러 문장을 이어서 말해 보는 연습을 합니다.

부록

번체자 본문, 녹음 대본과 모범답안, 단어 색인입니다.

◆ 본문을 번체자로 읽어 보고, 어떤 글자가 간단한 형태로 바뀌었는지 살펴봅니다.

◆ 녹음 대본과 해석, 모범답안을 확인합니다.

◆ 간편하게 단어를 찾고, 품사별 의미를 떠올려 봅니다.

✳ '녹음 대본과 모범답안'은 다락원 홈페이지(www.darakwon.co.kr)의 '학습자료 〉 중국어' 게시판에서 무료로 다운로드 받으실 수 있습니다.

워크북

매 과는 '단어 연습→어법 연습→듣기 연습→쓰기 연습→회화 연습→담화 연습' 순서로 이루어져 있습니다.

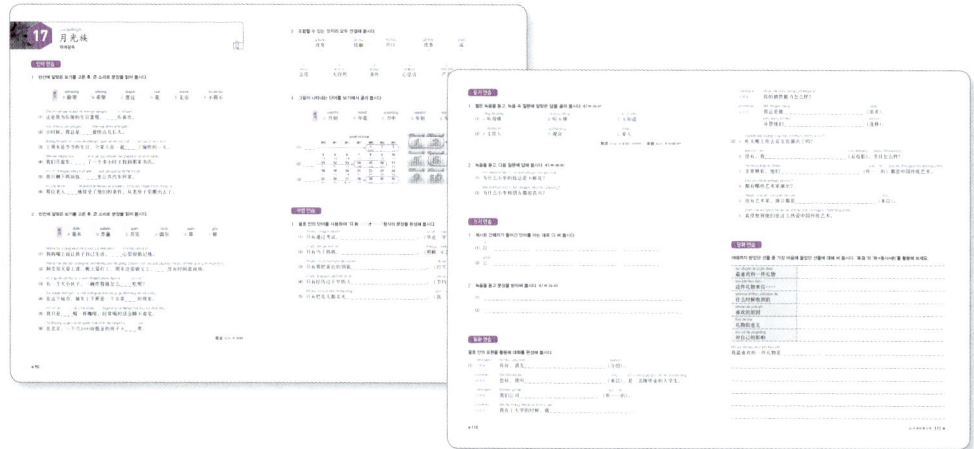

단어 연습	단어의 발음과 의미, 특징과 용법을 알고 있는지 확인합니다.
어법 연습	어법에 맞게 중국어 문장을 만들고, 써 봅니다.
듣기 연습	녹음을 듣고, 알맞은 답을 골라 봅니다.
쓰기 연습	글자의 형태와 뜻을 분별하고, 녹음 속 문장을 받아써 봅니다.
회화 연습	알맞은 표현을 사용해 대화를 완성하고, 질문에 답해 봅니다.
담화 연습	다양한 화제로 자유롭게 중국어를 구사해 봅니다.

✽ 워크북의 '녹음 대본과 모범답안'은 다락원 홈페이지(www.darakwon.co.kr)의 '학습자료 〉 중국어' 게시판에서 무료로 다운로드 받으실 수 있습니다.

MP3 CD

본책과 워크북의 녹음 파일이 들어 있습니다.

✽ 책의 해당 부분에 MP3 트랙 번호가 기재되어 있습니다.
✽ MP3 음원은 다락원 홈페이지(www.darakwon.co.kr)에서 무료로 다운로드 받으실 수 있습니다. 스마트폰으로 QR코드를 스캔하면 MP3 다운로드 및 실시간 재생 가능한 페이지로 바로 연결됩니다.

일러두기

▶ 이 책의 고유명사 표기는 다음과 같습니다.

❶ 중국의 지명·건물·기관·관광명소 등은 중국어 발음을 한국어로 표기했습니다.
   예) 新疆 신지앙   吐鲁番 투루판   青海 칭하이

❷ 인명은 각 나라에서 실제 사용하는 발음을 기준으로 하여 한국어로 표기했습니다.
   예) 王芳芳 (중국인) 왕팡팡   黑格尔 (독일인) 헤겔   金美英 (한국인) 김미영

▶ 중국어의 품사는 다음과 같이 약자로 표시했습니다.

명사	명	형용사	형	접속사	접
고유명사	고유	부사	부	감탄사	감
동사	동	수사	수	조사	조
조동사	조동	양사	양	접두사	접두
대사	대	개사	개	접미사	접미

신개념
중국어 ❹

01 孔子
Kǒngzǐ
공자

● 녹음을 듣고 다음 질문에 답해 봅시다. 🔊 01-01

> **孔子有多少个学生?** 공자에게는 제자가 얼마나 있었나요?
> Kǒngzǐ yǒu duōshao ge xuésheng?

孔子姓孔,名丘,是中国著名的思想家、教育家。"孔子"是人们对他的尊称,"子"的意思是"有学问的人"。

孔子是中国第一位在民间开办学校的人。他有三千多个学生,其中最有名的有72个。他提出了"有教无类""温故知新"等教育思想。由孔子的学生编纂的《论语》一书,记载了孔子主张的儒家思想。儒家思想对中国社会发展产生了深远的影响。

● 본문을 읽고, 최대한 구체적으로 다음 질문에 답해 봅시다.

1. **孔子是什么人?** 공자는 어떤 사람인가요?
   Kǒngzǐ shì shénme rén?

2. **为什么人们叫他"孔子"?** 사람들은 왜 그를 '공자'라고 부르나요?
   Wèi shénme rénmen jiào tā "Kǒngzǐ"?

3. **孔子提出了什么教育思想?** 공자는 어떤 교육 사상을 제시했나요?
   Kǒngzǐ tíchūle shénme jiàoyù sīxiǎng?

4. **《论语》是由谁编纂的?记载了什么?** 『논어』는 누가 편찬했나요? 무엇이 기록되어 있나요?
   《Lúnyǔ》 shì yóu shéi biānzuǎn de? Jìzǎile shénme?

새 단어

孔子 Kǒngzǐ [고유] 공자[중국 춘추 시대의 사상가·교육가]
名 míng [동] 이름이 ~이다
孔丘 Kǒng Qiū [고유] 공구[공자의 이름]
思想家 sīxiǎngjiā [명] 사상가
思想 sīxiǎng [명] 사상
教育家 jiàoyùjiā [명] 교육자
教育 jiàoyù [명] 교육
尊称 zūnchēng [명] 존칭
学问 xuéwen [명] 학식, 학문
民间 mínjiān [명] 민간, 비공식
开办 kāibàn [동] 개설하다, 설립하다, 창설하다
提出 tíchū 제시하다, 제기하다, 제의하다
有教无类 yǒujiào-wúlèi 누구에게나 차별없이 교육을 실시하다

温故知新 wēngù-zhīxīn 옛것을 익히고 그것을 통하여 새로운 지식이나 도리를 찾아내다
由 yóu [개] ~가, ~로부터
编纂 biānzuǎn [동] 편찬하다
《论语》 Lúnyǔ [고유] 「논어」
记载 jìzǎi [동] 기록하다, 기재하다
主张 zhǔzhāng [동] 주장하다
儒家思想 Rújiā sīxiǎng 유교 사상
儒家 Rújiā [고유] 유교
社会 shèhuì [명] 사회
发展 fāzhǎn [동] 발전하다
深远 shēnyuǎn [형] (의의나 영향 등이) 깊다, 심원하다

핵심 표현

- 由孔子的学生编纂的《论语》一书，记载了孔子主张的儒家思想。
  개사 '由'는 동작의 주체를 이끌어 내는 역할을 하며, '~가' '~로부터'라고 해석됩니다.

- 儒家思想对中国社会发展产生了深远的影响。
  'A+对+B+产生影响' 문형은 'A가 B에 영향을 미치다' 또는 'A로 인해 B가 변화하다'라는 의미를 나타냅니다.

본문 해석

공자는 성이 공(孔), 이름은 구(丘)인 중국의 유명한 사상가이자 교육자입니다. '공자(孔子)'는 사람들이 그를 부르던 존칭으로 '자(子)'는 '학식이 있는 사람'이라는 뜻입니다.
공자는 민간에 학교를 개설한 중국 최초의 인물로, 공자에게는 3000여 명의 제자가 있었고, 그중에서 유명한 제자는 72명이 있습니다.

공자는 '누구에게나 차별없이 교육을 실시한다' '옛 것을 익히고 그것을 통하여 새로운 지식이나 도리를 찾아낸다'와 같은 교육 사상을 제시했습니다. 공자의 제자들이 편찬한 『논어』에는 공자가 주장한 유교 사상이 기록되어 있습니다. 유교 사상은 중국 사회의 발전에 깊은 영향을 미쳤습니다.

본문 암송

孔子＿＿孔，＿＿丘，是中国著名的＿＿＿＿＿、＿＿＿＿＿。"孔子"是人们＿＿＿＿＿＿＿＿，"子"的意思是"＿＿＿＿＿＿＿＿"。

孔子是中国第一位在民间＿＿＿＿＿＿＿＿＿＿。他有＿＿＿＿＿＿＿＿学生，＿＿＿最有名的有72个。他提出了"＿＿＿＿＿＿＿""＿＿＿＿＿＿"等教育思想。由＿＿＿＿＿＿＿＿编纂的《＿＿＿》一书，＿＿＿＿了孔子主张的＿＿＿＿＿＿＿。儒家思想对＿＿＿＿＿＿＿＿＿＿产生了＿＿＿的影响。

활용

● '핵심 표현'에서 배운 내용을 떠올리며 다음 질문에 답해 봅시다.

1 '由'의 목적어를 찾아 표시해 봅시다. 01-03

(1) Èr líng líng bā nián de Àoyùnhuì shì yóu Běijīng jǔbàn de.
　　2008年的奥运会是由北京举办的。

(2) Xiànzài de hěn duō jíbìng dōu shì yóu huánjìng wèntí yǐnqǐ de.
　　现在的很多疾病都是由环境问题引起的。

(3) Wǎngzhàn de wèntí yóu tāmen lái jiějué, nǐ jiù fàng xīn ba.
　　网站的问题由他们来解决，你就放心吧。

(4) Wǒ de hūnyīn yóu wǒ zìjǐ zuò zhǔ.
　　我的婚姻由我自己做主。

2 'A+对+B+产生影响' 문형에서 A와 B에 해당하는 말을 찾아 표시해 봅시다. 01-04

(1) Wǎngluò duì rénmen de shēnghuó fāngshì chǎnshēngle hěn dà yǐngxiǎng.
　　网络对人们的生活方式产生了很大影响。

(2) Jiātíng huánjìng duì tā de xìnggé chǎnshēngle hěn dà yǐngxiǎng.
　　家庭环境对他的性格产生了很大影响。

(3) Wénhuà jiāoliú duì liǎng ge guójiā de guānxi chǎnshēngle jījí yǐngxiǎng.
　　文化交流对两个国家的关系产生了积极影响。

(4) Tā zuìjìn gǎnjué hěn yùmèn, zhè duì tā de gōngzuò chǎnshēngle hěn dà yǐngxiǎng.
　　他最近感觉很郁闷，这对他的工作产生了很大影响。

확장 단어 01-05

奥运会 Àoyùnhuì 고유 올림픽 | **举办** jǔbàn 동 개최하다, 거행하다 | **疾病** jíbìng 명 질병 | **网站** wǎngzhàn 명 인터넷 사이트 | **做主** zuò zhǔ 동 책임지고 결정하다 | **方式** fāngshì 명 방식, 방법 | **交流** jiāoliú 동 교류하다, 교환하다 | **积极** jījí 형 긍정적이다 형 적극적이다, 열성적이다 | **感觉** gǎnjué 동 느끼다 | **郁闷** yùmèn 형 우울하다, 울적하다

간체자

제시된 간체자의 의미 분류에 맞게 단어를 연결하고, 추가로 더 떠올려 써 봅시다.

子

(1) 아이, 아들, 자식　　　•　　　　•裤子 _____

(2) 고대 성인 남성에 대한 존칭　•　　　　•孩子 _____

(3) 명사를 만드는 접미사　　　•　　　　•孔子 _____

연습

1 '由'의 문장 속 알맞은 위치를 찾아 봅시다.

(1) 这张画儿是 A 一位 B 年轻画家 C 画的。
　　Zhè zhāng huàr shì yí wèi niánqīng huàjiā huà de.

(2) 这个任务是 A 小张 B 来 C 完成的。
　　Zhège rènwu shì Xiǎo Zhāng lái wánchéng de.

(3) 中国人常常说："A 今天的晚饭 B 我 C 买单。"
　　Zhōngguórén chángcháng shuō: "jīntiān de wǎnfàn wǒ mǎidān."

(4) 女儿总是说："A 我的事情 B 我自己 C 决定。"
　　Nǚ'ér zǒngshì shuō: "wǒ de shìqing wǒ zìjǐ juédìng."

2 괄호 안 단어와 '……对……产生影响' 형식을 사용해 문장을 완성해 봅시다.

(1) 不好的生活习惯会＿＿＿＿＿＿＿＿＿＿＿＿。（健康）
　　Bù hǎo de shēnghuó xíguàn huì　　　　　　　jiànkāng

(2) 大雪天气＿＿＿＿＿＿＿＿＿＿＿＿。（交通）
　　Dàxuě tiānqì　　　　　　　jiāotōng

(3) 不同的颜色会＿＿＿＿＿＿＿＿＿＿＿＿。（心情）
　　Bù tóng de yánsè huì　　　　　　　xīnqíng

(4) 手机＿＿＿＿＿＿＿＿＿＿＿＿。（生活）
　　Shǒujī　　　　　　　shēnghuó

3 그림이 나타내는 단어를 보기에서 찾아 봅시다.

보기
A 画家 huàjiā　　B 作家 zuòjiā
C 书法家 shūfǎjiā　　D 教育家 jiàoyùjiā
E 科学家 kēxuéjiā　　F 音乐家 yīnyuèjiā

4 한국 역사상 유명한 인물을 소개해 봅시다.

02

shǒujī duǎnxìn
手机短信
문자 메시지

● 녹음을 듣고, 다음 질문에 답해 봅시다. 🔊 02-01

> *Shǒujī duǎnxìn néng zuò shénme?*
> **手机短信能做什么？** 문자 메시지로 무엇을 할 수 있나요?

Jù tǒngjì, zài Zhōngguó, rénmen píngjūn měi tiān fāsòng sānyì duō tiáo shǒujī duǎnxìn.
据统计，在中国，人们平均每天发送3亿多条手机短信。
Shǒujī duǎnxìn yǒu hěn duō gōngnéng, bǐrú yìxiē dāngmiàn bù fāngbiàn shuō de huà, kěyǐ tōngguò duǎnxìn
手机短信有很多功能，比如一些当面不方便说的话，可以通过短信
lái shuō; dānxīn biéren bù fāngbiàn jiē diànhuà, kěyǐ tōngguò duǎnxìn gàosu duìfāng; jiérì li, rénmen
来说；担心别人不方便接电话，可以通过短信告诉对方；节日里，人们
kěyǐ tōngguò duǎnxìn biǎodá wènhòu; lìngwài, rénmen hái chángcháng tōngguò hùxiāng zhuǎnfā yōumò duǎnxìn,
可以通过短信表达问候；另外，人们还常常通过互相转发幽默短信，
fēnxiǎng kuàilè. Zài Zhōngguó, shǒujī duǎnxìn yuèláiyuè chéngwéi rénmen shēnghuó zhōng zhòngyào de yí bùfen.
分享快乐。在中国，手机短信越来越成为人们生活中重要的一部分。

● 본문을 읽고, 최대한 구체적으로 다음 질문에 답해 봅시다.

Zhōngguórén píngjūn měi tiān fā duōshao tiáo duǎnxìn?
1 中国人平均每天发多少条短信？ 중국 사람들은 매일 평균 몇 건의 문자 메시지를 보내나요?

Shǒujī duǎnxìn de gōngnéng duō ma?
2 手机短信的功能多吗？ 문자 메시지는 기능이 많은가요?

Duǎnxìn duì Zhōngguórén zhòngyào ma?
3 短信对中国人重要吗？ 문자 메시지는 중국 사람들에게 중요한가요?

Duǎnxìn duì nǐ zhòngyào ma?
4 短信对你重要吗？ 문자 메시지는 여러분에게 중요한가요?

새 단어 02-02

据	jù	개 ~에 따르면, ~에 근거하여	对方	duìfāng	명 상대방, 상대편
统计	tǒngjì	명 통계	表达	biǎodá	동 (사상이나 감정을) 표현하다, 나타내다
发送	fāsòng	동 보내다, 송출하다, 발송하다	问候	wènhòu	동 안부를 묻다
功能	gōngnéng	명 기능	互相	hùxiāng	부 서로
比如	bǐrú	동 예를 들다	转发	zhuǎnfā	동 전달하다, 발송하다
当面	dāngmiàn	부 직접 마주하여, 맞대면하여	分享	fēnxiǎng	동 (기쁨, 행복, 좋은 점을) 함께 나누다, 누리다
通过	tōngguò	개 ~를 통해, ~를 거쳐, ~에 의해	越来越	yuèláiyuè	갈수록, 점점
担心	dānxīn	동 걱정하다, 염려하다	成为	chéngwéi	동 ~가 되다, ~로 되다
别人	biérén	대 (일반적인) 다른 사람, 남, 타인	部分	bùfen	명 (전체 중의) 부분, 일부분

핵심 표현

- 比如一些当面不方便说的话，可以<u>通过</u>短信来说。
  개사 '通过' 뒤에는 어떤 목적을 이루기 위한 수단이나 방법이 등장합니다.

- 手机短信<u>越来越</u>成为人们生活中重要的一部分。
  '越来越'는 시간의 흐름에 따라 상황이 발전되거나 변화함을 의미합니다.

본문 해석

통계에 따르면 중국에서 사람들은 하루 평균 3억 건이 넘는 문자 메시지를 보냅니다.
문자 메시지는 여러 가지 기능을 갖고 있습니다. 예를 들어, 직접 얼굴을 보고 전하기 불편한 말들은 문자로 한다거나, 상대방이 전화를 받기 불편할까 걱정될 때에는 상대방에게 문자로 알린다거나, 명절에 문자로 안부를 물을 수 있습니다. 그 밖에도 사람들은 종종 재미있는 문자 메시지를 서로 전달하면서 즐거움을 나누기도 합니다. 중국에서 문자 메시지는 사람들의 생활 속에서 갈수록 더 중요해지고 있습니다.

본문 암송

_____，在中国，人们____每天____3亿多条_____。
手机短信有很多____，比如一些____不方便说的话，可以_____来说；担心别人不方便接电话，可以通过短信_____；节日里，人们可以____短信____问候；____，人们还常常通过_____幽默短信，____快乐。在中国，手机短信_____成为人们生活中重要的_____。

활용

● '핵심 표현'에서 배운 내용을 떠올리며 다음 질문에 답해 봅시다.

1 문장의 주어를 찾아 표시해 봅시다. 02-03

(1) Jīnhòu wǒmen kěyǐ tōngguò diànzǐ yóujiàn liánxì.
今后我们可以通过电子邮件联系。

(2) Tōngguò diàochá, zhèngfǔ zhōngyú liǎojiěle zhè jiā gōngsī dǎobì de yuányīn.
通过调查，政府终于了解了这家公司倒闭的原因。

(3) Tōngguò duō cì tǎolùn, dàjiā zhōngyú jiějuéle zhège wèntí.
通过多次讨论，大家终于解决了这个问题。

(4) Xiànzài rénmen kěyǐ tōngguò hùliánwǎng huòdé hěn duō xìnxī.
现在人们可以通过互联网获得很多信息。

2 '越来越'의 수식을 받는 술어를 찾아 표시해 봅시다. 02-04

(1) Xiǎomíng zhǎng de yuèláiyuè gāo, rén yě yuèláiyuè shuài le.
小明长得越来越高，人也越来越帅了。

(2) Chéngshì li de qìchē yuèláiyuè duō, chéngshì jiāotōng yě yuèláiyuè yōngjǐ le.
城市里的汽车越来越多，城市交通也越来越拥挤了。

(3) Wǒ fāxiàn, wǒ yuèláiyuè bù liǎojiě tā le.
我发现，我越来越不了解他了。

(4) Zuìjìn jīngjì bù jǐngqì, gōngsī jīngyíng yuèláiyuè kùnnan.
最近经济不景气，公司经营越来越困难。

확장 단어 02-05

今后 jīnhòu 몡 앞으로, 이후 | 联系 liánxì 동 연락하다, 연결하다 | 政府 zhèngfǔ 몡 정부 | 互联网 hùliánwǎng 몡 인터넷 | 获得 huòdé 동 얻다, 취득하다, 획득하다 | 信息 xìnxī 몡 정보, 소식 | 拥挤 yōngjǐ 혱 혼잡하다, 붐비다 | 经济 jīngjì 몡 경제 | 不景气 bù jǐngqì 경기가 좋지 않다, 불경기이다 | 经营 jīngyíng 동 경영하다 | 困难 kùnnan 혱 어렵다, 곤란하다, 곤궁하다 몡 어려움, 곤란

간체자

제시된 간체자의 의미 분류에 맞게 단어를 연결하고, 추가로 더 떠올려 써 봅시다.

面

(1) 얼굴 • • 对面 ____
(2) 사물의 표면 • • 见面 ____
(3) 부위, 방면 • • 面包 ____
(4) 곡물 가루 또는 국수 • • 表面 ____

연습

1 '通过'를 사용해 문장을 완성해 봅시다.

(1) _____, wǒ rènshile xiànzài de nǚpéngyou.
我认识了现在的女朋友。

(2) _____, wǒ duì nà wèi zuòjiā yǒule gèng duō de liǎojiě.
我对那位作家有了更多的了解。

(3) _____, tā zhōngyú zhǎodàole lǐxiǎng de gōngzuò.
他终于找到了理想的工作。

(4) _____, rénmen fāxiàn qìchē de yánsè hé ānquán guānxi hěn dà.
人们发现汽车的颜色和安全关系很大。

2 '越来越'를 사용해 그림 속 상황에 맞는 문장을 완성해 봅시다.

(1)  Shìjiè de rénkǒu
世界的人口_____,
shìjiè biàn de xiǎo le.
世界变得_____小了。

(2)  Gōngsī de shì
公司的事_____,
tā yuèláiyuè máng.
她越来越忙。

(3)  Dàwèi yǐqián bú ài chī jiǎozi,
大卫以前不爱吃饺子,
xiànzài què
现在却_____。

(4)  Běnjiémíng
本杰明
_____。

3 그림이 나타내는 단어를 보기에서 찾아 봅시다.

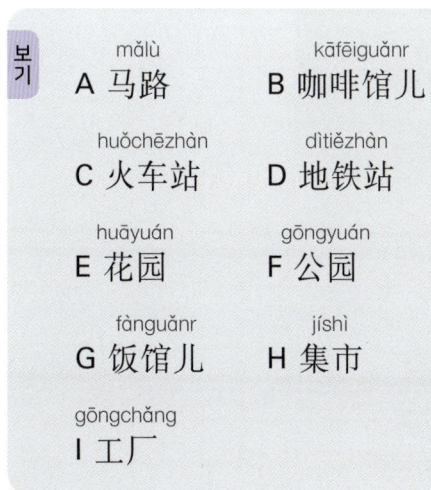

보기
A 马路 mǎlù
B 咖啡馆儿 kāfēiguǎnr
C 火车站 huǒchēzhàn
D 地铁站 dìtiězhàn
E 花园 huāyuán
F 公园 gōngyuán
G 饭馆儿 fànguǎnr
H 集市 jíshì
I 工厂 gōngchǎng

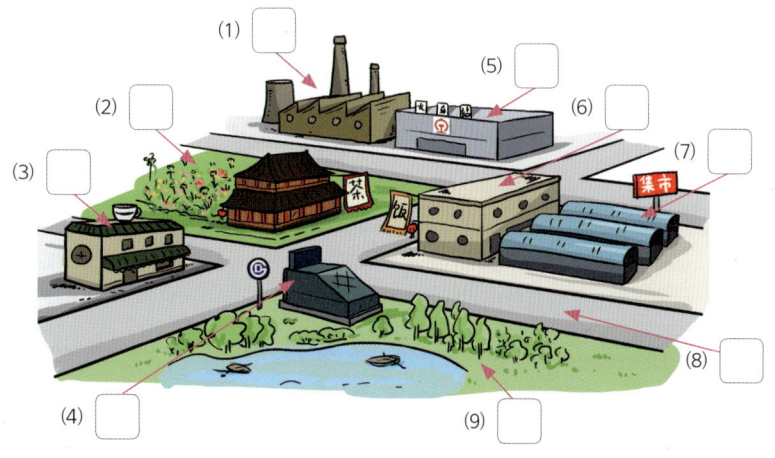

4 평소에 휴대전화로 무엇을 하는지 말해 봅시다.

03 空马车
kōng mǎchē

빈 마차

● 녹음을 듣고, 다음 질문에 답해 봅시다. 🔊 03-01

> Hēigé'ěr gēn fùqīn tǎolùn shénme wèntí?
> **黑格尔跟父亲讨论什么问题?** 헤겔은 아버지와 어떤 문제를 토론했나요?

一天，阳光明媚，年轻的黑格尔陪父亲在树林中悠闲地散步。走到一个幽静的地方，父亲问他："除了小鸟的叫声以外，你还听到了什么？"黑格尔说："我听到了马车的声音。"父亲说："对，是一辆空马车。"黑格尔听了很惊讶，他问："您没看到，怎么知道是空马车呢？"父亲说："从声音就能分辨出来，马车越空，噪声就越大。"

● 본문을 읽고, 최대한 구체적으로 다음 질문에 답해 봅시다.

1. **黑格尔和父亲在哪儿散步？** 헤겔과 아버지는 어디에서 산책을 했나요?
   Hēigé'ěr hé fùqīn zài nǎr sàn bù?

2. **父亲问了黑格尔什么？黑格尔是怎么回答的？**
   Fùqīn wènle Hēigé'ěr shénme? Hēigé'ěr shì zěnme huídá de?
   아버지는 헤겔에게 무슨 질문을 했고, 헤겔은 뭐라고 대답했나요?

3. **父亲怎么知道是空马车？** 아버지는 어떻게 빈 마차라는 것을 알았나요?
   Fùqīn zěnme zhīdao shì kōng mǎchē?

4. **你怎么理解"马车越空，噪声就越大"？** '빈 마차일수록 소음이 크다'는 말을 어떻게 생각하나요?
   Nǐ zěnme lǐjiě "mǎchē yuè kōng, zàoshēng jiù yuè dà"?

새 단어 03-02

阳光明媚	yángguāng míngmèi 햇빛이 맑고 아름답다	除了……(以外)	chúle……(yǐwài) ~말고, ~이외에
阳光	yángguāng 명 햇빛	鸟	niǎo 명 새
明媚	míngmèi 형 맑고 아름답다	叫声	jiàoshēng 명 동물의 울음 소리
黑格尔	Hēigé'ěr 고유 헤겔[독일의 철학자]	马车	mǎchē 명 마차
陪	péi 동 함께하다, 동반하다	空	kōng 형 텅 비다
树林	shùlín 명 숲, 수풀	惊讶	jīngyà 부 놀랍다, 의아스럽다
悠闲	yōuxián 형 한가하다, 여유롭다	分辨	fēnbiàn 동 구분하다, 분별하다
散步	sàn bù 동 산책하다, 산보하다	越……越……	yuè……yuè…… ~할수록 ~하다
幽静	yōujìng 형 한적하다, 고요하다	噪声	zàoshēng 명 소음, 잡음

핵심 표현

- **除了**小鸟的叫声以外，你**还**听到了什么?
  '除了+A(+以外), 还+B' 문형은 'A 이외에 B도'라는 뜻으로, A와 B를 모두 포함하거나 A에 B가 보충되는 것을 의미합니다.

- 马车**越**空，噪声就**越**大。
  '越+A+越+B' 문형은 'A 할수록 B 하다'라는 뜻으로 A의 정도가 증가함에 따라 B의 정도도 증가하는 현상을 나타냅니다. A와 B의 주어는 '雨越下越大(비가 갈수록 많이 내린다)'에서처럼 같을 수도 있고, '马车越空，噪声就越大(빈 마차일수록 소음이 크다)'에서처럼 다를 수도 있습니다.

본문 해석

햇빛이 좋은 어느 날, 어린 헤겔은 아버지와 함께 숲 속을 한가롭게 산책하고 있었습니다. 한적한 곳에 이르렀을 때, 아버지가 헤겔에게 물었습니다. "새가 지저귀는 소리 말고 또 무슨 소리가 들리니?" 헤겔은 "마차 소리가 들려요."라고 대답했습니다. 아버지는 "그래, 빈 마차란다."라고 말했습니다. 아버지의 말을 듣고 헤겔은 의아해하며 물었습니다. "보지도 않고 어떻게 빈 마차라는 것을 아세요?" 그러자 아버지는 말했습니다. "소리로 구분할 수 있지. 빈 마차일수록 소음이 크단다."

본문 암송

一天，_____，年轻的黑格尔__父亲在____中_____。____一个___的地方，父亲问他：" 除了_____以外，你还____了什么？" 黑格尔说："我听到了____的____。" 父亲说："对，是_____。" 黑格尔听了很____，他问："您没____，_____是空马车呢？" 父亲说："从____就能_____，马车____，噪声就____。"

활용

● '핵심 표현'에서 배운 내용을 떠올리며 다음 질문에 답해 봅시다.

1 '除了+A(+以外), 还+B' 형식의 A와 B에 해당하는 말을 찾아 표시해 봅시다. 03-03

(1) Chúle xǐhuan yóuyǒng yǐwài, wǒ hái xǐhuan dǎ wǎngqiú.
除了喜欢游泳以外，我还喜欢打网球。

(2) Tā chúle zuòguo fúwùyuán yǐwài, hái zuòguo shòuhuòyuán.
她除了做过服务员以外，还做过售货员。

(3) Zhè jiā gōngchǎng, chúle shēngchǎn xǐyījī yǐwài, hái shēngchǎn bīngxiāng.
这家工厂，除了生产洗衣机以外，还生产冰箱。

(4) Guò Zhōngqiū Jié de shíhou, Zhōngguórén chúle chī yuèbing yǐwài, hái yào shǎng yuè.
过中秋节的时候，中国人除了吃月饼以外，还要赏月。

2 문장의 주어를 찾아 표시해 봅시다. (주어가 생략된 경우도 있음) 03-04

(1) Yǔ yuè xià yuè dà.
雨越下越大。

(2) Bǎochí hǎo de xīntài, jiù néng yuè huó yuè niánqīng.
保持好的心态，就能越活越年轻。

(3) Hànyǔ yuè xué yuè yǒu yìsi, yuè yǒu yìsi wǒ jiù yuè xiǎng xué.
汉语越学越有意思，越有意思我就越想学。

(4) "Zài jiā kào fùmǔ, chū mén kào péngyou", suǒyǐ péngyou yuè duō yuè hǎo.
"在家靠父母，出门靠朋友"，所以朋友越多越好。

확장 단어 03-05

网球 wǎngqiú 명 테니스 | 售货员 shòuhuòyuán 명 판매원 | 生产 shēngchǎn 동 생산하다 | 洗衣机 xǐyījī 명 세탁기 | 月饼 yuèbing 명 위에빙[소를 넣어 만든 중국의 전통 과자] | 赏月 shǎng yuè 달맞이하다, 달구경 하다 | 保持 bǎochí 동 유지하다, 지키다 | 心态 xīntài 명 심리 상태 | 靠 kào 동 ~에 의지하다 | 父母 fùmǔ 명 부모님

간체자

두 글자의 형태 차이에 주의하며 해당 글자가 포함된 간체자를 써 봅시다.

见 (1) 보다
观 _____

贝 (1) 재물
财 _____

연습

1 괄호 안의 표현과 '除了……还……' 형식을 사용해 문장을 완성해 봅시다.

(1) 安妮_____。（说　西班牙语　韩语）

(2) 这次旅游，他_____。（去　上海　杭州）

(3) 这次生病，她_____，还_____。（嗓子发炎　头疼）

(4) 周末他_____。（打扫　房间　洗车）

(5) 他_____，还_____。（是　作家　大学教授）

2 제시된 낱말과 '越……越……' 형식을 사용해 문장을 만들어 봅시다.

(1) 她　快　跑

(2) 开心　方方和姑妈　聊

(3) 喜欢　我　听　这首歌

(4) 说　妻子　就　生气　丈夫

3 그림이 나타내는 단어를 보기에서 찾아 봅시다.

보기: A 树叶　B 树林　C 花儿　D 水稻　E 树枝 가지　F 树

(1)　(2)　(3)　(4)　(5)　(6)

4 자라면서 나에게 가장 영향을 많이 준 사람을 소개해 봅시다.

04 海洋馆的广告
hǎiyángguǎn de guǎnggào
해양박물관의 광고

● 녹음을 듣고, 다음 질문에 답해 봅시다. 🔊 04-01

> Hǎiyángguǎn yǒu shénme biànhuà?
> **海洋馆有什么变化?** 해양박물관에 어떤 변화가 있었나요?

王经理在内陆城市开了一家海洋馆，可是由于门票太贵，参观的人很少，眼看就要倒闭了。王经理到处征求好点子，想让海洋馆的生意好起来。不久，一个女教师出现在王经理的办公室，说她有一个好点子。

王经理按女教师的主意，登出了新广告。

一个月后，海洋馆天天爆满，三分之一是儿童，三分之二是家长。

三个月后，海洋馆开始赢利了。海洋馆的广告只有六个字——"儿童参观免费"。

● 본문을 읽고, 최대한 구체적으로 다음 질문에 답해 봅시다.

1. Hǎiyángguǎn wèi shénme yǎnkàn jiù yào dǎobì le?
   海洋馆为什么眼看就要倒闭了? 해양박물관은 왜 곧 문을 닫게 생겼나요?

2. Yí ge yuè hòu, hǎiyángguǎn zěnmeyàng le?
   一个月后，海洋馆怎么样了? 한 달 후, 해양박물관은 어떻게 되었나요?

3. Sān ge yuè hòu, hǎiyángguǎn zěnmeyàng le?
   三个月后，海洋馆怎么样了? 세 달 후에는 어떻게 되었나요?

4. Hǎiyángguǎn de guǎnggào shì shénme?
   海洋馆的广告是什么? 해양박물관의 광고는 무엇이었나요?

새 단어 04-02

内陆 nèilù 명 내륙
开 kāi 동 열다, 창립하다, 설립하다
海洋馆 hǎiyángguǎn 명 해양박물관, 아쿠아리움
海洋 hǎiyáng 명 해양, 바다
由于 yóuyú 접 ~때문에 개 ~때문에
眼看 yǎnkàn 부 곧
到处 dàochù 부 여기저기에, 곳곳에, 도처에
征求 zhēngqiú 동 (서면, 구두로) 묻다, 탐방하여 구하다
点子 diǎnzi 명 아이디어, 생각, 의견

不久 bùjiǔ 부 오래지 않아, 곧
教师 jiàoshī 명 교사
出现 chūxiàn 동 나타나다
按 àn 개 ~에 의거하여, ~에 따라서
登 dēng 동 게재하다, 기재하다
爆满 bàomǎn 동 꽉 차다, 만원이 되다
儿童 értóng 명 아동, 어린이
家长 jiāzhǎng 명 학부모, 보호자, 가장
赢利 yínglì 동 이윤을 보다, 이익을 보다

핵심 표현

- 眼看就要倒闭了。
  부사 '眼看'은 '어떤 일이 곧 일어날 것 같음'을 나타냅니다.

- 王经理到处征求好点子。
  부사 '到处'는 '여기저기에' '곳곳에'라는 뜻으로, '모든 곳' '어디에서나'라고 이해해도 좋습니다.

본문 해석

왕 사장은 내륙 도시에 해양박물관을 열었지만, 입장료가 너무 비싼 탓에 관람하는 사람이 적어 곧 문을 닫게 생겼습니다. 왕 사장은 해양박물관이 잘 되게 하기 위해 여기저기에 좋은 아이디어를 물어봤습니다. 얼마 지나지 않아, 한 여교사가 좋은 아이디어가 있다며 왕 사장의 사무실에 나타났습니다. 왕 사장은 여교사의 아이디어에 따라 새로운 광고를 게재했습니다.

한 달 후, 해양박물관은 매일같이 (관람객으로) 꽉 찼습니다. 그중 1/3은 아동이었고, 2/3는 학부모였습니다. 세 달 후, 해양박물관은 이윤을 보기 시작했습니다. 해양박물관의 광고는 '아동 관람 무료'라는 딱 여섯 글자뿐이었습니다.

본문 암송

王经理在_____开了一家_____,可是由于_____,参观的人很少,眼看_____。王经理___征求_____,想让海洋馆的_____。不久,一个女教师___在王经理的办公室,说她_____。王经理按女教师的___,___了新广告。

一个月后,海洋馆_____,三分之一是___,三分之二是___。三个月后,海洋馆_____了。海洋馆的广告___六个字——"_____"。

04 海洋馆的广告

활용

● '핵심 표현'에서 배운 내용을 떠올리며 다음 질문에 답해 봅시다.

1 곧 일어날 일이나 상황을 찾아 표시해 봅시다. 04-03

(1) Yǎnchū yǎnkàn jiù yào kāishǐ le, tūrán tíngdiàn le.
演出眼看就要开始了，突然停电了。

(2) Yǎnkàn jiù yào tiān liàng le, Chén dàifu de shǒushù hái méi zuòwán.
眼看就要天亮了，陈大夫的手术还没做完。

(3) Zúqiú bǐsài yǎnkàn jiù yào jiéshù le, bǐfēn hái shì líng bǐ líng.
足球比赛眼看就要结束了，比分还是零比零。

(4) Yǎnkàn jiù yào bì yè le, kěshì tā de lùnwén hái méi xiěwán ne.
眼看就要毕业了，可是他的论文还没写完呢。

2 '여기저기에' '곳곳에'라는 의미를 가진 단어를 찾아 표시해 봅시다. 04-04

(1) Qìchē kuài méi yóu le, kěshì dàochù dōu zhǎo bu dào jiāyóuzhàn.
汽车快没油了，可是到处都找不到加油站。

(2) Wǒ xiǎng mǎi tā de zhuānjí, kěshì dàochù dōu mǎi bu dào.
我想买他的专辑，可是到处都买不到。

(3) Lǐ mìshū de zhuōshang yǒu shù huār, bù zhīdao shéi sòng de, tā dàochù dǎtīng.
李秘书的桌上有束花儿，不知道谁送的，她到处打听。

(4) Zhè zhǒng zhíwù zài Zhōngguó de nánfāng dàochù dōu kěyǐ kàndào.
这种植物在中国的南方到处都可以看到。

확장 단어 04-05

天亮 tiān liàng 통 날이 밝다, 동이 트다 | 比分 bǐfēn 명 득점, 점수 | 论文 lùnwén 명 논문 | 油 yóu 명 기름, 오일 | 加油站 jiāyóuzhàn 명 주유소 | 加油 jiā yóu 통 기름을 넣다 | 专辑 zhuānjí 명 앨범, 음반 | 打听 dǎtīng 통 물어보다, 알아보다 | 植物 zhíwù 명 식물 | 南方 nánfāng 명 남쪽 지방

간체자

다음자의 발음과 뜻을 살핀 후, 분류에 알맞은 표현이나 단어를 떠올려 써 봅시다.

(1) le '완료'를 나타내는 조사　(2) liǎo 이해하다　(3) liǎo 끝나다, 마치다

　　　　　　　　　　　　　　　　　　　　　　　　　　完了 wánliǎo

연습

1 의미가 통하도록 두 내용을 연결한 후, 큰 소리로 읽어 봅시다.

(1) Kèren yǎnkàn jiù yào dào le, 客人眼看就要到了， • • kuài huí jiā ba. 快回家吧。

(2) Shǒujī yǎnkàn jiù méi diàn le, 手机眼看就没电了， • • māma hái méiyǒu zhǔnbèi hǎo wǎnfàn. 妈妈还没有准备好晚饭。

(3) Yǎnkàn yào xià yǔ le, 眼看要下雨了， • • nǐ yǒu huà kuài shuō ba. 你有话快说吧。

(4) Tiān yǎnkàn jiù hēi le, 天眼看就黑了， • • bié wàngle dài sǎn. 别忘了带伞。

2 괄호 안 표현과 '到处'를 사용해 문장을 완성해 봅시다.

(1) Yǎnkàn yào bì yè le, 眼看要毕业了，_____。（找工作 zhǎo gōngzuò）

(2) Jīntiān māma bú zài jiā, 今天妈妈不在家，_____。（乱七八糟 luànqībāzāo）

(3) _____，你快给她回个电话吧。 nǐ kuài gěi tā huí ge diànhuà ba. （找你 zhǎo nǐ）

(4) Xià bān shíjiān 下班时间_____。（地铁站里 dìtiězhàn li）

3 단어와 해당 의미를 알맞게 연결해 봅시다.

| dùzi | xīnzàng | shǒu | tuǐ | gēbo | mángcháng | tóu | jiǎo | biǎntáotǐ |
| 肚子 | 心脏 | 手 | 腿 | 胳膊 | 盲肠 | 头 | 脚 | 扁桃体 |

심장 다리 배 손 팔 머리 맹장 발 편도선

4 본 중에서 가장 인상 깊었던 광고를 소개해 봅시다.

05 筷子 kuàizi
젓가락

● 녹음을 듣고, 다음 질문에 답해 봅시다. 🔊 05-01

> **中国人从什么时候开始用筷子吃饭?**
> Zhōngguórén cóng shénme shíhou kāishǐ yòng kuàizi chī fàn?
> 중국인은 언제부터 젓가락으로 밥을 먹기 시작했나요?

传说，四千多年前，禹带领人们治理黄河洪水。大家每天都紧张地工作，非常辛苦。
Chuánshuō, sìqiān duō nián qián, Yǔ dàilǐng rénmen zhìlǐ Huáng Hé hóngshuǐ. Dàjiā měi tiān dōu jǐnzhāng de gōngzuò, fēicháng xīnkǔ.

有一天，他们工作了很长时间，都饿极了，就煮肉吃。肉煮好了，因为很烫，不能用手拿着吃。禹想出来一个好办法，找来两根小树枝夹肉吃。大家都纷纷按照他的方法吃起肉来。用筷子吃肉，既方便又不烫手。后来，人们逐渐开始用这种方法吃饭，筷子就这么诞生了。
Yǒu yì tiān, tāmen gōngzuòle hěn cháng shíjiān, dōu èjí le, jiù zhǔ ròu chī. Ròu zhǔhǎo le, yīnwèi hěn tàng, bù néng yòng shǒu názhe chī. Yǔ xiǎng chūlai yí ge hǎo bànfǎ, zhǎo lái liǎng gēn xiǎo shùzhī jiā ròu chī. Dàjiā dōu fēnfēn ànzhào tā de fāngfǎ chī qǐ ròu lai. Yòng kuàizi chī ròu, jì fāngbiàn yòu bú tàng shǒu. Hòulái, rénmen zhújiàn kāishǐ yòng zhè zhǒng fāngfǎ chī fàn, kuàizi jiù zhème dànshēng le.

● 본문을 읽고, 최대한 구체적으로 다음 질문에 답해 봅시다.

1. **这是什么时候的故事?** Zhè shì shénme shíhou de gùshi?
   이 이야기는 언제 이야기인가요?

2. **禹带领人们做什么?** Yǔ dàilǐng rénmen zuò shénme?
   우(禹) 임금은 사람들을 이끌고 무엇을 했나요?

3. **肉煮好了，为什么不能用手拿着吃?** Ròu zhǔhǎo le, wèi shénme bù néng yòng shǒu názhe chī?
   고기를 다 삶은 다음에 어째서 손으로 들고 먹지 못했나요?

4. **禹想出来一个什么办法吃肉?** Yǔ xiǎng chūlai yí ge shénme bànfǎ chī ròu?
   우(禹) 임금은 어떤 방법을 생각해 내서 고기를 먹었나요?

새 단어 🔊 05-02

禹	Yǔ	고유 우[하(夏) 나라의 개국 군주]	根	gēn 양 개, 가닥, 대[가늘고 긴 것을 헤아리는 단위]
带领	dàilǐng	동 이끌다, 인솔하다	树枝	shùzhī 명 나뭇가지
治理	zhìlǐ	동 다스리다, 통치하다	夹	jiā 동 (양쪽에서) 끼우다, 조이다, 집다
洪水	hóngshuǐ	명 홍수	纷纷	fēnfēn 부 (많은 사람이나 사물이) 잇달아, 연달아, 쉴 새 없이
煮	zhǔ	동 삶다, 끓이다, 익히다	按照	ànzhào 개 ~에 따라, ~에 의해
肉	ròu	명 고기	逐渐	zhújiàn 부 점차, 점점
烫	tàng	형 몹시 뜨겁다 동 데다, 화상 입다	诞生	dànshēng 동 탄생하다, 태어나다
办法	bànfǎ	명 방법, 수단, 조치		

핵심 표현

- 禹想**出来**一个好办法，找来两根小树枝夹肉吃。
  '出来'는 동사 뒤에 쓰여 행동이나 조치에 따라 '어떤 결과가 생기는 것'을 의미할 수 있습니다. 여기서 '出来'는 복합방향보어의 파생용법으로 쓰였습니다.

- 大家都纷纷**按照**他的方法吃起肉来。
  개사 '按照'는 '(어떤 방법이나 기준)에 따라'라는 의미를 나타냅니다.

본문 해석

전하는 바에 따르면, 4000여 년 전에 우(禹) 임금은 사람들을 이끌어 황허(黄河)의 홍수를 다스렸다고 합니다. 사람들은 매일 바쁘게 일했고, 매우 고생스러웠습니다.

어느 날, 사람들은 오랫동안 일을 하느라 배가 너무 고파 고기를 삶아 먹으려고 했습니다. 하지만 고기가 다 삶아졌어도 너무 뜨거워서 손으로 들고 먹을 수가 없었습니다. 우(禹) 임금은 좋은 방법을 생각해 냈습니다. 나뭇가지 두 개를 찾아와서 고기를 집어 먹은 것입니다. 사람들은 모두 잇달아 우(禹) 임금의 방법대로 고기를 먹기 시작했습니다. 젓가락을 사용해 고기를 먹으니 편리하기도 하고, 손을 데이지도 않았습니다. 그 후로 사람들은 점차 이 방법을 사용해 밥을 먹기 시작했습니다. 젓가락은 바로 이렇게 탄생했답니다.

본문 암송

____，四千多年前，禹____人们_____。大家每天都____地工作，非常____。

有一天，他们工作了_____，都_____，就_____。肉____了，因为____，不能_____。禹想_____，找来____小树枝_____。大家都纷纷____他的____吃起肉来。_____吃肉，既____又____。后来，人们_____用这种方法吃饭，筷子就_____了。

활용

● '핵심 표현'에서 배운 내용을 떠올리며 다음 질문에 답해 봅시다.

1 방향보어 '出来'의 수식을 받는 술어를 찾아 표시해 봅시다. 🔊 05-03

(1) 老李想了半天，才叫出来我的名字。
    Lǎo Lǐ xiǎngle bàntiān, cái jiào chūlai wǒ de míngzi.

(2) 小王，请把这个文件打印出来。
    Xiǎo Wáng, qǐng bǎ zhège wénjiàn dǎyìn chūlai.

(3) 照片上的人你都能认出来吗？
    Zhàopiàn shang de rén nǐ dōu néng rèn chūlai ma?

(4) 这个谜语我猜了半天，也没猜出来。
    Zhège míyǔ wǒ cāile bàntiān, yě méi cāi chūlai.

2 '按照'의 목적어를 찾아 표시해 봅시다. 🔊 05-04

(1) 按照图书馆的规定，每人最多能借十本书。
    Ànzhào túshūguǎn de guīdìng, měi rén zuì duō néng jiè shí běn shū.

(2) 按照比赛规则，红队被罚了一个球。
    Ànzhào bǐsài guīzé, hóngduì bèi fále yí ge qiú.

(3) 按照中国的传统，过春节的时候要说吉利的话。
    Ànzhào Zhōngguó de chuántǒng, guò Chūn Jié de shíhou yào shuō jílì de huà.

(4) 姐姐回国后，按照自己的想法去农村当了小学老师。
    Jiějie huí guó hòu, ànzhào zìjǐ de xiǎngfǎ qù nóngcūn dāngle xiǎoxué lǎoshī.

확장 단어 🔊 05-05

打印 dǎyìn 동 인쇄하다 | **认** rèn 동 알아보다, 식별하다, 분간하다 | **谜语** míyǔ 명 수수께끼 | **规定** guīdìng 명 규정, 규칙 | **规则** guīzé 명 규칙, 규정, 법규 | **球** qiú 명 공, 볼, 골 | **吉利** jílì 형 길하다 | **想法** xiǎngfǎ 명 생각, 의견, 견해 | **农村** nóngcūn 명 농촌

간체자

제시된 간체자의 의미 분류에 맞게 단어를 연결하고, 추가로 더 떠올려 써 봅시다.

生	(1) 낳다, 태어나다 •	• 生活 _____
	(2) 생겨나다, 성장하다 •	• 诞生 _____
	(3) 살다, 생존하다 •	• 学生 _____
	(4) 학생 •	• 发生 _____

연습

1 괄호 안 단어를 '동사+出来' 형태로 활용해 문장을 완성해 봅시다.

(1) Wǒ＿＿＿＿＿zhège cí de Zhōngwén yìsi. shuō bù
我＿＿＿＿＿这个词的中文意思。（说　不）

(2) Xiǎo Liú＿＿＿＿＿jīnglǐ jīntiān yǒu diǎnr bù gāoxìng. kàn
小刘＿＿＿＿＿经理今天有点儿不高兴。（看）

(3) Yí ge xiǎoshí hòu, Xiǎomíng zhōngyú bǎ zhè dào tí＿＿＿＿＿le. zuò
一个小时后，小明终于把这道题＿＿＿＿＿了。（做）

(4) Méi xiǎngdào Běnjiémíng néng＿＿＿＿＿zhème hǎochī de zhōngguócài. zuò
没想到本杰明能＿＿＿＿＿这么好吃的中国菜。（做）

2 빈칸에 알맞은 보기를 고른 후, 큰 소리로 문장을 읽어 봅시다.

보기
A 意见 yìjiàn
B 习惯 xíguàn
C 方法 fāngfǎ
D 情况 qíngkuàng

(1) Ànzhào Zhōngguó de chuántǒng＿＿＿, guò Chūn Jié yào chī jiǎozi.
按照中国的传统＿＿＿，过春节要吃饺子。

(2) Ànzhào xiànzài de shēntǐ＿＿＿, tā bù néng cānjiā zhè cì bǐsài.
按照现在的身体＿＿＿，他不能参加这次比赛。

(3) Ànzhào dàjiā de＿＿＿, wǒmen jīntiān qù cānguān Zhōngguó Guójiā Bówùguǎn.
按照大家的＿＿＿，我们今天去参观中国国家博物馆。

(4) Ālǐ měi tiān ànzhào lǎoshī de＿＿＿liànxí, xiànzài tā Hànyǔ shuō de yuèláiyuè liúlì le.
阿里每天按照老师的＿＿＿练习，现在他汉语说得越来越流利了。

3 그림이 나타내는 단어를 보기에서 찾아 봅시다.

보기
A 按 àn　B 打 dǎ　C 开 kāi　D 关 guān　E 挂 guà　F 划 huá　G 贴 tiē　H 切 qiē　I 擦 cā　J 抓 zhuā

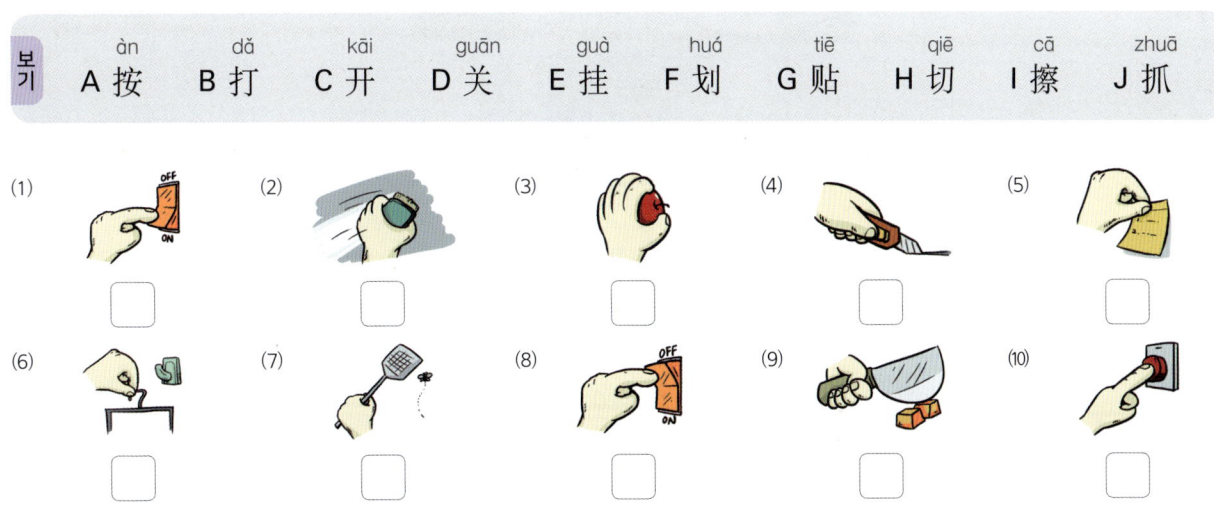

4 아래의 제시어를 활용해 젓가락을 사용하는 것과 나이프·포크(刀叉 dāochā)를 사용하는 것의 장점(好处 hǎochù)을 말해 봅시다.

手指 shǒuzhǐ 손가락　精细 jīngxì 정교하고 섬세하다　健脑 jiànnǎo 뇌를 훈련하다

06 慢生活
màn shēnghuó
슬로우 라이프

● 녹음을 듣고, 다음 질문에 답해 봅시다. 06-01

> Shénme shì "màn shēnghuó"?
> 什么是"慢生活"? '슬로우 라이프'란 무엇인가요?

现代人的生活节奏越来越快，于是，有人提出"慢生活"的理念。"慢生活"的意思是，生活不只是紧张的工作，还应该有放松的时间；不能只有快节奏，还需要慢节奏。比如，忙碌地工作了一段时间以后，抽空儿跟家人一起好好儿吃顿饭，聊聊天儿；或者逛逛书店，读读感兴趣的书；或者泡杯茶，听听音乐……

"慢生活"是一种生活态度，它使你的生活更有趣、更丰富。

● 본문을 읽고, 최대한 구체적으로 다음 질문에 답해 봅시다.

1 现在人们的生活节奏怎么样? 현대인의 생활 리듬은 어떤가요?

2 有人提出什么主张? 어떤 주장이 제기되었나요?

3 哪些生活是"慢生活"? '슬로우 라이프'는 어떤 생활인가요?

4 "慢生活"能使你的生活怎么样? '슬로우 라이프'는 여러분의 생활을 어떻게 할 수 있나요?

새 단어 06-02

现代人	xiàndàirén	명 현대인	饭	fàn 명 식사, 밥
节奏	jiézòu	명 리듬, 박자	或者	huòzhě 접 ~를 하든지 아니면 ~를 하다
理念	lǐniàn	명 관념, 이념	书店	shūdiàn 명 서점
放松	fàngsōng	동 (정신적) 긴장을 풀다	泡	pào 동 (차 등을) 우리다, 물(액체)에 담가 두다
忙碌	mánglù	형 눈코 뜰 새 없이 바쁘다	使	shǐ 동 (~에게) ~시키다, ~하게 하다
段	duàn	양 한동안, 얼마간, 기간 [시간이나 공간의 일정한 거리]	有趣	yǒuqù 형 흥미가 있다, 재미있다
抽空儿	chōu kòngr	동 시간(틈, 짬)을 내다	丰富	fēngfù 형 풍족하다, 넉넉하다, 많다
顿	dùn	양 끼, 번, 차례 [식사, 질책, 권고 등을 세는 단위]		

핵심 표현

- 生活不只是紧张的工作，还**应该**有放松的时间。
  조동사 '应该'는 '~해야 한다' 또는 '~하는 것이 마땅하다'라는 당위성을 나타냅니다.

- 生活**不只**是紧张的工作，**还**应该有放松的时间。
  '不只A，还B' 문형은 'A뿐만 아니라 B도 또한'이라는 뜻으로, A와 B 두 가지 모두를 포함한다는 것을 나타냅니다. 때때로 B는 A를 보충하는 의미를 나타내기도 합니다.

본문 해석

현대인의 생활 리듬이 점점 빨라지고 있습니다. 이 때문에 '슬로우 라이프(慢生活)'라는 개념을 제기한 사람도 있습니다. '슬로우 라이프'의 뜻은 생활에는 긴장된 일뿐만 아니라, 긴장을 푸는 시간도 있어야 한다는 것입니다. 즉, 빠른 리듬만 있어서는 안 되고, 느린 리듬도 필요하다는 것입니다. 예를 들면, 한동안 정신없이 바쁘게 일한 후에는 시간을 내서 가족들과 함께 식사도 한 끼 하고, 이야기도 나누는 것입니다. 아니면 서점을 구경하며 흥미를 느끼는 책을 읽거나 차를 우리고 음악을 듣습니다.

'슬로우 라이프'는 일종의 생활 태도입니다. '슬로우 라이프'는 여러분의 생활을 더욱 흥미롭고, 더욱 풍족하게 해 줍니다.

본문 암송

现代人的_____越来越快，于是，有人____"慢生活"的____。"慢生活"的意思是，生活_____工作，还应该有____的时间；不能只有_____，还需要_____。比如，____地工作了_____以后，_____跟家人一起好好儿_____，_____；或者逛逛____，读读_____书；或者泡杯__，听听____……"慢生活"是一种_____，它使_____更____、更____。

활용

● '핵심 표현'에서 배운 내용을 떠올리며 다음 질문에 답해 봅시다.

1 '应该'가 수식하는 행동을 찾아 표시해 봅시다. 06-03

(1) Tài wǎn le, wǒmen bù yīnggāi zài dǎrǎo tā.
太晚了，我们不应该再打扰他。

(2) Niánqīngrén dōu yīnggāi yǒu zìjǐ de mèngxiǎng.
年轻人都应该有自己的梦想。

(3) Tā yǐjīng gēn nǐ dào qiàn le, nǐ yīnggāi yuánliàng tā.
他已经跟你道歉了，你应该原谅他。

(4) Wǒmen yīnggāi zūnzhòng gè guó bù tóng de wénhuà hé xísú.
我们应该尊重各国不同的文化和习俗。

2 '不只A, 还B' 문형에서 A와 B에 해당하는 말을 찾아 표시해 봅시다. 06-04

(1) Wǒ bù zhǐ ài tā yòu gāo yòu shuài, hái ài tā chéngshí kěkào.
我不只爱他又高又帅，还爱他诚实可靠。

(2) Yùndòng bù zhǐ shì duànliàn shēntǐ, hái kěyǐ fàngsōng xīnqíng, shìfàng yālì.
运动不只是锻炼身体，还可以放松心情，释放压力。

(3) Kǒngzǐ bù zhǐ shì zhùmíng de sīxiǎngjiā, hái shì zhùmíng de jiàoyùjiā.
孔子不只是著名的思想家，还是著名的教育家。

(4) Yǔyán bù zhǐ shì yì zhǒng jiāoliú gōngjù, hái shì yì zhǒng wénhuà.
语言不只是一种交流工具，还是一种文化。

확장 단어 06-05

打扰 dǎrǎo 동 방해하다, 지장을 주다 | 道歉 dào qiàn 동 사과하다, 사죄하다 | 原谅 yuánliàng 동 용서하다, 이해하다, 양해하다 | 尊重 zūnzhòng 동 존중하다, 중시하다 | 各国 gè guó 각국, 각 나라 | 习俗 xísú 명 풍속, 습속 | 诚实 chéngshí 형 진실하다, 참되다, 성실하다 | 可靠 kěkào 형 믿음직스럽다, 믿을 만하다 | 心情 xīnqíng 명 마음, 기분, 감정 | 释放 shìfàng 동 해소하다, 방출하다, 내보내다 | 压力 yālì 명 스트레스 | 工具 gōngjù 명 도구

간체자

두 글자의 형태 차이에 주의하며 해당 글자가 포함된 간체자를 써 봅시다.

(1) '길게 걷다'
建 _____

(1) '쉬엄쉬엄 가다'
边 _____

연습

1 '应该'를 사용해 문장을 완성해 봅시다.

(1) Nǐ tài shòu le,
你太瘦了，＿＿＿＿＿＿＿＿＿＿＿＿＿＿＿＿＿。

(2) Shèngdàn Jié kuài dào le,
圣诞节快到了，＿＿＿＿＿＿＿＿＿＿＿＿＿＿＿＿＿。

(3) Nǐ gǎnmào le,
你感冒了，＿＿＿＿＿＿＿＿＿＿＿＿＿＿＿＿＿。

(4) Nǐ rúguǒ xiǎng chī zhájiàngmiàn, jiù
你如果想吃炸酱面，就＿＿＿＿＿＿＿＿＿＿＿＿＿＿＿＿＿。

2 괄호 안의 표현을 '不只……, 还……' 형식으로 활용해 문장을 완성해 봅시다.

(1) Xī yān bù   zìjǐ   biérén   duì……yǒu hài
吸烟不＿＿＿＿＿＿＿＿＿＿，＿＿＿＿＿＿＿＿＿＿。（自己　别人　对……有害）

(2) Zhèlǐ   yǒu   piàoliang de fēngjǐng   gè zhǒng měishí
这里＿＿＿＿＿＿＿＿＿＿，＿＿＿＿＿＿＿＿＿＿。（有　漂亮的风景　各种美食）

(3) Dàwèi   chī   zuò   zhōngguócài
大卫＿＿＿＿＿＿＿＿＿＿，＿＿＿＿＿＿＿＿＿＿。（吃　做　中国菜）

(4) Wǒ zhù de fángzi   jiāotōng   huánjìng hǎo   hěn fāngbiàn
我住的房子＿＿＿＿＿，交通＿＿＿＿＿。（环境好　很方便）

3 그림이 나타내는 단어를 보기에서 찾아 봅시다.

보기	yóujú A 邮局	shūdiàn B 书店	yīyuàn C 医院	bówùguǎn D 博物馆
	chāoshì E 超市	yínháng F 银行	jiāyóuzhàn G 加油站	diànyǐngyuàn H 电影院

(1) ☐　(2) ☐　(3) ☐　(4) ☐

(5) ☐　(6) ☐　(7) ☐　(8) ☐

4 '슬로우 라이프'에 대한 자신의 생각을 말해 봅시다.

07 剪裤子
jiǎn kùzi

잘린 바지

● 녹음을 듣고, 다음 질문에 답해 봅시다. 🔊 07-01

> Xiǎodōng de kùzi zuìhòu duǎnle jǐ cùn?
> 小东的裤子最后短了几寸? 샤오동의 바지는 결국 얼마나 짧아졌나요?

Wèile cānjiā míngtiān de bìyè diǎnlǐ, Xiǎodōng mǎile tiáo xīn kùzi. Huí jiā shìle shì, fāxiàn
为了参加明天的毕业典礼，小东买了条新裤子。回家试了试，发现

kùzi cháng liǎng cùn. Wǎnfàn de shíhou, Xiǎodōng shuōqi zhè jiàn shì, dàjiā dōu méi shuō huà.
裤子长两寸。晚饭的时候，小东说起这件事，大家都没说话。

Māma yìzhí diànjizhe zhè jiàn shì, lín shuì qián qiāoqiāo de bǎ kùzi jiǎnle liǎng cùn. Bànyè li,
妈妈一直惦记着这件事，临睡前悄悄地把裤子剪了两寸。半夜里，

jiějie zài shuìmèng zhōng měngrán xiǎngqi zhè jiàn shì, yòu bǎ kùzi jiǎnle liǎng cùn. Nǎinai yě yìzhí diànjizhe
姐姐在睡梦中猛然想起这件事，又把裤子剪了两寸。奶奶也一直惦记着

sūnzi de kùzi, dì-èr tiān yídàzǎo jiù qǐlai, bǎ kùzi yòu jiǎnle liǎng cùn.
孙子的裤子，第二天一大早就起来，把裤子又剪了两寸。

Jiéguǒ, Xiǎodōng zhǐhǎo chuānzhe duǎn sì cùn de kùzi qù cānjiā bìyè diǎnlǐ le.
结果，小东只好穿着短四寸的裤子去参加毕业典礼了。

● 본문을 읽고, 최대한 구체적으로 다음 질문에 답해 봅시다.

> Xiǎodōng wèi shénme yào mǎi xīn kùzi?
1 小东为什么要买新裤子? 샤오동은 왜 새 바지를 샀나요?

> Zhè tiáo xīn kùzi zěnmeyàng?
2 这条新裤子怎么样? 새 바지는 어땠나요?

> Xiǎodōng shénme shíhou shuōqǐle zhè jiàn shì?
3 小东什么时候说起了这件事? 샤오동은 언제 이 일을 말했나요?

> Jiārén zuòle shénme? Jiéguǒ zěnmeyàng?
4 家人做了什么? 结果怎么样? 가족들은 어떻게 했나요? 결과는 어땠나요?

새 단어 07-02

为了 wèile 개 ~를 하기 위하여
毕业典礼 bìyè diǎnlǐ 졸업식
典礼 diǎnlǐ 명 의식, 행사
寸 cùn 양 촌, 치[중국 길이의 단위, 약 3.33센티미터]
说起 shuōqi ~라고 말하다, 언급하다
惦记 diànji 동 염려하다, 늘 생각하다
临 lín 개 ~전에, ~에 즈음하여
悄悄 qiāoqiāo 부 몰래, 은밀히

剪 jiǎn 동 자르다, 깎다
半夜 bànyè 명 한밤중, 심야
睡梦 shuìmèng 명 잠, 수면
猛然 měngrán 부 갑자기, 문득, 불쑥
第二天 dì-èr tiān 다음날, 이튿날
一大早 yídàzǎo 이른 새벽
结果 jiéguǒ 접 결과적으로 명 결과

핵심 표현

■ **为了**参加明天的毕业典礼，小东买了条新裤子。
개사 '为了'는 '~를 하기 위하여'라는 뜻으로, 말이나 행위의 이유, 목적을 나타냅니다.

■ 姐姐在睡梦中猛然想**起**这件事，又把裤子剪了两寸。
'동사+起' 형식에서 '起'는 어떤 일 또는 사람이 '동사와 연관되어 있음'을 나타냅니다. 우리말의 '~에 관해'에 해당하는 표현입니다.

본문 해석

내일 졸업식에 참석하기 위해 샤오동은 새 바지를 샀습니다. 집에 와서 입어 보니 바지가 6센티미터 정도 길었습니다. 저녁 식사 시간에 이 일을 가족들에게 말했더니 아무도 말이 없었습니다.
엄마는 샤오동의 바지가 계속 마음에 걸려 잠자리에 들기 전에 몰래 바지를 6센티미터 정도 잘랐습니다. 한밤중에 누나는 잠을 자다가 갑자기 그 일이 생각나서 또 바지를 6센티미터 정도 잘랐습니다. 할머니 역시 손자의 바지가 계속 마음에 걸려 다음 날 이른 새벽에 일어나 바지를 또 6센티미터 정도 잘랐습니다.
결과적으로 샤오동은 12센티미터 정도가 짧은 바지를 입고 졸업식에 참석할 수밖에 없었습니다.

본문 암송

为了____明天的_____，小东买了_____。回家_____，发现裤子_____。晚饭的时候，小东_____，大家都_____。
妈妈一直____着这件事，临睡前_____把裤子_____。半夜里，姐姐在睡梦中_____这件事，又把裤子_____。奶奶也一直惦记着_____，第二天_____，把裤子又_____。
结果，小东只好穿着_____的裤子_____。

07 剪裤子 37

활용

● '핵심 표현'에서 배운 내용을 떠올리며 다음 질문에 답해 봅시다.

1 '为了'의 목적어를 찾아 표시해 봅시다. 07-03

(1) Wèile duō zhèng diǎnr qián, tā měi tiān dǎ liǎng fèn gōng.
为了多挣点儿钱，她每天打两份工。

(2) Wèile jiéyuē shíjiān, wǒmen háishi dǎ chē qù nàr ba.
为了节约时间，我们还是打车去那儿吧。

(3) Wèile néng yǒu gèng duō de shíjiān zhàogù jiātíng, tā cídiàole gōngzuò.
为了能有更多的时间照顾家庭，她辞掉了工作。

(4) Wèile gěi nǎinai guò bāshí suì shēngrì, érsūnmen dōu cóng wàidì gǎnle huílai.
为了给奶奶过八十岁生日，儿孙们都从外地赶了回来。

2 '起'의 수식을 받는 동사를 찾아 표시해 봅시다. 07-04

(1) Měi dào Zhōngqiū Jié, wǒ jiù huì xiǎngqi zìjǐ de jiāxiāng.
每到中秋节，我就会想起自己的家乡。

(2) Huíyì qi dàxué shēnghuó, wǒmen dōu duì lǎoshī chōngmǎnle gǎnjī.
回忆起大学生活，我们都对老师充满了感激。

(3) Zài huǒchē shang, nǚpéngyou gēn wǒ shuōqi gāng rènshi de shíhou tā bìng bù xǐhuan wǒ.
在火车上，女朋友跟我说起刚认识的时候她并不喜欢我。

(4) Tā xīngfèn de gēn wǒ tánqi zìjǐ de mèngxiǎng: "Wǒ yào zài Niǔyuē kāi yì suǒ Zhōngwén xuéxiào!"
她兴奋地跟我谈起自己的梦想："我要在纽约开一所中文学校！"

확장 단어 07-05

打工 dǎ gōng 동 아르바이트하다 | 节约 jiéyuē 동 절약하다, 아끼다 | 照顾 zhàogù 동 보살피다, 돌보다 | 辞 cí 동 사직하다, 그만두다, 사양하다 | 儿孙 érsūn 명 자손, 후대 | 外地 wàidì 명 외지 | 赶 gǎn 동 서두르다 | 家乡 jiāxiāng 명 고향 | 回忆 huíyì 동 회상하다, 추억하다 | 充满 chōngmǎn 동 가득 차다, 넘치다, 충만하다 | 感激 gǎnjī 동 감격하다 | 并 bìng 부 결코, 전혀, 조금도[부정사의 앞에 쓰여 부정의 어투를 강조] | 谈 tán 동 이야기하다, 말하다, 토론하다

간체자

위치에 따른 부수의 형태의 변화에 주의하며 해당 형태가 포함된 간체자를 써 봅시다.

(1) '心'이 글자 중간이나 아래에 위치할 때의 형태
感_____

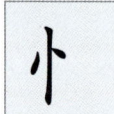
(2) '心'이 글자 왼쪽에 위치할 때의 형태
怕_____

연습

1 의미가 통하도록 두 내용을 연결한 후, 큰 소리로 읽어 봅시다.

(1) Wèile shàng xià bān fāngbiàn
为了上下班方便 •

(2) Wèile kǎoshang lǐxiǎng de dàxué
为了考上理想的大学 •

(3) Wèile fàngsōng yíxià
为了放松一下 •

(4) Wèile néng gǎnshang fēijī
为了能赶上飞机 •

• Dàwèi zǎoshang wǔ diǎn jiù qǐ chuáng le.
大卫早上五点就起床了。

• Dīng lǜshī juédìng yí ge rén chūqu lǚxíng.
丁律师决定一个人出去旅行。

• dìdi měi tiān xué dào hěn wǎn cái shuìjiào.
弟弟每天学到很晚才睡觉。

• Wú Míngyù zài gōngsī fùjìn zūle ge fángzi.
吴明玉在公司附近租了个房子。

2 괄호 안 단어와 '起'를 사용해 문장을 완성해 봅시다.

(1) Tóngxuémen yí jiàn miàn jiù _____ xué Hànyǔ de jīngyàn. liáo
同学们一见面就_____学汉语的经验。（聊）

(2) Wǎnshang, wǒ tūrán _____ yīnggāi gěi māma dǎ ge diànhuà. xiǎng
晚上，我突然_____应该给妈妈打个电话。（想）

(3) Jùhuì shí, tóngxuémen _____ zài Lúndūn de shēnghuó. huíyì
聚会时，同学们_____在伦敦的生活。（回忆）

(4) Péngyou zài diànhuà zhōng _____ le wǒ zài Běijīng de gōngzuò qíngkuàng. wèn
朋友在电话中_____了我在北京的工作情况。（问）

3 그림이 나타내는 단어를 보기에서 찾아 봅시다.

4 가족이나 친구에게 일어났던 재미있는 이야기를 말해 봅시다.

08 吐鲁番
Tǔlǔfān
투루판

🔊 녹음을 듣고, 다음 질문에 답해 봅시다. 08-01

> Tǔlǔfān yǒu shénme tèbié de dìfang?
> 吐鲁番有什么特别的地方? 투루판에는 어떤 특별한 것이 있나요?

新疆吐鲁番夏天非常热，所以被称为"火洲"。最热的时候，这里沙土的表面温度达到82摄氏度！假如你把一个生鸡蛋放进沙土里，一会儿就能熟。春天和秋天，这里白天和晚上温差又特别大，所以流传着这样一句俗语："早穿皮袄午穿纱，围着火炉吃西瓜。"

吐鲁番盛产水果，尤其是葡萄和哈密瓜，又香又甜。所以每到夏天，当水果熟了的时候，各地的人们都喜欢来这里旅游。

● 본문을 읽고, 최대한 구체적으로 다음 질문에 답해 봅시다.

1. Tǔlǔfān wèi shénme bèi chēngwéi "huǒzhōu"?
   吐鲁番为什么被称为"火洲"? 투루판은 왜 '불의 마을'이라고 불리나요?

2. Tǔlǔfān chūntiān hé qiūtiān tiānqì zěnmeyàng?
   吐鲁番春天和秋天天气怎么样? 투루판은 봄과 가을 날씨가 어떤가요?

3. Tǔlǔfān liúchuánzhe shénme súyǔ?
   吐鲁番流传着什么俗语? 투루판에는 어떤 속담이 전해 내려오고 있나요?

4. Tǔlǔfān shèngchǎn shénme shuǐguǒ?
   吐鲁番盛产什么水果? 투루판에는 어떤 과일이 많이 나나요?

새 단어 08-02

新疆 Xīnjiāng [고유] 신지앙
吐鲁番 Tǔlǔfān [고유] 투루판
称为 chēngwéi ～라고 부르다, 칭하다, 일컫다
称 chēng [동] 부르다, 칭하다, 일컫다
为 wéi [동] ～로 삼다, ～로 생각하다, ～로 여기다
火洲 huǒzhōu [명] 불의 마을, 화주
沙土 shātǔ [명] 모래흙, 사토
假如 jiǎrú [접] 만약, 만일, 가령
生 shēng [형] (음식물이) 날것이다, 설익다
熟 shú [형] (음식이) 익다
白天 báitiān [명] 낮, 대낮
特别 tèbié [부] 아주, 특히 [형] 특별하다, 특이하다, 별다르다

流传 liúchuán [동] (대대로) 전해 내려오다, 세상에 널리 퍼지다
俗语 súyǔ [명] 속담, 속어
皮袄 pí'ǎo [명] 털외투[모피로 안을 댄 중국식 윗옷]
午 wǔ 정오
纱 shā [명] [가볍고 얇은 방직물의 총칭, 성기게 짠 직물]
火炉 huǒlú [명] 화로, 난로
盛产 shèngchǎn [동] 많이 나다, 많이 생산하다
哈密瓜 hāmìguā [명] 하미과[신지앙(新疆) 하미(哈密) 일대에서 나는 멜론]
当……的时候 dāng……de shíhou (바로) ～할 때, ～일 때
各地 gè dì 각지, 여러 곳

핵심 표현

■ 新疆吐鲁番夏天非常热，所以被**称为**"火洲"。
'称为'는 '～라고 부르다'라는 뜻으로, 'A+被称为+B(A가 B로 불리다)'나 '把+A+称为+B(A를 B라고 부르다)' 형식으로 주로 활용되어 쓰입니다. 같은 뜻으로 '叫作 jiàozuò'가 있습니다.

■ **当**水果熟了**的时候**，各地的人们都喜欢来这里旅游。
'当……的时候'는 '～할 때'라는 뜻으로, 어떤 일이 발생하는 '시점'을 나타냅니다.

본문 해석

신지앙(新疆)의 투루판(吐鲁番)은 여름에 굉장히 더워서 '불의 마을(火洲)'이라고 불립니다. 가장 더울 때는 이곳 모래흙의 표면 온도가 82°C에 달합니다! 만약 생달걀을 모래흙 속에 넣으면 금방 익어 버릴 수도 있습니다. 봄과 가을에는 또 낮과 밤의 기온차가 아주 큽니다. 때문에 "아침에는 털옷을 입고, 정오에는 가볍고 얇은 옷을 입으며, 화로에 둘러앉아 수박을 먹는다."는 속담이 전해 내려오고 있습니다.

투루판은 과일이 많이 나는데, 특히 포도와 하미과가 향기가 좋고 달콤합니다. 때문에 매년 여름, 과일이 익어갈 즈음이 되면 각지 사람들이 이곳으로 여행 오는 것을 좋아합니다.

본문 암송

新疆吐鲁番＿＿＿非常热，所以＿＿＿＿＿"火洲"。最热的时候，这里＿＿＿的＿＿＿＿＿＿＿82摄氏度！假如你把＿＿＿＿＿＿＿＿＿＿沙土里，一会儿就＿＿＿。春天和秋天，这里＿＿＿和＿＿＿温差又＿＿＿＿＿，所以＿＿＿着这样一句＿＿＿＿："早穿＿＿＿午穿＿＿，围着＿＿＿＿吃西瓜。"

吐鲁番＿＿＿水果，尤其是葡萄和哈密瓜，＿＿＿＿＿＿＿＿。所以每到夏天，当＿＿＿＿＿＿＿＿＿＿＿＿，各地的人们都喜欢＿＿＿＿＿＿＿＿＿＿。

활용

● '핵심 표현'에서 배운 내용을 떠올리며 다음 질문에 답해 봅시다.

1 '称为' 뒤에 위치해 '명칭'을 나타내는 단어를 찾아 표시해 봅시다. 08-03

(1) 汉语里, 孩子们习惯把年长的女性称为"阿姨"。
　　Hànyǔ li, háizimen xíguàn bǎ niánzhǎng de nǚxìng chēngwéi "āyí".

(2) 在日常生活中, 人们把电子计算机称为"电脑"。
　　Zài rìcháng shēnghuó zhōng, rénmen bǎ diànzǐ jìsuànjī chēngwéi "diànnǎo".

(3) 孔子是中国著名的思想家、教育家, 人们把他称为"圣人"。
　　Kǒngzǐ shì Zhōngguó zhùmíng de sīxiǎngjiā, jiàoyùjiā, rénmen bǎ tā chēngwéi "shèngrén".

(4) 人们把"0"到"9"这十个数字称为"阿拉伯数字"。
　　Rénmen bǎ "líng" dào "jiǔ" zhè shí ge shùzì chēngwéi "Ālābó shùzì".

2 일의 발생 '시점'을 찾아 표시해 봅시다. 08-04

(1) 当你恋爱的时候, 你就会理解我的心情了。
　　Dāng nǐ liàn'ài de shíhou, nǐ jiù huì lǐjiě wǒ de xīnqíng le.

(2) 当发生紧急情况的时候, 一定要冷静。
　　Dāng fāshēng jǐnjí qíngkuàng de shíhou, yídìng yào lěngjìng.

(3) 朋友就是当你需要的时候, 总会出现在你身边的人。
　　Péngyou jiù shì dāng nǐ xūyào de shíhou, zǒng huì chūxiàn zài nǐ shēnbiān de rén.

(4) 当下个世纪到来的时候, 世界会是什么样子呢?
　　Dāng xià ge shìjì dàolái de shíhou, shìjiè huì shì shénme yàngzi ne?

확장 단어 08-05

习惯 xíguàn 동 습관이 되다, 익숙해지다 | 年长 niánzhǎng 형 나이가 많다, 연로하다 | 女性 nǚxìng 명 여성, 여자 | 日常 rìcháng 형 일상의, 평소의 | 电子计算机 diànzǐ jìsuànjī 명 컴퓨터 | 计算机 jìsuànjī 명 계산기, 컴퓨터 | 圣人 shèngrén 명 성인(聖人) | 阿拉伯 Ālābó 고유 아라비아 | 恋爱 liàn'ài 동 연애하다 명 연애 | 紧急 jǐnjí 형 긴급하다, 절박하다 | 冷静 lěngjìng 형 침착하다, 냉정하다 | 总 zǒng 부 늘, 언제나 | 身边 shēnbiān 명 곁, 신변 | 世纪 shìjì 명 세기 | 样子 yàngzi 명 모습, 꼴, 형태

간체자

다음자의 발음과 뜻을 살핀 후, 큰 소리로 발음해 봅시다.

(1) zhe ~하고 있다
坐着说 zuòzhe shuō

(2) zháo 부착하다, 달라붙다
着急 zháojí

(3) zhuó 접근하다
着想 zhuóxiǎng

연습

1 괄호 안의 표현과 '称为'를 사용해 문장을 완성해 봅시다.

(1) Zhōngguórén bǎ Huáng Hé
中国人把黄河_____。（母亲河 어머니와 같은 강）

(2) Zhūmùlǎngmǎ Fēng bèi
珠穆朗玛峰被_____。（世界屋脊 세계의 지붕）

(3) Yuán Lóngpíng bèi dàjiā
袁隆平被大家_____。（杂交水稻之父）

(4) Xióngmāo bèi
熊猫被_____。（中国的国宝 중국의 보배）

2 제시어와 '当……的时候' 형식을 사용해 그림 속 상황에 맞는 문장을 말해 봅시다.

(1) tā bā suì 他八岁 / Zhōngguó 中国
(2) māma huílai 妈妈回来 / shuìzháo 睡着
(3) wǒ bù kāixīn 我不开心 / guàng jiē 逛街
(4) wǒ shuì bu zháo 我睡不着 / kàn shū 看书

3 그림이 나타내는 단어를 보기에서 찾아 봅시다.

보기
A 水果 shuǐguǒ　B 香蕉 xiāngjiāo　C 葡萄 pútao　D 哈密瓜 hāmìguā
E 草莓 cǎoméi　F 苹果 píngguǒ　G 西瓜 xīgua　H 西红柿 xīhóngshì

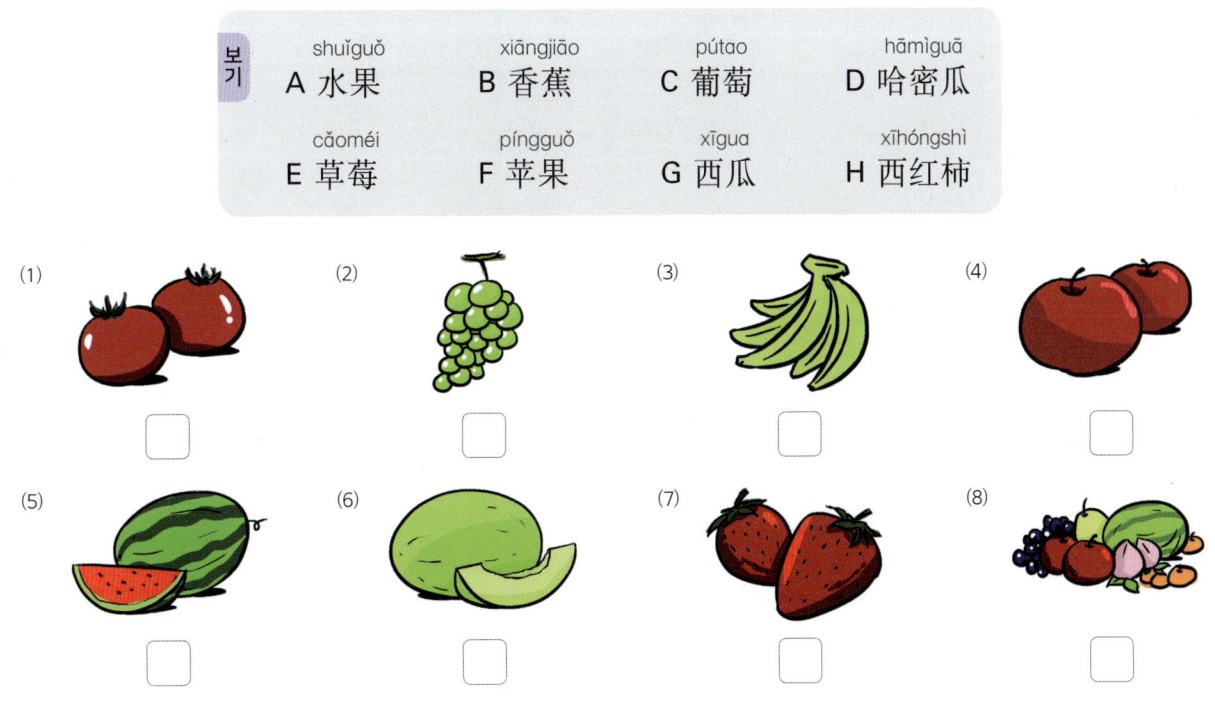

4 가장 좋아하는 도시를 소개해 봅시다.

09 坐电梯
zuò diàntī

엘리베이터 타기

● 녹음을 듣고, 다음 질문에 답해 봅시다. 09-01

> "Wǒ" zuòle shénme shìr?
> "我"做了什么事儿? '나'는 어떤 일을 했나요?

昨天下午自习后，我在图书馆等电梯的时候，来了一个男生和一个女生。男生悄悄地对女生说："晚上我能请你喝杯咖啡吗？"女生害羞地看了他一眼："除非你走楼梯比我先到8层，我才去。"电梯来了，男生拔腿就往楼上跑。进了电梯，我默默地把2层到7层的电梯按钮全摁了一遍。坐到7层我就出来了，但是我一直没敢回头看那女生的眼神。出来后我心里对那个男生说："学长只能帮你这些了！"

● 본문을 읽고, 최대한 구체적으로 다음 질문에 답해 봅시다.

1. "我"什么时候、在哪儿等电梯? '나'는 언제, 어디에서 엘리베이터를 기다리고 있었나요?

2. "我"等电梯的时候，发生了什么事儿? '내'가 엘리베이터를 기다리고 있을 때 무슨 일이 벌어졌나요?

3. 进电梯以后，"我"做了什么? 엘리베이터에 탄 후 '나'는 무엇을 했나요?

4. "我"为什么要这么做? '나'는 왜 그런 행동을 했나요?

새 단어 09-02

自习 zìxí 동 자습하다
男生 nánshēng 명 남학생
女生 nǚshēng 명 여학생
害羞 hàixiū 형 수줍다, 부끄럽다, 쑥스럽다
一眼 yì yǎn 수량 한 번 (보다)
除非 chúfēi 접 오직 ~해야만, ~한다면 몰라도
楼梯 lóutī 명 계단
先 xiān 부 ~보다 먼저, ~전에
拔腿 bá tuǐ 동 급히 걸음을 내딛다, 재빨리 걷다

跑 pǎo 동 뛰다
默默 mòmò 부 묵묵히, 말없이, 소리 없이
按钮 ànniǔ 명 버튼, 스위치
摁 èn 동 (손이나 손가락으로) 누르다
敢 gǎn 조동 자신 있게 ~하다, 과감하게 ~하다.
回头 huí tóu 동 (뒤로) 고개를 돌리다
眼神 yǎnshén 명 눈빛
学长 xuézhǎng 명 선배
帮 bāng 동 돕다, 거들다

핵심 표현

- **除非**你走楼梯比我先到8层，我**才**去。
  '除非'는 '유일한 조건'을 나타내는 접속사로, '오직 ~해야만' 그 다음 행동을 하겠다는 의미를 가집니다. 종종 부사 '才'와 함께 쓰입니다.

- 学长**只**能帮你这些了！
  부사 '只'는 '오직' '단지'의 뜻입니다.

본문 해석

어제 오후 저는 자습을 하고 나서 도서관에서 엘리베이터를 기다리고 있었습니다. 그때, 남학생 한 명과 여학생 한 명이 왔습니다. 남학생이 여학생에게 조용히 말했습니다. "저녁에 커피 한 잔 할래요?" 그러자 여학생은 수줍게 남학생을 보더니 "그쪽이 8층까지 계단으로 올라와 (엘리베이터를 탄) 저보다 먼저 도착하면 커피 마실게요."라고 대답했습니다.

엘리베이터가 도착하자 남학생은 걸음을 급히 내딛어 위층으로 뛰어 올라갔습니다. 저는 엘리베이터를 타고 나서 묵묵히 2층부터 7층까지 버튼을 전부 눌렀습니다. 저는 7층에서 내렸지만 고개를 돌려 그 여학생의 눈빛을 볼 수가 없었습니다. 엘리베이터에서 내린 뒤 저는 속으로 그 남학생에게 말했습니다. "선배가 도와줄 수 있는 건 이런 것뿐이야!"

본문 암송

昨天下午____后，我在图书馆_____的时候，来了_____。男生____地对女生说："晚上我能_____?"女生____地_____："除非你_____比我____8层，我____。"

电梯来了，男生_____。进了电梯，我____地把2层到7层的电梯_____一遍。坐到7层我_____，但是我一直没敢_____那女生的眼神。出来后我____对那个男生说：_____这些了！

활용

● '핵심 표현'에서 배운 내용을 떠올리며 다음 질문에 답해 봅시다.

1 유일한 조건을 나타내는 접속사를 찾아 표시해 봅시다. 09-03

(1) Chúfēi zuò shǒushù, nǐ de bìng cái néng hǎo.
除非做手术，你的病才能好。

(2) Chúfēi rèjí le, wǒ cái kāi yíhuìr kōngtiáo.
除非热极了，我才开一会儿空调。

(3) Chúfēi lǎobǎn qù gēn tā tán, tā cái kěnéng gēn wǒmen hézuò.
除非老板去跟他谈，他才可能跟我们合作。

(4) Chúfēi yíngle Shànghǎi duì, Běijīng duì cái yǒu kěnéng jìnrù juésài.
除非赢了上海队，北京队才有可能进入决赛。

2 부사 '只'가 수식하는 내용을 표시해 봅시다. 09-04

(1) Zhōngguócài wǒ zhǐ huì chī, bú huì zuò.
中国菜我只会吃，不会做。

(2) Wǒ de qiánbāo li zhǐ shèngxià wǔ kuài qián le.
我的钱包里只剩下五块钱了。

(3) Jīnnián zhè jiā wàiqǐ zhǐ zhāopìn yí ge rén.
今年这家外企只招聘一个人。

(4) Yí ge rén bù néng zhǐ kǎolǜ zìjǐ, hái yào wèi tārén zhuóxiǎng.
一个人不能只考虑自己，还要为他人着想。

확장 단어 09-05

空调 kōngtiáo 명 에어컨 | 合作 hézuò 동 협력하다, 합작하다 | 可能 kěnéng 명 가능성 | 进入 jìnrù 동 (어떤 시기, 상태, 범위에) 진입하다, 들다 | 决赛 juésài 명 결승 | 外企 wàiqǐ 명 외자기업 | 招聘 zhāopìn 동 채용하다, 모집하다 | 考虑 kǎolǜ 동 생각하다, 고려하다 | 他人 tārén 대 다른 사람, 타인, 남 | 着想 zhuóxiǎng 동 생각하다, 고려하다, 염두에 두다

간체자

두 글자의 형태 차이에 주의하며 해당 글자가 포함된 간체자를 써 봅시다.

(1) 흙
土 地 _____

(2) 선비, 존칭
士 吉 _____

연습

1 의미가 통하도록 두 내용을 연결한 후, 큰 소리로 읽어 봅시다.

(1) Xīngqītiān chúfēi èjí le,
星期天除非饿极了， · · nǎinai cái néng kàn qīngchu bàozhǐ shang de zì.
奶奶才能看清楚报纸上的字。

(2) chúfēi dàishang yǎnjìng,
除非戴上眼镜， · · wǒ cái huì kàn.
我才会看。

(3) chúfēi yǒu rén bāngzhù wǒ,
除非有人帮助我， · · wǒ cái néng bānzǒu zhège xiāngzi.
我才能搬走这个箱子。

(4) chúfēi diànshìjù tèbié jīngcǎi,
除非电视剧特别精彩， · · Lǐ Huá cái huì zuò fàn.
李华才会做饭。

2 '只'를 사용해 그림 속 상황에 맞는 문장을 완성해 봅시다.

(1) Jiàoshì li
教室里_____
_____。

(2) Wǒ
我_____，
bù xiǎng chī bié de.
不想吃别的。

(3) Zuótiān wǎnshang kàn qiúsài, Dàshuāng
昨天晚上看球赛，大双
_____。

(4) Ālǐ
阿里_____，
jiù shuō de zhème hǎo.
就说得这么好。

3 그림이 나타내는 단어를 보기에서 찾아 봅시다.

| 보기 | cāntīng
A 餐厅 | chúfáng
B 厨房 | kètīng
C 客厅 | wòshì
D 卧室 |
| | chēkù
E 车库 | mén
F 门 | chuānghu
G 窗户 | lóutī
H 楼梯 |

(1) ☐ (2) ☐ (3) ☐ (4) ☐

(5) ☐ (6) ☐ (7) ☐ (8) ☐

4 이성에게 첫 데이트 신청을 어떻게 하면 좋을지 말해 봅시다.

10 有趣的谐音词

재미있는 해음자

● 녹음을 듣고, 알맞게 답해 봅시다. 🔊 10-01

> 举例说明汉语的谐音词。 중국어의 해음자를 예를 들어 설명해 보세요.

汉语有很多谐音词，它们的使用反映出一些有趣的中国文化现象。比如春节的时候，中国人喜欢吃鸡、吃鱼，因为"鸡"和"吉"谐音，表示"吉利"，"鱼"和"余"谐音，表示"年年有余"；家人和朋友之间不能分梨吃，因为"分梨"和"分离"谐音；送朋友礼物不能送钟，因为"送钟"和"送终"谐音；人们不喜欢有"4"的车牌和电话号码，因为"4"和"死"谐音。

谐音词的使用使汉语的表达丰富而有趣。

● 본문을 읽고, 최대한 구체적으로 다음 질문에 답해 봅시다.

1 汉语的谐音词多吗? 중국어에는 해음자가 많은가요?

2 谐音词有什么用? 해음자는 어떻게 쓰이나요?

3 谐音词对汉语有什么好处? 해음자가 중국어에 좋은 점은 무엇인가요?

4 除了课本上列举的以外，你还知道哪些谐音词?
본문에 소개된 것 외에 또 어떤 해음자가 있을까요?

새 단어 10-02

谐音词	xiéyīncí 명 해음자	分	fēn 동 나누다, 분리하다
谐音	xiéyīn 동 (글자의) 발음이 같거나 비슷하다	梨	lí 명 배
反映	fǎnyìng 동 반영하다	分离	fēnlí 동 헤어지다, 이별하다
现象	xiànxiàng 명 현상	钟	zhōng 명 종, 괘종, 탁상시계
鸡	jī 명 닭	送终	sòng zhōng 동 (부모, 가족의) 임종을 지키다
吉	jí 형 길하다, 행복하다, 좋다	车牌	chēpái 명 차 번호, 차량 번호판
表示	biǎoshì 동 의미하다, 가리키다	死	sǐ 동 죽다
余	yú 동 남다, 남기다	而	ér 접 ~하고, ~하고도, 그리고
年年有余	niánnián yǒu yú 해마다 풍요롭길 바랍니다		

핵심 표현

- 谐音词的使用**使**汉语的表达丰富而有趣。
  '使'는 '~로 하여금 ~하게 하다'라는 뜻으로, '무엇인가(汉语的表达)를 어떤 상황(丰富而有趣)으로 변하게 만든다'라는 '사역'의 의미를 가지고 있습니다. 이외에 '让 ràng' '叫 jiào'도 '使'처럼 '사역'을 나타내는 표현입니다.

- 谐音词的使用使汉语的表达丰富**而**有趣。
  접속사 '而'은 '병렬'이나 '점층' 관계의 두 성분을 연결할 수 있습니다. 두 개의 형용사(구)나 동사(구), 문장을 연결할 때에만 사용하고, 명사(구)끼리 연결할 때에는 사용하지 않는다는 점에 주의하세요.

본문 해석

중국어에는 해음자(谐音词)가 많습니다. 이들 해음자의 사용은 재미있는 중국 문화 현상을 반영하고 있습니다. 예를 들어, 춘지에 때면 중국인들은 닭과 생선을 먹는 것을 좋아합니다. 왜냐하면 '닭(鸡 jī)'과 '길하다(吉 jí)'라는 말의 발음이 비슷해 '길하다(吉利)'라는 뜻을 나타내고, '생선(鱼 yú)'과 '남다(余 yú)'라는 말의 발음이 같아 '해마다 풍요롭길 바다(年年有余)'라는 뜻을 나타내기 때문입니다. 가족과 친구 사이에는 배를 나눠 먹지 않습니다. 왜냐하면 '배를 나누다(分梨 fēn lí)'라는 말이 '헤어지다(分离 fēnlí)'라는 말과 발음이 같기 때문입니다. 또, 친구에게는 시계를 선물하지 않습니다. 왜냐하면 '시계를 선물하다(送钟 sòng zhōng)'라는 말이 '임종을 지키다(送终 sòng zhōng)'라는 말과 발음이 같기 때문입니다. 사람들은 '4'가 들어간 차량 번호와 전화번호를 좋아하지 않습니다. 왜냐하면 '4(四 sì)'가 '죽다(死 sǐ)'라는 말과 발음이 비슷하기 때문입니다.
해음자의 사용은 중국어의 표현을 더욱 풍부하고 재미있게 합니다.

본문 암송

汉语有_____，它们的使用_____一些有趣的_____。比如春节的时候，中国人喜欢____、____，因为"鸡"和"__"____，表示"____"，"鱼"和"__"____，表示"年年有余"；家人和朋友之间_____，因为"分梨"和"____"谐音；送朋友礼物_____，因为"送钟"和"____"谐音；人们不喜欢有"4"的____和_____，因为"4"和"__"谐音。
谐音词的使用使_____而_____。

활용

● '핵심 표현'에서 배운 내용을 떠올리며 다음 질문에 답해 봅시다.

1 '무엇(A)'인가를 '어떤 상황(B)'으로 변하게 만들었는지 각각 찾아 표시해 봅시다. 10-03

(1) 他冷冰冰的态度使我很伤心。
Tā lěngbīngbīng de tàidù shǐ wǒ hěn shāngxīn.

(2) 这部电视剧使她很快就出了名。
Zhè bù diànshìjù shǐ tā hěn kuài jiù chūle míng.

(3) 气候变暖使人们认识到保护环境很重要。
Qìhòu biàn nuǎn shǐ rénmen rènshi dào bǎohù huánjìng hěn zhòngyào.

(4) 谦虚使人进步，骄傲使人落后。
Qiānxū shǐ rén jìnbù, jiāo'ào shǐ rén luòhòu.

2 접속사 '而'이 연결하는 두 내용을 찾아 표시해 봅시다. 10-04

(1) 这里的人们热情而友好。
Zhèli de rénmen rèqíng ér yǒuhǎo.

(2) 吐鲁番是个神秘而美丽的地方。
Tǔlǔfān shì ge shénmì ér měilì de dìfang.

(3) 这个地方的气候温暖而湿润。
Zhège dìfang de qìhòu wēnnuǎn ér shīrùn.

(4) 伦敦跟北京一样，都是古老而现代的城市。
Lúndūn gēn Běijīng yíyàng, dōu shì gǔ lǎo ér xiàndài de chéngshì.

확장 단어 10-05

部 bù 양 부, 편 [서적이나 영화·드라마를 세는 단위] | 出名 chū míng 통 유명해지다, 명성을 드러내다, 이름을 날리다 | 暖 nuǎn 형 따뜻하다 | 谦虚 qiānxū 형 겸손하다, 겸허하다 | 进步 jìnbù 통 발전하다, 진보하다 | 骄傲 jiāo'ào 형 오만하다, 거만하다 | 落后 luòhòu 통 뒤처지다, 낙오하다 | 热情 rèqíng 형 친절하다, 다정하다, 열정적이다 | 友好 yǒuhǎo 형 우호적이다 | 神秘 shénmì 형 신비하다 | 美丽 měilì 형 아름답다, 예쁘다 | 温暖 wēnnuǎn 형 따뜻하다, 온난하다 | 湿润 shīrùn 형 습기가 많다, 습윤하다, 축축하다 | 古老 gǔlǎo 형 오래되다

간체자

두 글자의 형태 차이에 주의하며 해당 글자가 포함된 간체자를 써 봅시다.

(1) '示'가 글자 왼쪽에 위치할 때의 형태
视 _____

(2) '衣'가 글자 왼쪽에 위치할 때의 형태
衫 _____

연습

1 제시된 낱말을 알맞게 배열해 문장을 완성해 봅시다.

(1) érzi de xiǎngfǎ / fēicháng / shēng qì / shǐ / bàba
儿子的想法 　非常 　生气 　使 　爸爸

(2) dàjiā / zhège hǎo xiāoxi / hěn xīngfèn / shǐ / dōu
大家 　这个好消息 　很兴奋 　使 　都

(3) mánglù de shēnghuó / hěn chōngshí / wǒmen / shǐ / gǎndào
忙碌的生活 　很充实 　我们 　使 　感到

(4) yīnyuè / biànde / kěyǐ / shǐ shēnghuó / gèng kuàilè
音乐 　变得 　可以 　使生活 　更快乐

2 제시된 단어와 '而'을 사용해 그림에 알맞은 문장을 말해 봅시다.

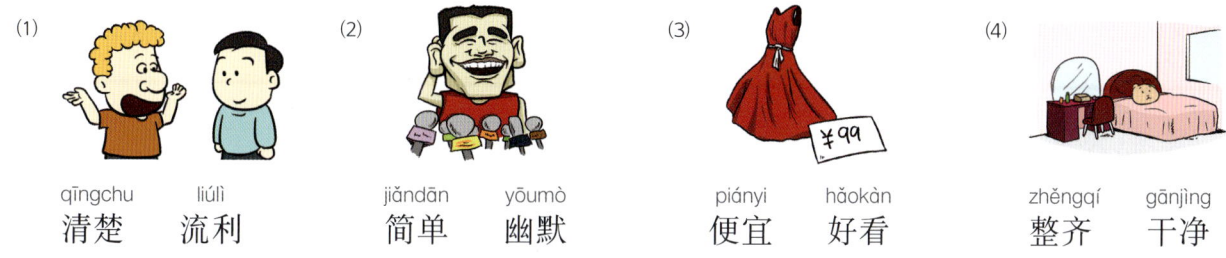

(1) qīngchu / liúlì　清楚 流利
(2) jiǎndān / yōumò　简单 幽默
(3) piányi / hǎokàn　便宜 好看
(4) zhěngqí / gānjìng　整齐 干净

3 그림이 나타내는 단어를 보기에서 찾아 봅시다.

보기
A kuàizi 筷子　B wǎn 碗　C zhōng 钟　D shànzi 扇子　E qiánbāo 钱包
F pánzi 盘子　G dēng 灯　H làzhú 蜡烛　I huǒlú 火炉　J sùliàodài 塑料袋

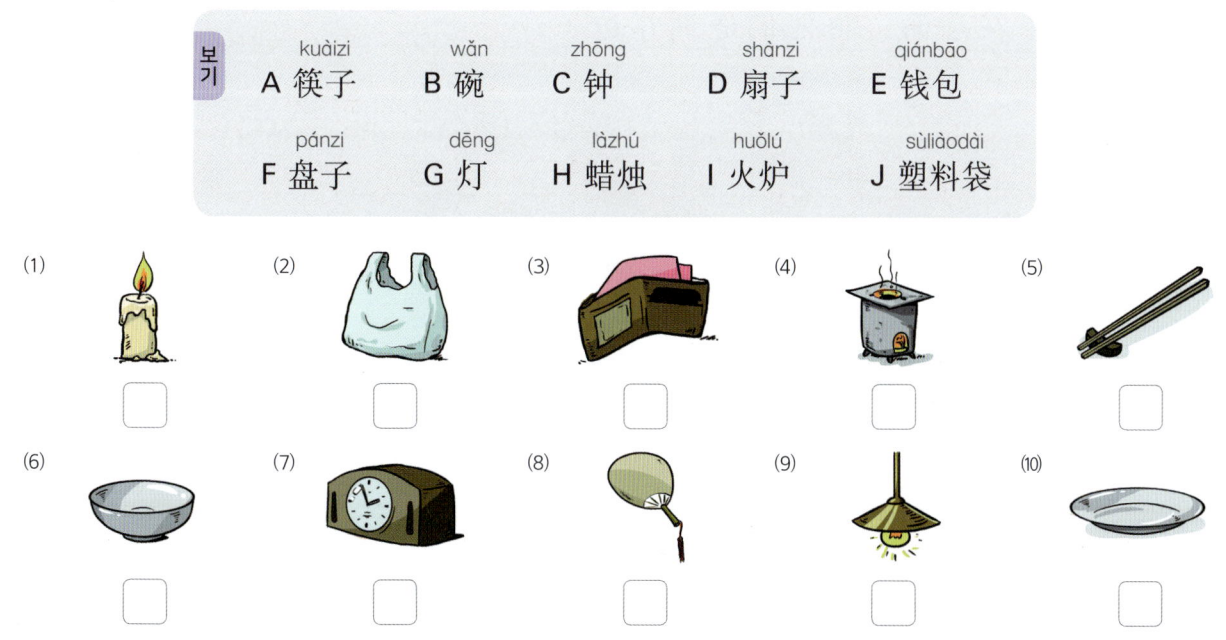

4 본인이 알고 있는 중국어 해음자를 소개해 봅시다.

11 海豚和鲨鱼
hǎitún hé shāyú

돌고래와 상어

● 녹음을 듣고, 다음 질문에 답해 봅시다. 11-01

> Hǎitún zuòle shénme?
> 海豚做了什么? 돌고래는 무엇을 했나요?

Yí wèi bàba dàizhe nǚ'ér zài hǎi li yóu yǒng, zhèng yóu de gāoxìng, tūrán yóu guòlai jǐ tiáo hǎitún.
一位爸爸带着女儿在海里游泳，正游得高兴，突然游过来几条海豚。

Hǎitún bǎ tāmen jǐnjǐn de wéi zài zhōngjiān, bú ràng tāmen chūqu.
海豚把他们紧紧地围在中间，不让他们出去。

Bàba zhèng juéde qíguài, tūrán kàndào yì tiáo dà shāyú cháo tāmen yóu guòlai. Tāmen fāxiàn,
爸爸正觉得奇怪，突然看到一条大鲨鱼朝他们游过来。他们发现，

zhǐyào dà shāyú yóu guòlai, hǎitúnmen jiù yòng lì de pāidǎ shuǐmiàn, bú ràng tā kàojìn. Dà shāyú
只要大鲨鱼游过来，海豚们就用力地拍打水面，不让它靠近。大鲨鱼

chángshìle hǎo jǐ cì dōu shībài le, zuìhòu zhǐhǎo shīwàng de líkāi le.
尝试了好几次都失败了，最后只好失望地离开了。

Děng dà shāyú yóu de hěn yuǎn le, zhèxiē kě'ài de hǎitún cái ràng bàba hé nǚ'ér yóu chūqu,
等大鲨鱼游得很远了，这些可爱的海豚才让爸爸和女儿游出去，

bìngqiě yìzhí gēn zài hòumiàn, bǎ tāmen sòngdào ànbiān.
并且一直跟在后面，把他们送到岸边。

● 본문을 읽고, 최대한 구체적으로 다음 질문에 답해 봅시다.

Bàba dàizhe nǚ'ér zuò shénme?
1 爸爸带着女儿做什么? 아빠는 딸을 데리고 무엇을 했나요?

Tūrán fāshēngle shénme shì?
2 突然发生了什么事? 갑자기 무슨 일이 벌어졌나요?

Bàba tūrán kàndàole shénme?
3 爸爸突然看到了什么? 아빠는 갑자기 무엇을 보았나요?

Zuìhòu, dà shāyú zěnmeyàng le?
4 最后，大鲨鱼怎么样了? 결국 상어는 어떻게 했나요?

새 단어 11-02

带 dài 동 데리다, 이끌다, 인솔하다
海 hǎi 명 바다
游 yóu 동 수영하다, 헤엄치다
海豚 hǎitún 명 돌고래
紧紧 jǐnjǐn 매우 가깝다, 꼭 끼다
鲨鱼 shāyú 명 상어
朝 cháo 개 ~를 향하여, ~쪽으로
用力 yòng lì 동 있는 힘껏 힘을 쓰다
拍打 pāidǎ 동 치다, 두드리다

拍 pāi 동 (손바닥이나 납작한 것으로) 치다
水面 shuǐmiàn 명 수면, 물의 표면
靠近 kàojìn 동 접근하다, 다가가다, 가까이 가다
尝试 chángshì 동 시도해 보다, 경험해 보다
失望 shīwàng 동 실망하다, 희망을 잃다 형 낙담하다
可爱 kě'ài 형 귀엽다, 사랑스럽다
并且 bìngqiě 접 게다가, 그리고, 동시에, 또
岸边 ànbiān 명 (강, 바다 등의) 기슭, 물가

핵심 표현

- **一条大鲨鱼朝他们游过来。**
  개사 '朝'는 '~를 향하여'라는 뜻으로 동작이 향하는 '방향'을 나타냅니다. 비슷한 뜻의 개사 '往'은 반드시 '방위사'가 포함된 말과 짝을 지어 쓰여야 하지만, '朝'는 방위사 없이도 다른 단어와 결합해 '朝门口' '朝父母'처럼 활용되어 쓰일 수 있습니다.

- **只要大鲨鱼游过来，海豚们就用力地拍打水面，不让它靠近。**
  '只要A , 就B' 문형은 'A라는 조건을 만족시키기만 하면 바로 B라는 결과가 나타난다'는 의미입니다.

본문 해석

아빠가 딸을 데리고 바다에서 수영을 하고 있었습니다. 한창 신나게 수영하고 있는데 갑자기 돌고래 몇 마리가 헤엄쳐 왔습니다. 돌고래들은 아빠와 딸을 가운데 두고 가까이 둘러싸서 그 밖으로 나오지 못하게 했습니다.
아빠가 (그런 상황이) 이상하다 생각하려던 그때, 커다란 상어 한 마리가 그들을 향해 헤엄쳐 오는 것이 보였습니다. 아빠와 딸은 상어가 가까이 오려고 하면 돌고래가 있는 힘껏 수면을 두드려 상어가 가까이 오지 못하도록 하고 있는 것을 발견했습니다. 상어가 몇 번이나 아빠와 딸에게 다가오려고 했지만 모두 실패하고는 결국 실망해서 떠나 버렸습니다.
귀여운 돌고래들은 상어가 멀어지고 나서야 아빠와 딸이 헤엄쳐 나오도록 했습니다. 게다가 아빠와 딸을 계속 따라오며 해안가까지 바래다 주었습니다.

본문 암송

一位爸爸＿＿＿女儿在＿＿＿＿＿＿，正＿＿＿高兴，突然游＿＿＿几条＿＿＿。
海豚把他们＿＿＿地＿＿＿＿＿＿，不让＿＿＿＿＿＿。
爸爸正＿＿＿＿＿＿，突然＿＿＿＿＿＿＿＿＿＿＿＿他们游＿＿＿＿。他们发现，只要大鲨鱼＿＿＿＿＿＿，海豚们就＿＿＿地＿＿＿＿＿＿，不让＿＿＿＿＿。大鲨鱼＿＿＿了＿＿＿＿＿＿失败了，最后只好＿＿＿地＿＿＿＿＿。
等大鲨鱼＿＿＿很远了，这些可爱的＿＿＿才让＿＿＿＿＿＿＿游＿＿＿＿，并且一直跟在后面，把＿＿＿＿＿＿＿＿＿＿＿。

활용

● '핵심 표현'에서 배운 내용을 떠올리며 다음 질문에 답해 봅시다.

1 동작이 향하는 '방향'을 찾아 표시해 봅시다. 11-03

(1) Jǐngchá wēixiàozhe cháo wǒ zhāozhao shǒu, ràng wǒ bǎ chē tíngxià.
警察微笑着朝我招招手，让我把车停下。

(2) Tā kànle kàn shǒubiǎo, jiāojí de cháo ménkǒu wàngqu.
他看了看手表，焦急地朝门口望去。

(3) Nín cháo nán zǒu yì bǎi mǐ, jiù yǒu yí ge dìtiězhàn.
您朝南走一百米，就有一个地铁站。

(4) Tā gāngà de cháo wǒ xiàole xiào, shuō: "Duìbuqǐ, wǒ rèncuò rén le."
他尴尬地朝我笑了笑，说："对不起，我认错人了。"

2 '只要A, 就B' 문형에서 A와 B에 해당하는 말을 찾아 표시해 봅시다. 11-04

(1) Zhǐyào yǒu shíjiān, tā jiù huì qù gū'éryuàn zuò yìgōng.
只要有时间，他就会去孤儿院做义工。

(2) Zhǐyào shì qùguo Hángzhōu de rén, jiù yídìng huì xǐhuan shang Xī Hú.
只要是去过杭州的人，就一定会喜欢上西湖。

(3) Zhǐyào shì jīnzi jiù huì fā guāng.
只要是金子就会发光。

(4) Zhǐyào wǒ dāying de shì, jiù yídìng yào zuòdào.
只要我答应的事，就一定要做到。

확장 단어 11-05

招手 zhāo shǒu 통 손짓하다, 손을 흔들다 | **手表** shǒubiǎo 명 손목시계 | **焦急** jiāojí 형 초조하다, 조급하다 | **尴尬** gāngà 형 쑥스럽다, 어색하다, 당혹스럽다 형 (입장이) 곤란하다, 난처하다 | **孤儿院** gū'éryuàn 명 고아원 | **孤儿** gū'ér 명 고아 | **义工** yìgōng 명 자원봉사 활동 명 자원봉사자 | **西湖** Xī Hú 고유 시후[항저우의 호수] | **金子** jīnzi 명 금 | **发光** fā guāng 통 빛나다, 광채를 밝히다

간체자

위치에 따른 부수의 형태의 변화에 주의하며 해당 형태가 포함된 간체자를 써 봅시다.

(1) '火'가 글자 왼쪽이나 중간에 위치할 때의 형태
灯 _____ _____

(2) '火'가 글자 아래쪽에 위치할 때의 형태
热 _____ _____

연습

1 괄호 안의 표현과 '朝'를 사용해 문장을 완성해 봅시다.

(1) Tā tīngdào yǒu rén hǎn tā, jiù
他听到有人喊他，就_____。（后面　看去）

(2) Yào shàng kè le, tóngxuémen
要上课了，同学们_____。（教室　跑去）

(3) Yòu'éryuán mén yì kāi, háizimen jiù
幼儿园门一开，孩子们就_____。（自己的父母　跑去）

(4) _____，第一个路口左拐，就是学院路邮局。（北　走）
dì-yī ge lùkǒu zuǒ guǎi, jiù shì Xuéyuàn Lù yóujú.

2 제시된 낱말과 '只要……就……' 형식을 사용해 말해 봅시다.

(1) yí fèn hǎo gōngzuò　tā　hěn mǎnzú
一份好工作　她　很满足

(2) qù pá shān　wǒmen　míngtiān bú xià yǔ
去爬山　我们　明天不下雨

(3) hé tā zài yìqǐ　gǎndào hěn xìngfú　wǒ
和他在一起　感到很幸福　我

(4) huì bāng máng　qù zhǎo tā　tā
会帮忙　去找他　他

(5) wǒmen　bú huì fàngqì　yǒu yìdiǎnr xīwàng
我们　不会放弃　有一点儿希望

3 그림이 나타내는 단어를 보기에서 찾아 봅시다.

보기
A 狗 gǒu　B 猫 māo　C 熊猫 xióngmāo
D 鱼 yú　E 海豚 hǎitún　F 鸟 niǎo
G 鲨鱼 shāyú　H 鸡 jī

4 좋아하는 동물(动物 dòngwù) 또는 식물을 묘사하고, 좋아하는 이유도 말해 봅시다.

12 什么也没做。
Shénme yě méi zuò.

아무것도 안 했어요.

● 녹음을 듣고, 다음 질문에 답해 봅시다. 12-01

> Qīzi jīntiān zuò shénme le?
> 妻子今天做什么了? 아내는 오늘 무엇을 했나요?

丈夫下班回家，吃惊地发现，家里实在太乱了！孩子们脸上、身上都很脏；地毯上堆满了脏衣服；厨房里，连碗都没有洗。家里究竟发生了什么事？他急忙奔向卧室，看见妻子正悠闲地躺在床上翻相册。丈夫惊奇地问："今天家里怎么了？"妻子得意地回答说："你每天下班，总是问'今天你在家里做了什么'，现在你看到了，今天我什么也没做。"

● 본문을 읽고, 최대한 구체적으로 다음 질문에 답해 봅시다.

1. 丈夫下班回家发现了什么? 퇴근하고 돌아온 남편이 본 것은 무엇인가요?
2. 孩子们是什么样子? 아이들의 모습은 어땠나요?
3. 厨房里是什么样子? 주방의 모습은 어땠나요?
4. 妻子每天都做什么? 아내는 매일 무엇을 했나요?

새 단어 🔊 12-02

吃惊 chī jīng 동 깜짝 놀라다		急忙 jímáng 부 급히, 황급히	
实在 shízài 부 정말, 참으로		奔向 bēnxiàng ~를 향해 달려가다	
脸上 liǎnshang 얼굴에		奔 bēn 동 내달리다, 질주하다	
脸 liǎn 명 얼굴		躺 tǎng 동 눕다	
身上 shēnshang 몸(에)		床 chuáng 명 침대	
地毯 dìtǎn 명 카펫		翻 fān 동 들추다, 뒤적이다 동 뒤집다, 뒤집히다	
堆满 duīmǎn 가득 쌓여있다		相册 xiàngcè 명 사진첩	
连 lián 개 ~조차도, ~마저도		惊奇 jīngqí 형 의아해하다	
究竟 jiūjìng 부 도대체, 대관절			

핵심 표현

- 厨房里，**连**碗**都**没有洗。
  개사 '连'은 '连……都'의 형태로 쓰여 '심지어 ~조차도'라는 뜻을 나타냅니다. 때로는 부사 '也'와 결합하여 '连……也'의 형태로도 쓰입니다.

- 你每天下班，**总是**问"今天你在家里做了什么"。
  부사 '总是'는 '언제나' '늘'의 뜻으로 쓰입니다.

본문 해석

퇴근하고 돌아온 남편은 깜짝 놀랐습니다. 집 안이 정말 너무 지저분했던 것이지요. 아이들의 얼굴이며 몸도 다 지저분하고, 카펫 위에는 지저분한 옷이 잔뜩 쌓여 있었습니다. 게다가 주방에는 그릇조차 안 닦여 있었습니다.
도대체 집에 무슨 일이 일어난 것일까요? 남편은 급히 침실로 달려갔습니다. 그랬더니 아내는 한가롭게 침대에 누워 앨범을 들추고 있는 것이었습니다. 남편은 의아해하며 물었습니다. "오늘 집 안이 어찌된 일인가요?" 그러자 아내는 당당하게 대답했습니다. "당신은 언제나 퇴근하면 '당신은 집에서 뭘 한 거요?'라고 물었죠. 지금 봤을 거예요. 오늘 나는 아무것도 안 했어요."

본문 암송

丈夫＿＿＿＿＿，吃惊地＿＿＿＿，家里＿＿＿＿＿＿！孩子们脸上、身上都＿＿＿＿；地毯上＿＿＿＿＿衣服；厨房里，连＿＿＿＿＿＿。
家里＿＿＿＿＿＿＿＿？他＿＿＿奔向卧室，看见妻子正＿＿＿＿地＿＿＿＿＿＿＿＿。丈夫惊奇地问："今天＿＿＿＿＿＿？"妻子＿＿＿＿地回答说："你每天下班，总是问'＿＿＿＿＿＿＿＿＿＿＿＿＿＿＿＿'，现在你看到了，＿＿＿＿＿＿＿＿＿＿。"

활용

● '핵심 표현'에서 배운 내용을 떠올리며 다음 질문에 답해 봅시다.

1 '심지어 ~조차도'에 해당하는 말을 찾아 표시해 봅시다. 12-03

(1) Bàba lián fàn yě méi chī jiù zǒu le.
爸爸连饭也没吃就走了。

(2) Tā sǎngzi téng de lián yí jù huà yě shuō bu chūlai le.
她嗓子疼得连一句话也说不出来了。

(3) Shuǐxīng suīrán bèi chēngwéi "shuǐxīng", shíjìshang nàli lián yì dī shuǐ dōu méiyǒu.
水星虽然被称为"水星", 实际上那里连一滴水都没有。

(4) Wǒ lián zuò mèng dōu méiyǒu xiǎngdào, wǒmen jìngrán huì zài hǎiwài xiāngyù.
我连做梦都没有想到, 我们竟然会在海外相遇。

2 부사 '总是'가 수식하는 내용을 찾아 표시해 봅시다. 12-04

(1) Xiǎo Zhāng chū mén de shíhou zǒngshì bēizhe nàge hēisè de bēibāo.
小张出门的时候总是背着那个黑色的背包。

(2) Měi tiān shàng kè tā zǒngshì zuò zài dì-yī pái.
每天上课他总是坐在第一排。

(3) Wǒ yìzhí xiǎng rènshi tā, dàn zǒngshì méiyǒu jīhuì.
我一直想认识她, 但总是没有机会。

(4) Suízhe shèhuì de fāzhǎn, yǔyán yě zǒngshì zài búduàn de fāzhǎn biànhuà.
随着社会的发展, 语言也总是在不断地发展变化。

확장 단어 12-05

实际上 shíjìshang 분 사실상, 실제로 | 实际 shíjì 명 실제 형 실제에 부합되다, 현실적이다 | 那里 nàli 대 그곳, 저곳, 거기 | 滴 dī 양 방울 | 海外 hǎiwài 명 해외, 외국 | 相遇 xiāngyù 동 마주치다, 만나다 | 背 bēi 동 (등에) 짊어지다, 업다 | 背包 bēibāo 명 배낭 | 机会 jīhuì 명 기회, 시기, 찬스 | 随着 suízhe 개 ~에 따라 | 不断 búduàn 분 끊임없이, 계속해서 | 变化 biànhuà 동 변화하다, 달라지다 명 변화

간체자

두 글자의 형태 차이에 주의하며 해당 글자가 포함된 단어를 써 봅시다.

(1) 하늘
天 — 天气 _____

(2) 성인 남자
夫 — 丈夫 _____

연습

1 '连……都/也……' 형식을 사용해 그림에 알맞은 문장을 완성해 봅시다.

(1) Xiǎo Liú shénme dōu bù xǐhuan,
小刘什么都不喜欢，_____。

(2) Jiějie huídào jiā, fāxiàn
姐姐回到家，发现_____。

(3) Tā mángle yì tiān,
她忙了一天，_____。

(4) Tā zài Běijīng zhùle shí nián le,
他在北京住了十年了，_____。

2 의미가 통하도록 두 내용을 연결한 후, 큰 소리로 읽어 봅시다.

(1) Dīngshān měi tiān bú zuò bié de,
丁山每天不做别的， •

(2) Zuìjìn gōngzuò yālì tài dà,
最近工作压力太大， •

(3) Xiǎo Wáng de xiǎngfǎ
小王的想法 •

(4) Jiějie zài Xīnjiāng bàn nián le,
姐姐在新疆半年了， •

• zǒngshì bù xíguàn nàli de shēnghuó.
总是不习惯那里的生活。

• zǒngshì shàng wǎng.
总是上网。

• zǒngshì gēn dàjiā bù yíyàng.
总是跟大家不一样。

• wǒ zǒngshì shuì bu zháo.
我总是睡不着。

3 그림이 나타내는 단어를 보기에서 찾아 봅시다.

보기
A 衬衣 chènyī　B 帽子 màozi　C 背包 bēibāo　D 项链 xiàngliàn　E 手表 shǒubiǎo
F 毛衣 máoyī　G 裤子 kùzi　H 眼镜 yǎnjìng　I 领带 lǐngdài　J 运动鞋 yùndòngxié

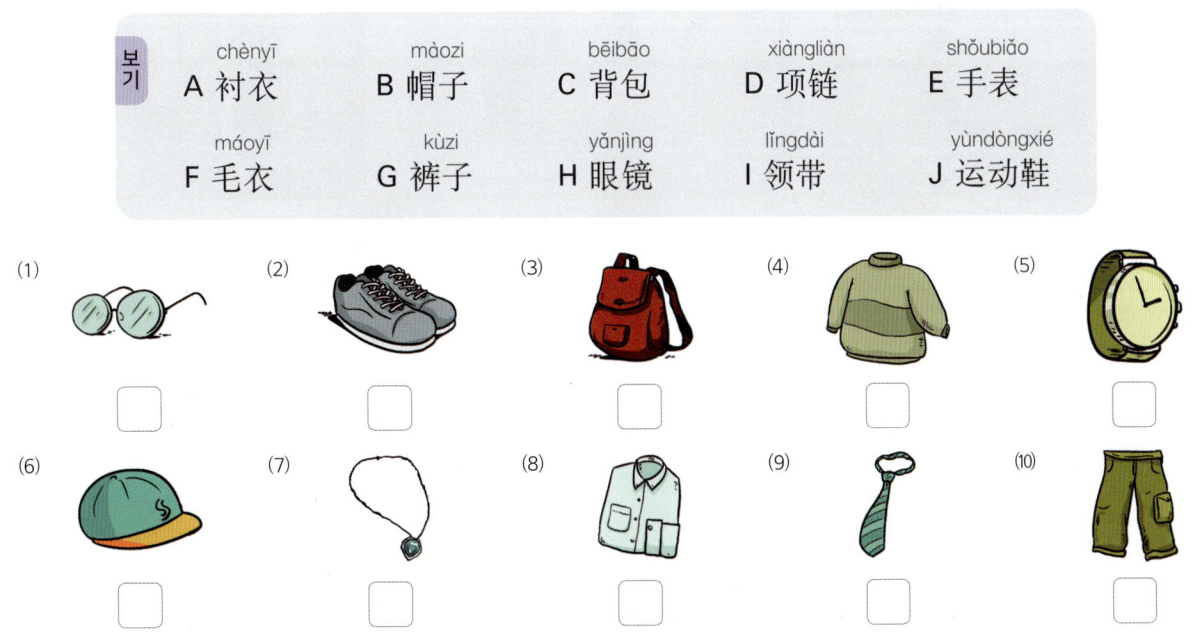

4 남편과 아내의 가사일(家务 jiāwù) 분담(分担 fēndān)에 대한 생각을 말해 봅시다.

13 老年人的休闲生活

lǎoniánrén de xiūxián shēnghuó

노인들의 여가 생활

● 녹음을 듣고, 다음 질문에 답해 봅시다. 🔊 13-01

> Zhōngguó de lǎoniánrén xǐhuan zuò shénme?
> 中国的老年人喜欢做什么? 중국의 노인들은 무엇을 좋아하나요?

在中国，老年人的休闲方式丰富多彩。早上，他们喜欢在公园里活动，有的打太极拳，有的唱京剧，有的练书法。白天，一些老人喜欢去老年大学学习绘画、书法、摄影、戏曲等，还有一些老人经常围在一起下象棋、打麻将。晚上，很多老人在家里一边看电视，一边和家人聊天儿；也有一部分老人去广场跳舞。周末，老人常常和儿孙们在一起，吃饭、逛公园、郊游，或者去看演出、听相声，享受天伦之乐。

● 본문을 읽고, 최대한 구체적으로 다음 질문에 답해 봅시다.

1 中国老年人的休闲方式多吗? 중국 노인들의 여가 시간을 보내는 방법은 많나요?
    Zhōngguó lǎoniánrén de xiūxián fāngshì duō ma?

2 老人们去老年大学学什么? 노인들은 노인 대학에 가서 무엇을 하나요?
    Lǎorénmen qù lǎonián dàxué xué shénme?

3 老人们经常围在一起做什么? 노인들은 종종 모여서 무엇을 하나요?
    Lǎorénmen jīngcháng wéi zài yìqǐ zuò shénme?

4 周末老人们常常做什么? 주말이면 노인들은 항상 무엇을 하나요?
    Zhōumò lǎorénmen chángcháng zuò shénme?

새 단어 🔊 13-02

老年人	lǎoniánrén	명 노인	戏曲	xìqǔ 명 중국 전통극, 희곡
老年	lǎonián	명 노년	下	xià 동 (바둑이나 장기를) 두다
休闲	xiūxián	동 여가 시간을 보내다, 한가롭게 보내다	象棋	xiàngqí 명 중국 장기
丰富多彩	fēngfù duōcǎi	풍부하고 다채롭다, 내용이 알차고 형식이 다양하다	麻将	májiàng 명 마작
			一边……一边……	yìbiān……yìbiān…… ~하면서 ~하다
活动	huódòng	동 운동하다, 움직이다 명 활동, 행사, 모임	广场	guǎngchǎng 명 광장, 넓은 공간
练	liàn	동 연습하다, 훈련하다, 단련하다	郊游	jiāoyóu 동 교외로 나들이 가다, 교외로 소풍 가다
绘画	huìhuà	동 그림을 그리다	享受	xiǎngshòu 동 누리다, 향유하다, 즐기다
摄影	shèyǐng	동 사진을 찍다, 영화를 촬영하다	天伦之乐	tiānlúnzhīlè 가족과 함께 즐거운 시간을 누리다

핵심 표현

- 他们喜欢在公园里活动，**有的**打太极拳，**有的**唱京剧，**有的**练书法。
  '有的……' 문형은 전체 중 일부의 사례를 열거할 때 사용되며, 주로 두세 개가 연속적으로 사용됩니다.

- 很多老人在家里**一边**看电视，**一边**和家人聊天儿。
  '一边……一边……' 문형은 두 가지 동작이나 행위가 '동시'에 또는 '병행'하여 일어나는 것을 가리킵니다.

본문 해석

중국 노인들의 여가 시간을 보내는 방법은 풍부하고 다채롭습니다. 아침이면 노인들은 공원에서 활동하기를 좋아합니다. 어떤 사람은 태극권을 하고, 어떤 사람은 경극을 하며, 또 어떤 사람은 서예를 연습합니다. 낮이면 노인 대학에 가서 회화, 서예, 사진 촬영, 중국 전통극 등을 배우는 것을 좋아하는 노인들도 있습니다. 그 밖에, 일부 노인들은 종종 함께 둘러앉아 장기를 두거나 마작을 하기도 합니다.

저녁이면 집에서 TV를 보며 가족과 이야기를 나누는 노인이 많고, 광장에 나가 사교춤을 추는 노인들도 있습니다. 주말이면 항상 아들·손자·손녀들과 함께 식사를 하고, 공원을 산책하기도 하며, 교외로 나들이를 나가기도 합니다. 또는 공연을 보거나, 상성을 듣는 등 가족과 함께 즐거운 시간을 나눕니다.

본문 암송

在中国，老年人的_____丰富多彩。早上，他们喜欢在_____，有的_____，有的____，有的____。白天，一些老人喜欢去_____学习___、___、___、___等，还有一些老人经常_____下象棋、打麻将。晚上，很多老人在家里一边____，一边_____；也有一部分老人_____。周末，老人常常和儿孙们_____，吃饭、逛公园、郊游，或者去看演出、听相声，享受_____。

활용

● '핵심 표현'에서 배운 내용을 떠올리며 다음 질문에 답해 봅시다.

1 '有的'로 연결된 여러 사례들을 찾아 표시해 봅시다. 13-03

(1) 我的朋友们性格都不一样，有的内向，有的外向。
　　Wǒ de péngyoumen xìnggé dōu bù yíyàng, yǒude nèixiàng, yǒude wàixiàng.

(2) 对这个计划，同事们有的同意，有的反对。
　　Duì zhège jìhuà, tóngshìmen yǒude tóngyì, yǒude fǎnduì.

(3) 春节期间，中国人用各种方法拜年，有的打电话，有的发短信，有的去家里拜年。
　　Chūn Jié qījiān, Zhōngguórén yòng gè zhǒng fāngfǎ bài nián, yǒude dǎ diànhuà, yǒude fā duǎnxìn, yǒude qù jiā li bài nián.

(4) 每个人的生活态度都不一样，有的认为家庭最重要，有的认为事业最重要，有的认为财富最重要。
　　Měi ge rén de shēnghuó tàidù dōu bù yíyàng, yǒude rènwéi jiātíng zuì zhòngyào, yǒude rènwéi shìyè zuì zhòngyào, yǒude rènwéi cáifù zuì zhòngyào.

2 동시에 발생하는 동작이나 행위를 찾아 표시해 봅시다. 13-04

(1) 张新一边走路一边看手机，一下子撞到了树上。
　　Zhāng Xīn yìbiān zǒu lù yìbiān kàn shǒujī, yíxiàzi zhuàngdàole shù shang.

(2) 在老舍茶馆儿，人们一边喝茶一边听相声。
　　Zài Lǎoshě Cháguǎnr, rénmen yìbiān hē chá yìbiān tīng xiàngsheng.

(3) 有些人喜欢一边吃饭一边谈生意。
　　Yǒuxiē rén xǐhuan yìbiān chī fàn yìbiān tán shēngyi.

(4) 听中文讲座的时候，一边听一边记能提高汉语水平。
　　Tīng Zhōngwén jiǎngzuò de shíhou, yìbiān tīng yìbiān jì néng tígāo Hànyǔ shuǐpíng.

확장 단어 13-05

内向 nèixiàng 형 (성격이) 내성적이다, 내향적이다 | **外向** wàixiàng 형 (성격이) 외향적이다 | **计划** jìhuà 명 계획, 작정, 방안 | **同意** tóngyì 동 찬성하다, 동의하다 | **反对** fǎnduì 동 반대하다 | **期间** qījiān 명 기간, 시간 | **拜年** bài nián 동 새해 인사를 하다, 세배하다 | **财富** cáifù 명 재산, 부, 자산 | **老舍茶馆儿** Lǎoshě Cháguǎnr 고유 라오셔 찻집 | **老舍** Lǎoshě 고유 라오셔[중국의 현대 작가] | **茶馆儿** cháguǎnr 명 찻집 | **有些** yǒuxiē 대 어떤 사람, 어떤 것, 일부 부 조금, 약간 | **记** jì 동 적다, 기록하다

간체자

제시된 간체자의 의미 분류에 맞게 단어를 연결하고, 추가로 더 떠올려 써 봅시다.

老

(1) 늙다　　　　　　　　　　　•　　　•老师 _____

(2) 낡다, 오래되다　　　　　　•　　　•古老 _____

(3) 연장자, 숙련자에 대한 존칭　•　　　•老人 _____

연습

1 괄호 안 단어와 '有的'를 사용해 문장을 완성해 봅시다.

(1) Jiàoshì li, xuéshengmen
教室里，学生们_____。（写字 听录音）
xiě zì tīng lùyīn

(2) Jiàqī dào le, tóngxuémen
假期到了，同学们_____。（打工 旅游 准备考试）
dǎ gōng lǚyóu zhǔnbèi kǎoshì

(3) Zhège diànyǐng, guānzhòngmen
这个电影，观众们_____。（喜欢 不喜欢）
xǐhuan bù xǐhuan

(4) Dìtiě shang, rénmen
地铁上，人们_____。（听音乐 看报纸）
tīng yīnyuè kàn bàozhǐ

2 제시된 단어와 '一边…… 一边……' 형식을 사용해 그림에 알맞은 문장을 말해 봅시다.

(1) shàng xué 上学 / dǎ gōng 打工
(2) kāi chē 开车 / chàng gē 唱歌
(3) zǒu lù 走路 / dǎ diànhuà 打电话
(4) tīng yīnyuè 听音乐 / wàng chuāng wài 望窗外

3 각 연령대의 사람을 지칭하는 말로 알맞은 것을 보기에서 골라 봅시다. (남녀 공용 호칭 有)

보기:
A 小朋友 xiǎopéngyou B 老奶奶 lǎonǎinai C 年轻人 niánqīngrén D 孩子 háizi E 老年人 lǎoniánrén
F 儿童 értóng G 小伙子 xiǎohuǒzi H 老人 lǎorén I 青年人 qīngniánrén J 中年人 zhōngniánrén

(1) 童年 tóngnián 어린 시절
남자 _____ 여자 _____

(2) 青年 qīngnián 청년
남자 _____ 여자 _____

(3) 中年 zhōngnián 중년
남자 _____ 여자 _____

(4) 老年 lǎonián 노년
남자 _____ 여자 _____

4 노년층과 청년층의 여가 생활을 소개해 봅시다.

13 老年人的休闲生活

14 青藏铁路

Qīngzàng tiělù

칭짱철도

● 녹음을 듣고, 다음 질문에 답해 봅시다. 14-01

> Zài Qīngzàng tiělù de huǒchē shang kěyǐ kàndào shénme?
> 在青藏铁路的火车上可以看到什么? 칭짱철도 위 기차에서는 무엇을 볼 수 있나요?

青藏铁路是世界上最长、最高的铁路,它东起青海西宁市,南到西藏拉萨市,长1956公里,最高的地方海拔5072米。

青藏铁路沿线的风景非常漂亮。人们坐在火车上,可以看到美丽的玉珠峰,也可以看到世界上海拔最高的淡水湖——措那湖,要是幸运的话,甚至可以看到珍稀的藏羚羊。

青藏铁路加强了西藏与其他省的交流,促进了西藏的发展。

● 본문을 읽고, 최대한 구체적으로 다음 질문에 답해 봅시다.

1. 青藏铁路是一条什么样的铁路? 칭짱철도는 어떤 철도인가요?
2. 青藏铁路有多长? 多高? 칭짱철도의 길이는 얼마고, 높이는 얼마인가요?
3. 青藏铁路沿线的风景怎么样? 칭짱철도를 따라 보이는 풍경은 어떻습니까?
4. 青藏铁路有什么好处? 칭짱철도는 어떤 장점이 있습니까?

새 단어 🔊 14-02

青藏	Qīngzàng	고유 칭하이와 티베트	要是	yàoshi 접 만약
铁路	tiělù 명 철도		幸运	xìngyùn 형 운이 좋다, 행운이다
起	qǐ 동 ~에서부터 시작하다		的话	dehuà 조 ~하다면, ~이면
青海	Qīnghǎi 고유 칭하이 성		甚至	shènzhì 부 더 나아가서는, 더욱이
西宁市	Xīníng Shì 고유 시닝 시		珍稀	zhēnxī 형 희귀하다, 진귀하고 드물다
西藏	Xīzàng 고유 티베트		藏羚羊	zànglíngyáng 명 티베트 영양
拉萨市	Lāsà Shì 고유 라싸 시		加强	jiāqiáng 동 강화하다, 증강하다
海拔	hǎibá 명 해발		与	yǔ 접 ~와
沿线	yánxiàn 명 선로(도로·항로)를 따라 있는 땅		其他	qítā 대 다른 사람(사물), 기타
玉珠峰	Yùzhū Fēng 고유 위주 봉		省	shěng 명 성[현대 중국의 최상급 지방 행정 단위]
淡水湖	dànshuǐhú 명 담수호		促进	cùjìn 동 촉진시키다, 촉진하다
措那湖	Cuònà Hú 고유 추오나 호수			

핵심 표현

■ 要是幸运的话，甚至可以看到珍稀的藏羚羊。
중국어 입말에서 자주 사용되는 '……的话'는 '가정'을 나타내는 조사로, '~하다면' '~이면'이라고 해석됩니다. 종종 앞에 '如果' '要是' '假如' 등이 함께 쓰이기도 합니다.

■ 要是幸运的话，甚至可以看到珍稀的藏羚羊。
부사 '甚至'는 '~까지도' '심지어'라는 뜻으로 우월한 것, 더 나은 것, 앞의 상황보다 정도가 더 심해지는 것을 소개하는 의미가 있습니다.

본문 해석

칭짱(青藏)철도는 세상에서 가장 길고, 가장 높은 (곳에 위치한) 철도입니다. 칭짱철도는 동쪽 칭하이(青海) 성의 시닝(西宁) 시에서부터 남쪽 티베트(西藏)의 라싸(拉萨) 시에 이르며, 길이는 1,956킬로미터고, (칭짱철도가 위치한) 가장 높은 곳은 해발 5,072m에 달합니다.
칭짱철도를 따라 보이는 풍경은 매우 아름답습니다. 아름다운 위주봉(玉珠峰), 세계에서 해발 고도가 가장 높은 담수호인 추오나 호수(措那湖)도 기차 안에서 볼 수 있습니다. 운이 좋다면 희귀한 티베트 영양도 볼 수 있습니다.
칭짱철도는 티베트와 다른 성 간의 교류를 강화시키고 티베트의 발전을 촉진시켰습니다.

본문 암송

青藏铁路是＿＿＿＿＿＿、＿＿＿的铁路，它东起＿＿＿＿＿＿，南到＿＿＿＿＿＿，长1956＿＿＿，最高的地方海拔5072＿＿。

青藏铁路＿＿＿＿＿非常漂亮。人们坐在火车上，可以看到＿＿＿＿＿＿，也可以看到世界上＿＿＿＿＿＿＿＿＿——措那湖，要是＿＿＿＿，甚至可以看到＿＿＿＿＿＿＿。

青藏铁路加强了＿＿＿＿＿＿的交流，＿＿＿＿＿＿＿＿。

활용

● '핵심 표현'에서 배운 내용을 떠올리며 다음 질문에 답해 봅시다.

1 가정하는 내용을 찾아 표시해 봅시다. 🔊 14-03

(1) Yàoshi pà hòuhuǐ dehuà, nǐ zài kǎolǜ yíxià.
要是怕后悔的话，你再考虑一下。

(2) Nǐ yàoshi néng hé Liú jiàoshòu jiàn miàn dehuà, qǐng tì wǒ wènhòu tā.
你要是能和刘教授见面的话，请替我问候他。

(3) Nǐ rúguǒ xiǎng shuā kǎ dehuà, qǐng qù sān hào shōuyíntái.
你如果想刷卡的话，请去3号收银台。

(4) Rúguǒ nǐ bú fàng xīn dehuà, nǐ zài tí xǐng tā yíxià ba.
如果你不放心的话，你再提醒他一下吧。

2 '~까지도' '심지어'라는 뜻을 나타내는 부사를 찾아 표시해 봅시다. 🔊 14-04

(1) Yīnwèi guā táifēng, jīntiān shàngwǔ de chuán kěnéng tuīchí dào xiàwǔ, shènzhì míngtiān.
因为刮台风，今天上午的船可能推迟到下午，甚至明天。

(2) Zhè jǐ nián zhèli de jīngjì búdàn méiyǒu fāzhǎn, shènzhì chūxiànle dàotuì.
这几年这里的经济不但没有发展，甚至出现了倒退。

(3) Wèile lái Zhōngguó xuéxí Zhōngwén, tā shènzhì fàngqìle guónèi de gōngzuò.
为了来中国学习中文，他甚至放弃了国内的工作。

(4) Nánjí fēicháng lěng, zuì dī wēndù shènzhì dádào líng xià jiǔshísì diǎn èr shèshìdù.
南极非常冷，最低温度甚至达到零下九十四点二摄氏度。

 확장 단어　🔊 14-05

后悔 hòuhuǐ 동 후회하다, 뉘우치다 | **替** tì 개 ~를 위하여 | **收银台** shōuyíntái 명 계산대, 카운터 | **提醒** tí xǐng 동 상기시키다, 주의를 주다 | **台风** táifēng 명 태풍 | **船** chuán 명 배, 선박 | **倒退** dàotuì 동 후퇴하다, 뒷걸음치다 | **国内** guónèi 명 국내 | **南极** nánjí 명 남극

간체자

제시된 간체자의 의미 분류에 맞게 단어를 연결하고, 추가로 더 떠올려 써 봅시다.

(1) 해, 년　•　　•拜年 _____

(2) 나이　•　　•年纪 _____

(3) 시기, 시대　•　　•今年 _____

(4) 새해, 설　•　　•青年 _____

연습

1 괄호 안 단어와 '……的话'를 사용해 문장을 완성해 봅시다.

(1) _____, 咱们再聊一会儿。（不忙）

(2) _____, 最好去医院看看。（嗓子　疼）

(3) _____, 我就送给你吧。（喜欢　这本书）

(4) _____, 一定要跟我联系啊。（到　北京）

2 '甚至'의 문장 속 알맞은 위치를 찾아 봅시다.

(1) A 我们这儿的人 B 都会游泳，C 六七岁的小孩儿 D 都会。

(2) A 在中国，B 能刷卡的地方越来越多，C 一些小饭馆儿 D 也可以刷卡。

(3) A 时间长了，我 B 连他的名字 C 都忘了 D 。

(4) 莫斯科的冬天 A 很冷，B 气温一般在零下二十多度，最冷的时候 C 达到 D 零下四十度。

3 그림이 나타내는 단어를 보기에서 찾아 봅시다.

보기	A 海边	B 山	C 陆地	D 海洋	E 岸边
	F 沙漠	G 桥	H 河	I 铁路	J 淡水湖

4 여행할 때 어떤 교통수단을 선택하는지, 그 이유를 들어 말해 봅시다.

15 地球一小时
dìqiú yì xiǎoshí
지구를 위한 한 시간

● 녹음을 듣고, 다음 질문에 답해 봅시다. 🔊 15-01

> Dìqiú yì xiǎoshí, rénmen dōu kěyǐ zuò shénme?
> 地球一小时，人们都可以做什么？ 지구를 위한 한 시간 동안 사람들은 무엇을 할 수 있나요?

"地球一小时"，是2007年开始的一项全球性环境保护活动。为了减少碳排放，世界自然基金会发起了这项活动，倡议人们在每年3月最后一个星期六晚上八点半到九点半，熄灯一个小时。

熄灯一小时，我们可以做什么呢？我们或者在家里享受烛光晚餐；或者和孩子们一起游戏，度过亲子时光；或者和朋友一起谈心、讲故事；我们还可以带上食品、饮料到公园里聚餐；或者出门散步……朋友，你选择做什么呢？

● 본문을 읽고, 최대한 구체적으로 다음 질문에 답해 봅시다.

1. "地球一小时"是哪一年开始的活动？ '지구를 위한 한 시간'은 언제부터 시작된 캠페인가요?
2. 为什么要进行"地球一小时"活动？ '지구를 위한 한 시간'은 왜 진행하게 되었나요?
3. "地球一小时"活动在哪一天、什么时间？ '지구를 위한 한 시간'은 며칠, 몇 시에 하나요?
4. 为什么叫"地球一小时"？ 왜 '지구를 위한 한 시간'이라고 부르나요?

새 단어 15-02

项	xiàng	양 항목, 가지		
全球性	quánqiúxìng	형 국제적, 전 세계적		
全球	quánqiú	명 국제, 전 세계, 온 세상		
减少	jiǎnshǎo	동 감소하다, 줄이다, 줄다		
碳排放	tàn páifàng	탄소 배출		
碳	tàn	명 탄소		
排放	páifàng	동 (폐기, 폐수 등) 배출하다, 방류하다		
世界自然基金会	Shìjiè Zìrán Jījīnhuì	고유 세계자연보호기금(WWF)		
基金会	jījīnhuì	명 기금회, 재단		
基金	jījīn	명 기금, 펀드		
发起	fāqǐ	동 제안하다, 제의하다, 제창하다		
倡议	chàngyì	동 제안하다, 제의하다		
熄灯	xī dēng	동 불을 끄다, 소등하다		
烛光	zhúguāng	명 촛불		
晚餐	wǎncān	명 저녁 식사		
度过	dùguò	동 (시간을) 보내다, 지내다		
亲子	qīnzǐ	명 부모와 자식 간의 혈연관계		
时光	shíguāng	명 시간, 때, 시절		
谈心	tán xīn	동 마음을 터놓고 이야기하다		
食品	shípǐn	명 식품		
聚餐	jù cān	동 한데 모여 식사하다, 회식하다		
选择	xuǎnzé	동 선택하다, 고르다		

핵심 표현

- **或者**和孩子们一起游戏，度过亲子时光；**或者**和朋友一起谈心、讲故事。
  '或者'는 '선택'을 나타내는 접속사로, 한 문장 안에서 여러 번 사용될 수 있습니다.

- 我们还可以带**上**食品、饮料到公园里聚餐。
  방향보어 '上'의 파생 용법으로, 어떤 동작이나 행위가 '새로운 상태에 진입'하여 그 상태가 계속 '유지'되는 것을 나타낼 수 있습니다.

본문 해석

'지구를 위한 한 시간(地球一小时)'은 2007년부터 시작된 국제 환경 보호 캠페인입니다. 탄소 배출을 줄이기 위해 세계자연보호기금이 제안한 이 캠페인은 매년 3월 마지막 주 토요일 저녁 8시 반에서 9시 반까지 한 시간 동안 불을 끄자고 사람들에게 제안합니다.
한 시간 동안 불을 끄고 우리는 무엇을 할 수 있을까요? 우리는 집에서 촛불을 키고 저녁 식사를 하거나, 아이들과 게임을 하며 시간을 보낼 수 있습니다. 아니면 친구와 마음을 터놓고 이야기를 나눌 수도 있습니다. 그밖에도 음식과 음료를 가지고 공원에 나가 모임을 갖거나 산책을 할 수도 있습니다. 여러분은 무엇을 하실 건가요?

본문 암송

"地球一小时"，是2007年开始的＿＿＿＿＿＿＿＿＿＿＿＿＿＿＿＿。为了＿＿＿＿＿＿＿，世界自然基金会＿＿＿＿＿＿＿＿，倡议人们在每年3月＿＿＿＿＿＿＿＿晚上八点半到九点半，＿＿＿＿＿＿＿＿。

熄灯一小时，＿＿＿＿＿＿＿＿＿＿？我们或者在家里＿＿＿＿＿＿晚餐；或者和孩子们一起游戏，度过＿＿＿＿＿＿；或者和朋友＿＿＿＿＿＿、讲故事；我们还可以＿＿＿＿＿＿、＿＿＿到公园里＿＿＿＿；或者＿＿＿＿＿＿……朋友，你＿＿＿＿＿＿＿？

활용

● '핵심 표현'에서 배운 내용을 떠올리며 다음 질문에 답해 봅시다.

1 '或者'가 연결하는 선택 사항들을 찾아 표시해 봅시다. 15-03

(1) Wǒ jīntiān xiàwǔ huòzhě míngtiān shàngwǔ qù bàn qiānzhèng.
我今天下午或者明天上午去办签证。

(2) Hànyǔ de yīnjié, shēngdiào bù tóng yìsi jiù bù tóng, bǐrú "qī", kěyǐ shì "qī"、
汉语的音节，声调不同意思就不同，比如"qi"，可以是"七"、
"qí"、 "qǐ" huòzhě "qì".
"骑"、"起"或者"气"。

(3) Wǒmen huòzhě qù chī zhōngcān, huòzhě qù chī xīcān, dōu kěyǐ.
我们或者去吃中餐，或者去吃西餐，都可以。

(4) Huòzhě wǒmen qù nǐ nàr, huòzhě nǐ lái wǒmen zhèr, yóu nǐ juédìng ba.
或者我们去你那儿，或者你来我们这儿，由你决定吧。

2 방향보어 '上'의 수식을 받는 술어를 표시해 봅시다. 15-04

(1) Tiānqì hěn lěng, nǐ chū mén qián dàishang màozi ba.
天气很冷，你出门前戴上帽子吧。

(2) Tā xǐhuan zài bàngōngshì bǎishàng huāpíng, chāshang yìxiē huār.
她喜欢在办公室摆上花瓶，插上一些花儿。

(3) Gōngzuò rényuán ràng tā tiánshang shēnfènzhèng hàomǎ.
工作人员让他填上身份证号码。

(4) Tā chuānshang hūnshā gèng piàoliang le.
她穿上婚纱更漂亮了。

확장 단어 15-05

办签证 bàn qiānzhèng 비자를 발급하다 | 办 bàn 동 처리하다, 취급하다, 다루다 | 签证 qiānzhèng 명 비자, 사증 | 音节 yīnjié 명 음절 | 声调 shēngdiào 명 성조 | 中餐 zhōngcān 명 중식, 중국요리 | 西餐 xīcān 명 양식 | 摆 bǎi 동 놓다, 진열하다, 배치하다 | 花瓶 huāpíng 명 꽃병, 화병 | 插 chā 동 꽂다, 끼우다 | 工作人员 gōngzuò rényuán 직원, 근무자 | 填 tián 동 기입하다, 써 넣다 | 身份证 shēnfènzhèng 명 신분증 | 身份 shēnfèn 명 신분 | 婚纱 hūnshā 명 웨딩 드레스

간체자

두 글자의 형태 차이에 주의하며 해당 글자가 포함된 단어를 써 봅시다.

(1) 다만, 단지
只　只有 _____

(2) 형
兄　兄弟

연습

1 빈칸에 알맞은 보기를 고른 후, 큰 소리로 문장을 읽어 봅시다.

| 보기 | mǎi
A 买 | zuò dìtiě
B 坐地铁 | Xīngqīyī
C 星期一 | kàn shū
D 看书 |

(1) Wǎnshang, wǒ zài jiā huòzhě kàn diànshì, huòzhě ___.
晚上，我在家或者看电视，或者____。

(2) Nǐ huòzhě kāi chē huòzhě ___, yídìng yào zài sān diǎn qián dào gōngsī.
你或者开车或者____，一定要在三点前到公司。

(3) Zhè jiàn yīfu nǐ ___ huòzhě bù mǎi, kuài diǎnr juédìng ba.
这件衣服你____或者不买，快点儿决定吧。

(4) Xià xīngqī wǒmen bān jiā, huòzhě ___, huòzhě Xīngqī'èr.
下星期我们搬家，或者____，或者星期二。

2 제시된 단어와 '동사+上' 형식을 사용해 그림에 알맞은 문장을 말해 봅시다.

(1) xiě dìzhǐ hé diànhuà hàomǎ
写 地址和电话号码

(2) tián hùzhào hàomǎ
填 护照号码

(3) bǎ sǎn dài
把 伞 带

(4) bǎ dàyī chuān
把 大衣 穿

3 그림이 나타내는 단어를 보기에서 찾아 봅시다.

| 보기 | xiàngqí
A 象棋 | jīngjù
B 京剧 | gāngqín
C 钢琴 | fēngzheng
D 风筝 | xiàngsheng
E 相声 |
| | huàjù
F 话剧 | xiǎotíqín
G 小提琴 | diànyǐng
H 电影 | shūfǎ
I 书法 | yīnyuè
J 音乐 |

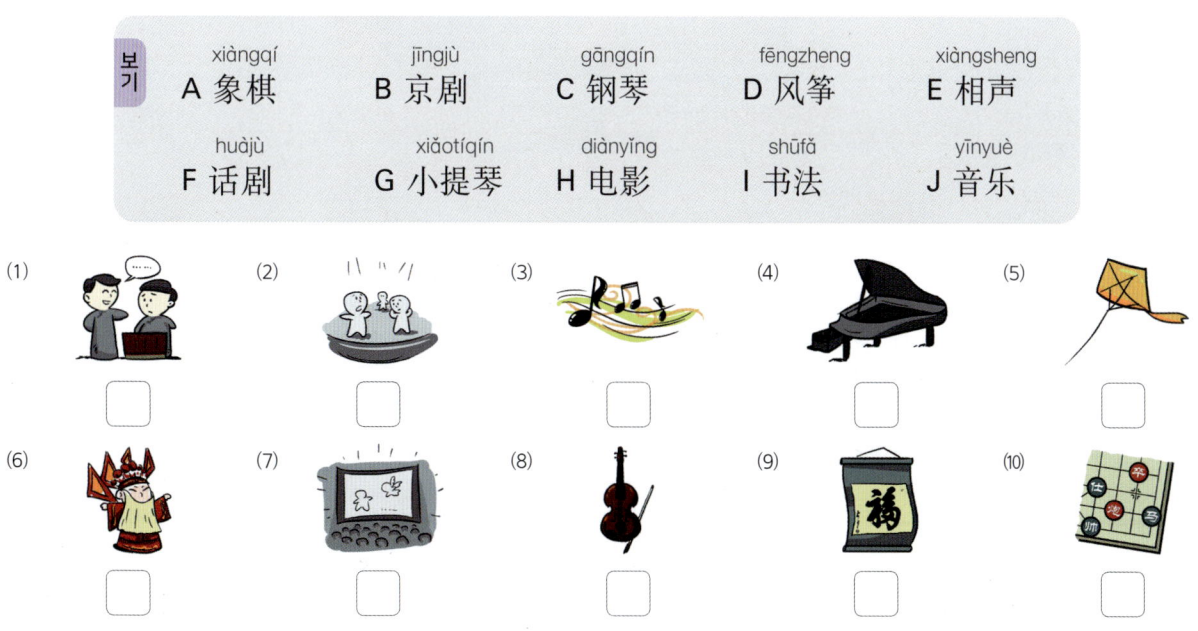

4 '지구를 위한 한 시간'에 참여하는 동안 무엇을 할 수 있는지 말해 봅시다.

16 母亲水窖

mǔqīn shuǐjiào

어머니를 위한 물탱크

● 녹음을 듣고, 다음 질문에 답해 봅시다. 🔊 16-01

> Shénme shì "mǔqīn shuǐjiào"?
> 什么是"母亲水窖"? '어머니를 위한 물탱크'란 무엇인가요?

中国西部是世界上最干旱的地方之一。这些年，这里的男人大都去大城市打工了，家里只剩下妇女劳动。为了取得生活用水，她们不得不每天走几十公里山路，非常辛苦。

为了减轻妇女取水的负担，2001年中国开始实施"母亲水窖"工程。"母亲水窖"就是在地下修建的水窖，收集雨水，供生活使用。到2011年，"母亲水窖"工程一共修建了12.8万个水窖，解决了180万人的生活用水问题。

● 본문을 읽고, 최대한 구체적으로 다음 질문에 답해 봅시다.

1. 中国什么时候开始实施"母亲水窖"工程?
   중국은 '어머니를 위한 물탱크' 프로젝트를 언제부터 시작했나요?

2. 为什么要实施"母亲水窖"工程? '어머니를 위한 물탱크' 프로젝트는 왜 실시되었나요?

3. 到2011年，一共修建了多少个母亲水窖?
   2011년까지 모두 몇 개의 '어머니를 위한 물탱크'가 만들어졌나요?

4. 这解决了多少人的生活用水问题? 이는 몇 명의 생활용수 문제를 해결했나요?

새 단어 🔊 16-02

西部	xībù	몡 서부 지역, 서부
干旱	gānhàn	휑 건조하다, 가물다
大都	dàdōu	뷔 대부분, 대개
妇女	fùnǚ	몡 부녀자, 성인 여성
劳动	láodòng	통 일을 하다, 육체 노동을 하다
取得	qǔdé	통 얻다, 취득하다
生活用水	shēnghuó yòngshuǐ	생활용수
不得不	bù dé bù	어쩔 수 없이, ~하지 않으면 안 된다
山路	shānlù	몡 산길
减轻	jiǎnqīng	통 줄이다, 경감하다, 감소하다
负担	fùdān	몡 부담, 책임
实施	shíshī	통 실시하다, 시행하다
水窖	shuǐjiào	몡 물탱크, 수조
工程	gōngchéng	몡 프로젝트, 사업, 공정
地下	dìxià	몡 지하, 땅 밑
修建	xiūjiàn	통 시공하다, 건설하다
收集	shōují	통 모으다, 채집하다, 수집하다
雨水	yǔshuǐ	몡 빗물
供	gōng	통 공급하다

핵심 표현

- 这里的男人**大都**去大城市打工了。
  부사 '大都'는 '대부분' '대개' '대체로'라는 의미입니다.

- 为了取得生活用水，她们**不得不**每天走几十公里山路。
  '不得不'는 '어쩔 수 없이' '~를 하지 않으면 안 된다'라는 의미로, 이중부정을 통해 '긍정'의 의미를 나타내는 표현입니다.

본문 해석

중국의 서부 지역은 세계에서 가장 건조한 지역 중 한 곳입니다. 요 몇 년 사이 이곳의 남자들은 대부분 일을 하러 대도시에 갔기 때문에, 집에는 부녀자들만 남아 일을 합니다. 이들은 생활용수를 얻기 위해 어쩔 수 없이 매일같이 산길을 몇 십 킬로미터씩 걸어 다니느라 매우 힘이 듭니다.
이런 부녀자들의 취수 부담을 덜기 위해 중국은 2001년부터 '어머니를 위한 물탱크(母亲水窖)' 프로젝트를 실시했습니다. '어머니를 위한 물탱크'는 바로 지하에 물탱크를 만들어 빗물을 모아 생활용수로 공급하는 것입니다. 2011년까지 '어머니를 위한 물탱크' 프로젝트를 통해 총 12만 8천 개의 물탱크가 만들어졌고, 180만 명의 생활용수 문제가 해결됐습니다.

본문 암송

中国西部是＿＿＿＿＿＿的地方之一。这些年，这里的男人大都＿＿＿＿＿＿打工了，家里只剩下＿＿＿＿＿＿。为了取得＿＿＿＿＿＿，她们不得不＿＿＿＿＿＿＿＿山路，非常辛苦。
为了减轻＿＿＿＿＿＿＿＿，2001年中国＿＿＿＿＿＿"＿＿＿＿＿＿"工程。"母亲水窖"就是在＿＿＿＿＿＿的水窖，＿＿＿＿＿＿，供＿＿＿＿＿＿。到2011年，"母亲水窖"工程＿＿＿＿＿＿了12.8万个＿＿＿＿，解决了180万人的＿＿＿＿＿＿＿＿。

16 母亲水窖

활용

● '핵심 표현'에서 배운 내용을 떠올리며 다음 질문에 답해 봅시다.

1 '大都'가 수식하는 구문을 찾아 표시해 봅시다. 16-03

(1) 中国北方人大都爱吃饺子。
Zhōngguó běifāng rén dàdōu ài chī jiǎozi.

(2) 这里卖的水果大都是进口的。
Zhèli mài de shuǐguǒ dàdōu shì jìn kǒu de.

(3) 人们大都不知道垃圾是陆地污染的最大问题。
Rénmen dàdōu bù zhīdao lājī shì lùdì wūrǎn de zuì dà wèntí.

(4) 中国人大都喜欢在节假日结婚，这样亲戚、朋友就有时间参加婚礼了。
Zhōngguórén dàdōu xǐhuan zài jiéjiàrì jié hūn, zhèyàng qīnqi, péngyou jiù yǒu shíjiān cānjiā hūnlǐ le.

2 '不得不'가 수식하는 구문을 찾아 표시해 봅시다. 16-04

(1) 这个运动员受伤了，他不得不放弃这次比赛。
Zhège yùndòngyuán shòu shāng le, tā bù dé bù fàngqì zhè cì bǐsài.

(2) 飞机晚点了，我们的计划不得不推迟。
Fēijī wǎn diǎn le, wǒmen de jìhuà bù dé bù tuīchí.

(3) 这件事太难办了，我不得不来麻烦你。
Zhè jiàn shì tài nán bàn le, wǒ bù dé bù lái máfan nǐ.

(4) 我有点儿急事，不得不先走一会儿。
Wǒ yǒu diǎnr jíshì, bù dé bù xiān zǒu yíhuìr.

확장 단어 16-05

北方 běifāng 명 북방, 북쪽, 북부 지역 | 进口 jìn kǒu 동 수입하다 | 垃圾 lājī 명 쓰레기, 오물 | 节假日 jiéjiàrì 명 명절과 휴일 | 亲戚 qīnqi 명 친척 | 婚礼 hūnlǐ 명 결혼식 | 受伤 shòu shāng 동 다치다, 부상을 입다 | 晚点 wǎn diǎn 동 (차, 배, 비행기 등이) 연착하다, 연발하다 | 难办 nán bàn 처리하기 힘들다(까다롭다) | 麻烦 máfan 동 폐를 끼치다, 귀찮게(성가시게, 번거롭게) 하다 | 急事 jíshì 명 급히 처리해야 하는 일

간체자

두 글자의 형태 차이에 주의하며 해당 글자가 포함된 간체자를 써 봅시다.

(1) 힘
力
加 _____

(2) 칼
刀
切 _____

연습

1 '大都'의 문장 속 알맞은 위치를 찾아 봅시다.

(1) A 他们公司的 B 客户 C 是中国人。
<small>tāmen gōngsī de　　kèhù　shì Zhōngguórén.</small>

(2) A 夏天 B 这里的宾馆 C 很贵。
<small>xiàtiān　zhèli de bīnguǎn　hěn guì.</small>

(3) A 很多大城市傍晚时 B 会 C 堵车。
<small>hěn duō dà chéngshì bàngwǎn shí　huì　dǔ chē.</small>

(4) A 给他 B 写信的人 C 是女孩儿。
<small>gěi tā　xiě xìn de rén　shì nǚháir.</small>

(5) A 这本书的课文 B 很幽默 C。
<small>zhè běn shū de kèwén　hěn yōumò</small>

2 괄호 안의 표현과 '不得不'를 사용해 문장을 완성해 봅시다.

(1) 停电了，她_____。（点上　蜡烛）
<small>Tíng diàn le, tā　　　　　　　　　　diǎnshang làzhú</small>

(2) 小李的扁桃体经常发炎，_____。（切掉）
<small>Xiǎo Lǐ de biǎntáotǐ jīngcháng fāyán　　　　　　qiēdiào</small>

(3) 今天爸爸的车坏了，他_____。（坐地铁　上班）
<small>Jīntiān bàba de chē huài le, tā　　　　　　zuò dìtiě shàng bān</small>

(4) 家里什么吃的也没有了，我们_____。（出去　吃饭）
<small>Jiā li shénme chī de yě méiyǒu le, wǒmen　　　chūqu chī fàn</small>

(5) 王记者实在跑不动了，_____。（停下来　休息一会儿）
<small>Wáng jìzhě shízài pǎo bu dòng le,　　　　tíng xiàlai xiūxi yíhuìr</small>

3 반의어끼리 연결해 봅시다.

róngyì	yíyàng	mǎn	jiǎndān	niánzhǎng	mánglù	nèixiàng	kāixīn	ānjìng
容易	一样	满	简单	年长	忙碌	内向	开心	安静

fùzá	kòng	nán	bù tóng	yùmèn	niánqīng	yōuxián	rènao	wàixiàng
复杂	空	难	不同	郁闷	年轻	悠闲	热闹	外向

4 본인이 알고 있는 공익 캠페인(公益项目 gōngyì xiàngmù)을 소개해 봅시다. 모르는 단어는 사전을 참고하세요.

17 月光族
yuèguāngzú

위에광족

● 녹음을 듣고, 다음 질문에 답해 봅시다. 🔊 17-01

> Běijīng de "Yuèguāngzú" duō ma?
> 北京的"月光族"多吗? 베이징에는 '위에광족'이 많나요?

"月光族"就是每个月的工资基本花光一族。他们普遍认为，钱，只有花出去，才是自己的。

李小姐两年前大学毕业，月工资是6500元，跟北京的平均工资相比，她的工资其实不算低。但是每个月她不仅要支付房租、生活费，还要购物、偶尔跟朋友聚会等，钱总是不够花。李小姐无奈地说："每到月底，我就两手空空地盼望着下个月的工资。"现在，在北京，这样的"月光族"大约占大学毕业生的30%。

● 본문을 읽고, 최대한 구체적으로 다음 질문에 답해 봅시다.

1. 什么是"月光族"？ '위에광족'은 무엇인가요?
   Shénme shì "yuèguāngzú"?

2. "月光族"把钱花光的理由是什么？ '위에광족'이 돈을 다 써 버리는 이유는 무엇인가요?
   "Yuèguāngzú" bǎ qián huāguāng de lǐyóu shì shénme?

3. 李小姐每个月的工资都做了什么？ 리 씨는 매달 월급으로 무엇을 하나요?
   Lǐ xiǎojie měi ge yuè de gōngzī dōu zuòle shénme?

4. 每到月底，李小姐都怎么样？ 월말이면 리 씨는 무엇을 하나요?
   Měi dào yuèdǐ, Lǐ xiǎojie dōu zěnmeyàng?

새 단어 17-02

月光族	yuèguāngzú	명 위에광족 [월급을 한 달 안에 다 써 버리는 사람들]	
一族	zú	~족[몇몇 명사 뒤에 붙어 '그런 특성을 가지는 사람이나 사물의 무리'라는 뜻을 나타냄]	
基本	jīběn	부 대체로, 거의, 기본적으로	
花	huā	동 쓰다, 소비하다, 소모하다	
普遍	pǔbiàn	형 보편적이다, 일반적이다	
只有	zhǐyǒu	접 ~해야만 (~이다)	
其实	qíshí	부 사실은	
算	suàn	동 ~인 셈이다, ~라고 여겨지다	
不仅	bùjǐn	접 ~뿐만 아니라	
支付	zhīfù	동 지불하다	
生活费	shēnghuófèi	명 생활비	
偶尔	ǒu'ěr	부 이따금, 간혹	
够	gòu	동 (필요한 수량, 기준 등을) 만족시키다	
无奈	wúnài	동 어찌해 볼 도리가 없다, 부득이하다, 하는 수 없다	
月底	yuèdǐ	명 월말	
两手空空	liǎngshǒu kōngkōng	두 손이 텅 비다	
盼望	pànwàng	동 간절히 바라다	
大约	dàyuē	부 대략, 얼추	
毕业生	bìyèshēng	명 졸업생	

핵심 표현

- 钱，**只有**花出去，**才**是自己的。
  '只有A，才B' 문형은 'A해야만 B한다'라는 뜻으로, A라는 조건이 충족되어야만 B라는 결과가 나온다는 의미입니다.

- 但是每个月她**不仅**要支付房租、生活费，**还**要购物、偶尔跟朋友聚会等。
  '不仅A, 还B' 문형은 A와 B라는 두 가지 상황이 모두 존재하는 것을 나타내며, 이때 B는 A에 비해 부가적인 성질입니다.

본문 해석

'위에광족(月光族)'은 한 달 월급을 (한 달 안에) 모두 다 써 버리는 사람들입니다. 이들은 일반적으로 돈은 써야만 자신의 것이라고 생각합니다.
2년 전에 대학을 졸업한 리 씨는 수입이 월 6,500위앤으로, 베이징의 평균 급여와 비교해 보면 사실 적은 편이 아닙니다. 하지만 그녀는 매달 집세와 생활비를 내야 할 뿐만 아니라, 쇼핑도 하고, 가끔씩은 친구도 만나야 하니 언제나 돈이 부족합니다. 그녀는 어쩔 수 없다는 듯 말합니다. "월말이면 (돈이 없어서) 두 손이 텅텅 빈 채 다음 달 월급만 기다려요." 지금 베이징에는 이런 '위에광족'이 대학 졸업생의 약 30%를 차지하고 있습니다.

본문 암송

"月光族"就是每个月的工资_____。他们_____，钱，只有_____，才是_____。

李小姐两年前大学毕业，_____是6500元，跟北京的_____相比，她的工资_____。但是每个月她不仅要_____、_____，还要____、偶尔跟朋友____等，钱_____。李小姐____地说："每到月底，我就_____地盼望着_____。"现在，在北京，这样的"月光族"____占_____的30%。

활용

● '핵심 표현'에서 배운 내용을 떠올리며 다음 질문에 답해 봅시다.

1 '只有A , 才B' 문형의 A와 B에 해당하는 말을 찾아 표시해 봅시다. 17-03

(1) Zhǐyǒu bǎ xīnlihuà dōu shuō chūlai cái huì tòngkuai.
只有把心里话都说出来才会痛快。

(2) Zhǐyǒu shǎguā cái huì xiāngxìn tā shuō de huà.
只有傻瓜才会相信他说的话。

(3) Zhǐyǒu gēn Zhōngguórén jiēchù, cái néng liǎojiě zhēnzhèng de Zhōngguó.
只有跟中国人接触，才能了解真正的中国。

(4) Xié, zhǐyǒu chuānshang shìshi, cái zhīdao shūfu bu shūfu.
鞋，只有穿上试试，才知道舒服不舒服。

2 '不仅A , 还B' 문형의 A와 B에 해당하는 말을 찾아 표시해 봅시다. 17-04

(1) Tā bùjǐn shì yí wèi yōuxiù de yǎnyuán, hái shì yí wèi chūsè de dǎoyǎn.
她不仅是一位优秀的演员，还是一位出色的导演。

(2) Lǜsè zhíwù bùjǐn kěyǐ gǎishàn huánjìng, hái kěyǐ gǎishàn xīnqíng.
绿色植物不仅可以改善环境，还可以改善心情。

(3) Wǒmen de chǎnpǐn bùjǐn zài Zhōngguó xiāoshòu, hái chū kǒu dào shìjiè gè dì.
我们的产品不仅在中国销售，还出口到世界各地。

(4) Kàn yí ge rén, bùjǐn yào kàn tā zěnme shuō, hái yào kàn tā zěnme zuò.
看一个人，不仅要看他怎么说，还要看他怎么做。

확장 단어　17-05

心里话 xīnlihuà 명 마음 속에 있는 말, 진담 | 痛快 tòngkuai 형 기분이 후련하다, 통쾌하다, 즐겁다 | 傻瓜 shǎguā 명 바보, 멍청이 | 相信 xiāngxìn 동 믿다, 신임하다 | 接触 jiēchù 동 접촉하다, 관계를 갖다, 왕래하다 | 优秀 yōuxiù 형 아주 뛰어나다, 우수하다 | 演员 yǎnyuán 명 배우, 연기자 | 出色 chūsè 형 특출하다, 대단히 뛰어나다 | 导演 dǎoyǎn 명 감독, 연출자 | 改善 gǎishàn 동 개선하다, 개량하다 | 出口 chū kǒu 동 수출하다

간체자

두 글자의 형태 차이에 주의하며 해당 글자가 포함된 단어나 간체자를 써 봅시다.

方　(1) 사각형, 지방, 쪽　地方 _____

万　(2) (숫자) 만, 10000　一万 _____

연습

1 '只有……才……'의 용법을 떠올리며 제시된 낱말을 알맞게 배열해 문장을 완성해 봅시다.

(1) dàole / xiàtiān / zhǐyǒu / zhè zhǒng shuǐguǒ / huì yǒu / cái
 到了　夏天　只有　这种水果　会有　才

(2) nǐ qǐng / cái / tā / lái / zhǐyǒu
 你请　才　他　来　只有

(3) duō tīng、duō shuō、duō xiě / zhǐyǒu / néng / Zhōngwén / xuéhǎo / cái
 多听、多说、多写　只有　能　中文　学好　才

(4) nǎinai / kàn qīngchu / dài yǎnjìng / cái / bàozhǐ / néng / zhǐyǒu
 奶奶　看清楚　戴眼镜　才　报纸　能　只有

(5) Ānni / zhǐyǒu / lǐjiě / néng / wǒ de xiǎngfǎ / cái
 安妮　只有　理解　能　我的想法　才

2 괄호 안의 표현과 '不仅……还……' 형식을 사용해 문장을 완성해 봅시다.

(1) Tā
 她＿＿＿＿＿＿＿＿＿＿＿＿＿＿＿＿＿。（弹钢琴　拉小提琴）

(2) Xià bān yǐhòu, wǒ
 下班以后，我＿＿＿＿＿＿＿＿＿＿＿＿＿。（做饭　打扫房间）

(3) Tǔlǔfān
 吐鲁番＿＿＿＿＿＿＿＿＿＿＿＿＿＿＿。（盛产　哈蜜瓜　葡萄）

(4) Nàge chāoshì de cài
 那个超市的菜＿＿＿＿＿＿＿＿＿＿＿＿。（新鲜　便宜）

(5) Kǒngzǐ Xuéyuàn
 孔子学院＿＿＿＿＿＿＿＿＿＿＿＿＿。（教汉语　介绍中国文化）

3 보기의 양사를 알맞게 분류해 봅시다.

보기	liàng A 辆	jīn B 斤	cì C 次	tái D 台	shǒu E 首	biàn F 遍	mǔ G 亩	piàn H 片	tàng I 趟
	dī J 滴	cùn K 寸	fú L 幅	gōnglǐ M 公里	dùn N 顿	dūn O 吨	kē P 棵	huí Q 回	píngfāng gōnglǐ R 平方公里

(1) 일반적인 사람, 사물을 세는 단위 ＿＿＿＿＿＿＿＿＿＿

(2) 길이, 무게 등을 세는 도량형 단위 ＿＿＿＿＿＿＿＿＿＿

(3) 행위, 동작을 세는 단위 ＿＿＿＿＿＿＿＿＿＿

4 위에광족에 대한 자신의 의견을 말해 봅시다.

18 细心
xīxīn

세심함

● 녹음을 듣고, 다음 질문에 답해 봅시다. 🔊 18-01

> Rénmínbì de bèimiàn dōu shì shénme?
> 人民币的背面都是什么? 인민폐의 뒷면에는 어떤 것들이 있나요?

Qùnián wǒ qù yìngpìn yì jiā kuàguó gōngsī de kuàijì. Dì-yī lún miànshì hòu, zhǔkǎoguān gěi wǒ yì
去年我去应聘一家跨国公司的会计。第一轮面试后，主考官给我一

zhāng yìbǎi yuán qián, ràng wǒ mǎi dì-èr lún kǎoshì yòng de ěrjī. Dàn wǒ fāxiàn shì jiǎbì, tāmen mǎshàng jiù
张100元钱，让我买第二轮考试用的耳机。但我发现是假币，他们马上就

huànle yì zhāng.
换了一张。

Zuìhòu yí cì miànshì, zhǔkǎoguān wèn wǒ: "Nǐ néng shuōshuo rénmínbì bèimiàn dōu shì shénme fēngjǐng
最后一次面试，主考官问我："你能说说人民币背面都是什么风景

ma?" Wǒ shuō: "Yìbǎi yuán de bèimiàn shì Rénmín Dàhuìtáng, wǔshí yuán de shì Bùdálā Gōng, èrshí yuán de shì
吗？"我说："100元的背面是人民大会堂，50元的是布达拉宫，20元的是

Guìlín shānshuǐ……" Zhǔkǎoguān mǎnyì de shuō: "Hěn hǎo! Duì kuàijì lái shuō, xìxīn jiù shì zuì hǎo de
桂林山水……"主考官满意地说："很好！对会计来说，细心就是最好的

nénglì!" Jiù zhèyàng, wǒ shùnlì de tōngguòle miànshì, bèi zhèngshì lùyòng le.
能力！"就这样，我顺利地通过了面试，被正式录用了。

● 본문을 읽고, 최대한 구체적으로 다음 질문에 답해 봅시다.

"Wǒ" qùnián qù yìngpìn shénme zhíwèi?
1 "我"去年去应聘什么职位? 작년에 '저'는 어떤 직종에 지원했나요?

Dì-yī lún miànshì hòu, zhǔkǎoguān ràng "wǒ" zuò shénme?
2 第一轮面试后，主考官让"我"做什么? 1차 면접 후 주임 시험관은 '저'에게 무엇을 시켰나요?

"Wǒ" fāxiànle shénme?
3 "我"发现了什么? '저'는 무엇을 발견했나요?

Zuìhòu yí cì miànshì, zhǔkǎoguān wèn "wǒ" shénme wèntí?
4 最后一次面试，主考官问"我"什么问题?
최종 면접에서 주임 시험관은 '저'에게 무엇을 질문했나요?

새 단어 18-02

去年	qùnián 명 작년	布达拉宫	Bùdálā Gōng 고유 포탈라 궁
跨国	kuàguó 동 국경, 국적을 초월하다	桂林山水	Guìlín shānshuǐ 꾸이린(桂林)의 풍경
会计	kuàijì 명 회계, 경리 명 회계사, 회계원	桂林	Guìlín 고유 꾸이린
轮	lún 양 [순환하는 사물이나 동작을 세는 단위]	山水	shānshuǐ 명 산과 물이 있는 풍경
面试	miànshì 동 면접시험을 보다	细心	xìxīn 형 (생각이나 일 처리가) 세심하다, 면밀하다
主考官	zhǔkǎoguān 명 주임 시험관	能力	nénglì 명 능력, 역량
考官	kǎoguān 명 시험관, 시험 감독관	顺利	shùnlì 형 순조롭다
假币	jiǎbì 명 위조지폐	正式	zhèngshì 형 정식의, 공식의, 정규의
背面	bèimiàn 명 뒷면	录用	lùyòng 동 채용하다, 임용하다
人民大会堂	Rénmín Dàhuìtáng 고유 인민대회당		

핵심 표현

■ 你能说说人民币背面**都**是什么风景吗?
'都'는 범위를 나타내는 부사로, 의문문에서 의문대사 앞에 쓰일 경우, 질문하는 대상의 범위를 포괄하여 '다' '모두' '빠짐없이'라는 뜻을 나타냅니다.

■ **对**会计**来说**，细心就是最好的能力！
'对……来说'는 '~에게 있어(서)', '~의 입장에서 보면'이라는 뜻으로, 어떤 사람이나 사물의 시각 또는 관점을 나타냅니다.

본문 해석

작년에 저는 다국적기업의 회계 부문에 지원했습니다. 1차 면접 후 주임 시험관은 저에게 100위앤짜리 지폐 한 장을 주며 2차 면접에 사용할 이어폰을 사 오라고 했습니다. 하지만 저는 그것이 위조지폐라는 것을 발견했고 면접관들은 바로 새로 바꿔 주었습니다.
최종 면접에서 주임 시험관은 저에게 "인민폐 뒷면에는 어떤 풍경들이 있는지 말해 보시겠어요?"라고 질문했고, 저는 "100위앤 뒷면에는 인민대회당이 있고, 50위앤 뒷면에는 포탈라 궁, 20위앤 뒷면에는 꾸이린의 풍경이 있으며……"라고 대답했습니다. 그러자 주임 시험관은 만족스러워하며 말했습니다. "좋습니다! 회계를 담당하는 사람에게 최고의 능력은 바로 세심함이죠!" 이렇게 저는 순조롭게 면접을 통과하고 정식으로 채용되었습니다.

본문 암송

去年我去_____一家_____的会计。第一轮面试后，_____我一张100元钱，让我_____用的耳机。但我发现是____，他们_____。最后一次面试，主考官问我："你能_____都是_____吗？"我说："100元的____是_____，50元的是_____，20元的是_____……"主考官满意地说："很好！_____，细心就是_____！"就这样，我_____了面试，_____了。

활용

● '핵심 표현'에서 배운 내용을 떠올리며 다음 질문에 답해 봅시다.

1 '都' 다음에 위치한 의문사를 찾아 표시해 봅시다. 🔊 18-03

(1) Lái Zhōngguó yǐhòu, nǐ dōu qùguo nǎr?
　　来中国以后，你都去过哪儿？

(2) Zhè xuéqī de kèbiǎo dōu zēngjiā le nǎxiē kèchéng?
　　这学期的课表都增加了哪些课程？

(3) Jīntiān bàozhǐ shang dōu yǒu shénme xīnwén?
　　今天报纸上都有什么新闻？

(4) Duì dāngqián de guójì xíngshì, nǐmen dōu yǒu shénme kànfǎ?
　　对当前的国际形势，你们都有什么看法？

2 내용을 서술하는 관점, 입장을 찾아 표시해 봅시다. 🔊 18-04

(1) Duì niánqīngrén lái shuō, duō dú diǎnr lìshǐ shū shì yǒu hǎochù de.
　　对年轻人来说，多读点儿历史书是有好处的。

(2) Zuò zhè zhǒng shǒushù, duì yīshēng lái shuō, bìng bú shì shénme nánshì.
　　做这种手术，对医生来说，并不是什么难事。

(3) Cānjiā zhè cì guójì huìyì, duì wǒ lái shuō, shì yí ge hěn hǎo de xuéxí jīhuì.
　　参加这次国际会议，对我来说，是一个很好的学习机会。

(4) Duì xuéxí yǔyán lái shuō, yǔyán zhīshi hěn zhòngyào, yǔyán yùnyòng nénglì gèng zhòngyào.
　　对学习语言来说，语言知识很重要，语言运用能力更重要。

확장 단어 🔊 18-05

课表 kèbiǎo 명 교과 과정표 | 增加 zēngjiā 동 늘리다, 증가하다 | 课程 kèchéng 명 교육 과정, 커리큘럼 | 新闻 xīnwén 명 뉴스, 새 소식 | 当前 dāngqián 명 현재, 현 단계 | 形势 xíngshì 명 정세, 형편, 상황 | 好处 hǎochù 명 장점, 이점, 혜택 | 难事 nánshì 명 어려운 일, 난처한 일 | 知识 zhīshi 명 지식 | 运用 yùnyòng 동 활용하다, 응용하다

간체자

제시된 간체자의 의미 분류에 맞게 단어를 연결하고, 추가로 더 떠올려 써 봅시다.

(1) (배울 수) 할 수 있다　·　　·会议 _____
(2) 모으다, 모이다　　　·　　·会计 _____
(3) 회계　　　　　　　·　　·会开车 _____

연습

1 '都'의 문장 속 알맞은 위치를 찾아 봅시다.

(1) 昨天 A 来的客人中，B 你 C 认识 D 谁?
　　Zuótiān　　lái de kèren zhōng,　nǐ　rènshi　shéi?

(2) 你知道 A 中国 B 有哪些 C 重要的城市 D 吗?
　　Nǐ zhīdao　Zhōngguó　yǒu nǎxiē　zhòngyào de chéngshì ma?

(3) 那家 A 新开的商店 B 卖 C 什么 D 东西啊?
　　Nà jiā　xīn kāi de shāngdiàn　mài　shénme　dōngxi a?

(4) 你 A 刚才 B 说了些什么? C 我没听 D 清楚。
　　Nǐ　gāngcái　shuōle xiē shénme?　wǒ méi tīng　qīngchu.

2 '对……来说'의 용법을 떠올리며 제시된 낱말을 알맞게 배열해 문장을 완성해 봅시다.

(1) 最重要的　对　每个人　身体健康　来说　都是
　　zuì zhòngyào de　duì　měi ge rén　shēntǐ jiànkāng　lái shuō　dōu shì

(2) 最好　对　住在这里　喜欢安静的人　来说
　　zuì hǎo　duì　zhù zài zhèli　xǐhuan ānjìng de rén　lái shuō

(3) 听音乐　一种享受　来说　对　是　爱好音乐的人
　　tīng yīnyuè　yì zhǒng xiǎngshòu　lái shuō　duì　shì　àihào yīnyuè de rén

(4) 是　去年　姐姐　非常　忙碌的一年　对　来说
　　shì　qùnián　jiějie　fēicháng　mánglù de yì nián　duì　lái shuō

3 그림이 나타내는 표현을 보기에서 찾아 봅시다.

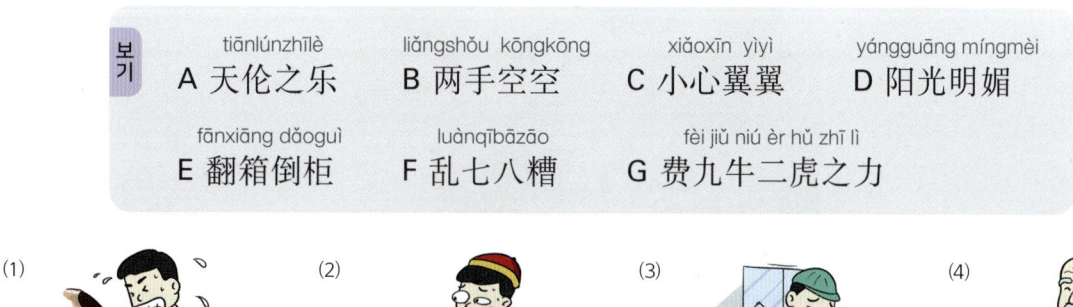

4 가장 하고 싶은 직업과 그 직업에서 가장 중요한 능력은 무엇이라고 생각하는지 말해 봅시다.

19 丝绸之路
sīchóu zhī lù

실크로드

● 녹음을 듣고, 다음 질문에 답해 봅시다. 19-01

> **Shénme shì sīchóu zhī lù?**
> 什么是丝绸之路? '실크로드'란 무엇인가요?

丝绸之路是古代中国和西方之间的一条贸易之路。它东起中国的西安，经过中亚、西亚，最远到非洲和欧洲。因为这条贸易之路运送过很多丝绸，1877年，德国人李希霍芬把它命名为"丝绸之路"。

从汉朝以后，世界各地的商人沿着这条丝绸之路，来来往往，运送各种货物。由此，中国的丝绸、茶叶、瓷器等几乎都是通过这条路传到了世界各地，西方的许多物品也传到了中国。

● 본문을 읽고, 최대한 구체적으로 다음 질문에 답해 봅시다.

1. 丝绸之路起于哪儿？经过哪些地方？最后到达哪些地方？
   실크로드의 시작은 어디인가요? 어느 지역을 거쳐 가나요? 마지막에는 어디에 도착하나요?

2. 谁把这条路命名为"丝绸之路"？ 누가 이 길을 '실크로드'라고 이름 지었나요?

3. 中国的哪些东西通过这条路传到了世界各地？
   중국의 어떤 물건들이 이 길을 통해 세계 각지에 전해졌나요?

4. 通过这条路西方有物品传到了中国吗？ 이 길을 통해 서양의 어떤 물품이 중국에 전해졌나요?

새 단어 🔊 19-02

丝绸之路	sīchóu zhī lù 실크로드	商人	shāngrén 명 상인, 장사꾼
丝绸	sīchóu 명 실크, 비단	沿着	yánzhe (일정한 노선을) 따라서
西方	xīfāng 명 서양(국가), 서방	来来往往	láiláiwǎngwǎng 왕래하다
贸易	màoyì 명 교역, 무역	货物	huòwù 명 상품, 화물, 물품
经过	jīngguò 동 경유하다, 지나다, 거치다	由此	yóu cǐ 이에 따라
中亚	Zhōngyà 고유 중앙아시아	茶叶	cháyè 명 찻잎
西亚	Xīyà 고유 서아시아	瓷器	cíqì 명 자기
非洲	Fēizhōu 고유 아프리카	几乎	jīhū 부 거의
欧洲	Ōuzhōu 고유 유럽	传	chuán 동 전파하다, 전파되다, 퍼지다
运送	yùnsòng 동 운송하다, 수송하다	许多	xǔduō 수량 매우 많다
李希霍芬	Lǐxīhuòfēn 고유 리히트호펜[독일의 지질학자]	物品	wùpǐn 명 물품
汉朝	Hàncháo 고유 한(汉)나라		

핵심 표현

- 1877年，德国人李希霍芬把它命名为"丝绸之路"。
  '把+A+동사+为+B' 문형은 'A를 어떤 동작을 통해 B가 되게 하다'라는 의미를 나타냅니다. 여기서 '为'는 '~가 되다'라는 뜻으로 쓰여 제2성(wéi)으로 발음한다는 것에 주의하세요.

- 中国的丝绸、茶叶、瓷器等几乎都是通过这条路传到了世界各地。
  '几乎'는 '거의' 또는 '거의 모두'라는 정도를 나타내는 부사입니다.

본문 해석

실크로드는 고대 중국과 서양 국가들 간의 교역로입니다. 실크로드는 동쪽으로는 중국 시안에서부터 시작하여, 중앙아시아와 서아시아를 거쳐 가장 멀리는 아프리카와 유럽까지 닿습니다. 이 교역로를 통해 많은 양의 실크(丝绸)를 운송했기 때문에 1877년 독일인 리히트호펜(Richthofen)은 이 교역로의 이름을 '실크로드(丝绸之路)'라고 지었습니다.
한(汉)나라 때부터, 세계 각지의 상인들은 이 실크로드를 따라 왕래하며 각종 물품을 운송했습니다. 이에 따라 중국의 실크, 찻잎, 자기 등이 거의 모두 이 길을 통해 세계 각지에 전파되었고, 서양의 수많은 물품도 중국에 전해졌습니다.

본문 암송

丝绸之路是_____和____之间的_____。它东起_____，经过中亚、西亚，最远到____和____。因为这条贸易之路_____很多丝绸，1877年，德国人李希霍芬把它_____"丝绸之路"。

从汉朝以后，_____的商人沿着_____，_____，运送_____。由此，中国的____、____、____等几乎都是_____传到了_____，西方的_____。

활용

● '핵심 표현'에서 배운 내용을 떠올리며 다음 질문에 답해 봅시다.

1 '把+A+동사+为+B' 문형의 A와 B에 해당하는 말을 찾아 표시해 봅시다. 19-03

(1) Wèile biǎodá duì jiàoshī de zūnzhòng, Zhōngguó bǎ jiǔ yuè shí rì dìngwéi Jiàoshī Jié.
为了表达对教师的尊重，中国把9月10日定为教师节。

(2) Zhōngguórén chángcháng bǎ qīzi huò zhàngfu chēngwéi "àiren".
中国人常常把妻子或丈夫称为"爱人"。

(3) Wǒmen jīnglǐ jīngcháng shuō, yào bǎ gùkè shìwéi shàngdì.
我们经理经常说，要把顾客视为上帝。

(4) Bǎ diànnǎo píngmù gǎiwéi dànlǜsè duì yǎnjing bǐjiào hǎo.
把电脑屏幕改为淡绿色对眼睛比较好。

2 '几乎'가 수식하는 구문을 찾아 표시해 봅시다. 19-04

(1) Ālǐ lái Zhōngguó liǎng ge yuè, jīhū pǎobiànle bàn ge Zhōngguó.
阿里来中国两个月，几乎跑遍了半个中国。

(2) Zhè wèi gēxīng de yǎnchànghuì jīhū chǎngchǎng bàomǎn.
这位歌星的演唱会几乎场场爆满。

(3) Xiàndàirén de shēnghuó jīhū lí bu kāi shǒujī.
现代人的生活几乎离不开手机。

(4) Tā jīhū chábiànle suǒyǒu de zīliào, cái zhǎodàole xūyào de xìnxī.
他几乎查遍了所有的资料，才找到了需要的信息。

확장 단어 19-05

定 dìng 통 정하다, 확정하다, 결정하다 | 教师节 Jiàoshī Jié 고유 스승의 날 | 爱人 àiren 명 배우자 | 视 shì 통 여기다, 간주하다 | 上帝 shàngdì 명 하느님 | 屏幕 píngmù 명 화면, 스크린 | 改 gǎi 통 바꾸다, 고치다 | 淡绿色 dànlǜsè 명 연두색 | 遍 biàn 통 두루 미치다, 퍼지다 | 歌星 gēxīng 명 유명한 가수 | 演唱会 yǎnchànghuì 명 콘서트, 음악회 | 所有 suǒyǒu 형 모든, 전부의 | 资料 zīliào 명 자료

간체자

다음자의 발음과 뜻을 살핀 후, 분류에 알맞은 단어를 떠올려 써 봅시다.

假

(1) jiǎ 거짓의, 만일
真假 zhēnjiǎ

(2) jià 휴가
假期 jiàqī

연습

1 제시된 낱말을 사용해 '把+A+동사+为+B' 형식의 문장을 만들어 봅시다.

(1) 人们 每年的6月5日 世界环境日 定
    rénmen měi nián de liù yuè wǔ rì Shìjiè Huánjìngrì dìng

(2) 他 打算 这部小说 电视剧 改编
    tā dǎsuàn zhè bù xiǎoshuō diànshìjù gǎibiān

(3) 大家 都希望 每周 工作五天 四天 改
    dàjiā dōu xīwàng měi zhōu gōngzuò wǔ tiān sì tiān gǎi

(4) 汉语里有的时候可以 "一" "yāo" 比如119 读
    Hànyǔ li yǒu de shíhou kěyǐ bǐrú yāo yāo jiǔ dú

2 제시된 낱말을 알맞게 배열해 문장을 완성해 봅시다.

(1) 几乎 我的朋友们 都会 打乒乓球
    jīhū wǒ de péngyoumen dōu huì dǎ pīngpāngqiú

(2) 世界的大城市 中国 餐馆儿 都有 几乎
    shìjiè de dà chéngshì Zhōngguó cānguǎnr dōu yǒu jīhū

(3) 他们 没有 十年 几乎 见面
    tāmen méiyǒu shí nián jīhū jiàn miàn

(4) 他说话的声音 几乎 太小了 听不见 我们
    tā shuō huà de shēngyīn jīhū tài xiǎo le tīng bu jiàn wǒmen

3 국기가 나타내는 국가를 보기에서 찾아 봅시다.

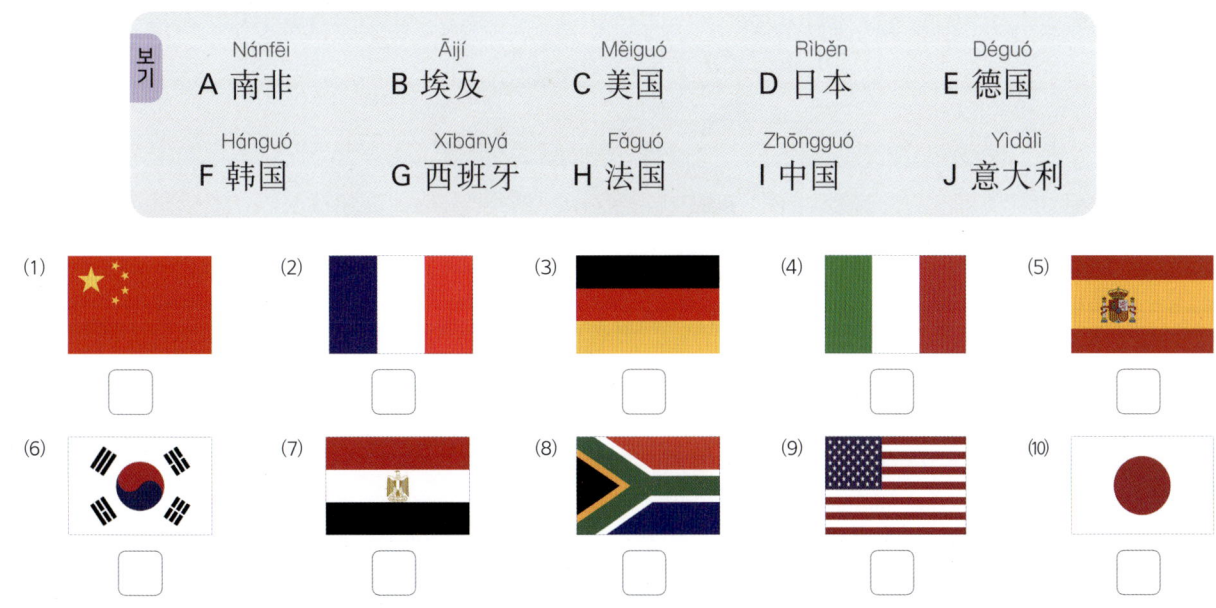

4 한국의 문화와 관습이 어떤 점에서 중국과 다른지 예를 들어 설명해 봅시다.

20 汉语和唐人街

Hànyǔ hé tángrénjiē

중국어와 차이나타운

● 녹음을 듣고, 다음 질문에 답해 봅시다. 🔊 20-01

> Zài guówài, Zhōngguórén dōu bèi chēngwéi shénme rén?
> 在国外，中国人都被称为什么人？ 외국에서 중국인들은 뭐라고 불리나요?

Zhōngguórén rènwéi, shēnghuó zài sìqiān duō nián qián de Yándì hé Huángdì shì zìjǐ de zǔxiān, suǒyǐ
中国人认为，生活在4000多年前的炎帝和黄帝是自己的祖先，所以
Zhōngguórén bǎ zìjǐ chēngwéi "Yán Huáng zǐsūn".
中国人把自己称为"炎黄子孙"。

Yǒu rén rènwéi, Yīngyǔ de láizì Chūnqiū Zhànguó shíqī "Qínguó" zhōng "Qín" de fāyīn.
有人认为，英语的"China"来自春秋战国时期"秦国"中"秦"的发音。
Gōngyuán qián èr èr yī nián, Qín Shǐhuáng tǒngyī le guójiā, jiànlìle Qíncháo. Gōngyuán qián èr líng liù nián, Liú Bāng
公元前221年，秦始皇统一了国家，建立了秦朝。公元前206年，刘邦
jiànlìle Hàncháo. Hàncháorén bèi chēngwéi "hànrén", tāmen suǒ shuō de yǔyán shì "Hànyǔ", suǒ xiě de
建立了汉朝。汉朝人被称为"汉人"，他们所说的语言是"汉语"，所写的
wénzì shì "Hànzì". Gōngyuán liù yī bā nián, Lǐ Yuān jiànlìle Tángcháo. Tángcháorén zìchēng "tángrén", yīncǐ,
文字是"汉字"。公元618年，李渊建立了唐朝。唐朝人自称"唐人"，因此，
guówài Zhōngguórén jùjí de dìfang bèi chēngwéi "tángrénjiē".
国外中国人聚集的地方被称为"唐人街"。

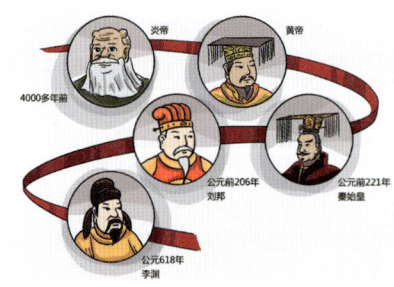

● 본문을 읽고, 최대한 구체적으로 다음 질문에 답해 봅시다.

Zhōngguórén rènwéi shéi shì zìjǐ de zǔxiān?
1　中国人认为谁是自己的祖先？ 중국인들은 자신들의 선조가 누구라고 생각하나요?

Yīngyǔ de shì zěnme lái de?
2　英语的"China"是怎么来的？ 영어 'China'의 유래는 무엇인가요?

Hànrén、Hànyǔ、Hànzì shì zěnme lái de?
3　汉人、汉语、汉字是怎么来的？ '한족' '한어' '한자'의 유래는 무엇인가요?

Guówài Zhōngguórén jùjí de dìfang wèi shénme bèi chēngwéi "tángrénjiē"?
4　国外中国人聚集的地方为什么被称为"唐人街"？
해외에 중국인이 모여 사는 곳이 '唐人街'라고 불리는 이유는 무엇인가요?

새 단어 🔊 20-02

炎帝	Yándì	고유 염제	建立	jiànlì 동 세우다, 건립하다
黄帝	Huángdì	고유 황제	秦朝	Qíncháo 고유 진(秦)나라
祖先	zǔxiān	명 선조, 조상	刘邦	Liú Bāng 고유 유방
炎黄子孙	Yán Huáng zǐsūn	염제와 황제의 자손	汉人	hànrén 명 한나라 사람
子孙	zǐsūn	명 자손	所	suǒ 조 [동사 앞에 쓰여 그 동사와 함께 명사적 성분이 됨]
来自	láizì	동 ~에서 오다, ~에서 생겨나다	文字	wénzì 명 문자, 글자
春秋	Chūnqiū	고유 춘추 시대[기원전 770~476년]	李渊	Lǐ Yuān 고유 이연
战国	Zhànguó	고유 전국 시대[기원전 475~221년]	唐朝	Tángcháo 고유 당(唐)나라
时期	shíqī	명 시기	自称	zìchēng 동 자칭하다
秦国	Qínguó	고유 진(秦)나라	唐人	tángrén 명 당나라 사람
发音	fāyīn	명 발음	因此	yīncǐ 접 이로 인하여, 그래서
公元	gōngyuán	명 서기	国外	guówài 명 해외, 국외
秦始皇	Qín Shǐhuáng	고유 진시황	聚集	jùjí 동 한데 모이다(모으다), 회합하다
统一	tǒngyī	동 통일하다	唐人街	tángrénjiē 명 차이나타운

핵심 표현

■ 有人认为，英语的"China"来自春秋战国时期"秦国"中"秦"的发音。
'来自'는 앞에 쓰인 명사(China)의 유래나 어원, 출신, 소속을 설명할 때 사용하는 표현입니다. 보통 중국어 글말에서 사용됩니다.

■ 他们所说的语言是"汉语"，所写的文字是"汉字"。
조사 '所'는 동사(说) 앞에 쓰여 그 동사와 함께 명사적 성분(所说)이 됩니다. 조사 '所'는 조사 '的'와 함께 '所+동사+的' 형식으로 활용되어 '명사'로서 쓰이거나, '명사를 수식하는 성분'으로서 쓰일 수 있습니다.

본문 해석

중국인들은 4000여 년 전에 살았던 염제(炎帝)와 황제(黃帝)가 자신들의 선조라고 여깁니다. 때문에 중국인들은 자신들을 '염제와 황제의 자손(炎黃子孙)'이라고 부릅니다.
어떤 사람은 영어의 'China'가 춘추 전국 시대 '진(秦)나라'의 '진(秦 Chín)'에서 나온 것이라고 여깁니다. 기원전 221년, 진시황(秦始皇)은 중국을 통일하고 진(秦)나라를 세웠습니다. 기원전 206년, 유방(刘邦)은 한(汉)나라를 세웠습니다. 한나라 사람들은 '한족(汉人)'이라고 불렸고, 그들이 하던 말은 '한어(汉语)', 그들이 쓰던 글자는 '한자(汉字)'였습니다. 서기 618년, 이연(李渊)은 당(唐)나라를 세웠습니다. 당나라 사람들은 스스로를 '당인(唐人)'이라고 했는데, 이 때문에 해외에 중국인이 모여 사는 곳은 '당인의 거리(唐人街, 차이나타운)'라고 불립니다.

본문 암송

中国人____，生活在4000多年前的_____是_____，所以中国人把自己____"_____"。

有人认为，英语的"China"来自_____"____"中"秦"的发音。公元前221年，秦始皇_____，_____。公元前206年，刘邦_____。汉朝人_____"汉人"，他们_____是"汉语"，_____是"汉字"。公元618年，李渊_____。唐朝人____"唐人"，因此，国外中国人_____被称为"_____"。

활용

● '핵심 표현'에서 배운 내용을 떠올리며 다음 질문에 답해 봅시다.

1 유래나 어원, 출신, 소속을 찾아 표시해 봅시다. 🔊 20-03

(1) Wǒmen qiúduì shì ge xiǎo Liánhéguó, duìyuán láizì Zhōngguó, Yīngguó, Měiguó děng guójiā.
我们球队是个小联合国，队员来自中国、英国、美国等国家。

(2) Hànyǔ li yǒu hěn duō cí láizì wàiyǔ, lìrú "shāfā" láizì Yīngyǔ de
汉语里有很多词来自外语，例如"沙发"来自英语的"sofa"。

(3) Yánjiū fāxiàn, yí ge rén de xìnggé, yǒu yí bàn láizì fùmǔ.
研究发现，一个人的性格，有一半来自父母。

(4) Jīngyàn láizì shēnghuó.
经验来自生活。

2 '所+동사+的' 구문의 동사를 찾아 표시해 봅시다. 🔊 20-04

(1) Zhè shì wǒ suǒ jīnglì de zuì hánlěng de dōngtiān.
这是我所经历的最寒冷的冬天。

(2) Měi ge rén dōu yīnggāi rè'ài zìjǐ suǒ cóngshì de zhíyè.
每个人都应该热爱自己所从事的职业。

(3) Dàjiā dōu wèi jīnnián suǒ qǔdé de chéngjì gǎndào jiāo'ào.
大家都为今年所取得的成绩感到骄傲。

(4) Wǒmen suǒ xīwàng de jiù shì néng bǎ Hànyǔ xuéhǎo.
我们所希望的就是能把汉语学好。

📝 확장 단어 🔊 20-05

球队 qiúduì 몡 (구기 종목) 팀, 단체 | 联合国 Liánhéguó 고유 유엔(UN), 국제 연합 | 队员 duìyuán 몡 팀원, 대원 | 例如 lìrú 동 예를 들다 | 一半 yíbàn 수량 반, 절반 | 经历 jīnglì 동 겪다, 경험하다, 체험하다 | 寒冷 hánlěng 형 춥고 차다, 한랭하다 | 热爱 rè'ài 동 뜨겁게 사랑하다 | 从事 cóngshì 동 몸담다, 좋아하다 | 职业 zhíyè 몡 직업

간체자

두 글자의 형태 차이에 주의하며 해당 글자가 포함된 간체자나 단어를 써 봅시다.

(1) 없다
无 无奈 _____

(2) 잃다
失 失望 _____

연습

1 '来自'를 사용해 문장을 완성해 봅시다.

(1) Zhèxiē shuǐguǒ　　　　　　　　　　　　hǎochī jí le.
　　这些水果＿＿＿＿＿＿＿＿＿＿＿＿＿，好吃极了。

(2) Wáng jīnglǐ zhèngzài gēn yí wèi　　　　de shāngrén tán shēngyi.
　　王经理正在跟一位＿＿＿＿＿＿＿的商人谈生意。

(3) Zhèxiē tǒngjì shùzì
　　这些统计数字＿＿＿＿＿＿＿＿＿＿＿＿＿。

(4) Cānjiā zhè cì bǐsài de yùndòngyuán
　　参加这次比赛的运动员＿＿＿＿＿＿＿＿＿＿＿。

2 괄호 안 단어를 '所……的' 형식으로 활용해 문장을 완성해 봅시다.

(1) Bié wàngle nǐ　　　　　huà.　shuōguo
　　别忘了你＿＿＿＿＿话。（说过）

(2) Wǒ　　　　lǜshī dōu hěn máng.　rènshi
　　我＿＿＿＿＿律师都很忙。（认识）

(3) Nín xiànzài　　　　hú jiào Cuònà Hú, shì shìjiè shang hǎibá zuì gāo de dànshuǐhú. kàndào
　　您现在＿＿＿＿＿湖叫措那湖，是世界上海拔最高的淡水湖。（看到）

(4) Huíguò tóu lai kàn wǒmen　　　　lù, duōme bù róngyì a. zǒuguo
　　回过头来看我们＿＿＿＿＿路，多么不容易啊。（走过）

(5) Zhè běn shū　　　　nèiróng gěi wǒ liúxiàle hěn shēn de yìnxiàng. jiǎng
　　这本书＿＿＿＿＿内容给我留下了很深的印象。（讲）

3 중국의 역사적 인물들을 그들이 살았던 시대와 연결해 봅시다.

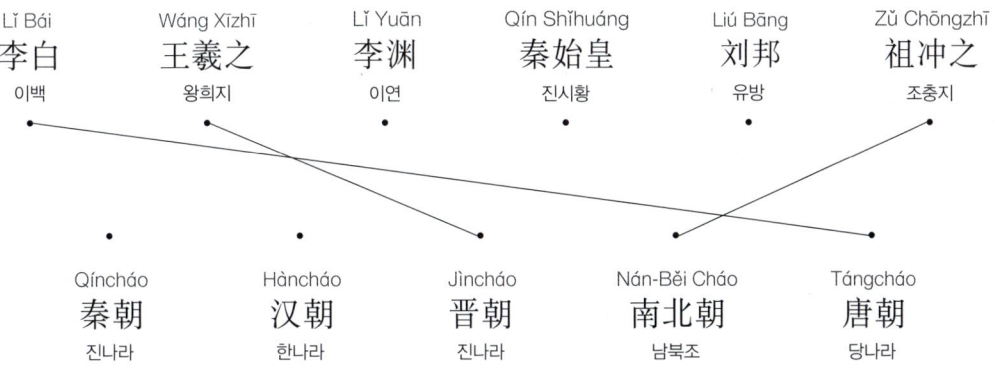

4 알고 있는 특정 명칭의 유래를 설명해 봅시다.

부록

번체자 본문	94
녹음 대본과 모범답안	101
단어 색인	121

▶ '녹음 대본과 모범답안' PDF 파일은 '다락원 홈페이지(www.darakwon.co.kr)'의 '학습자료〉중국어' 게시판에서 무료로 다운로드 받으실 수 있습니다.

번체자 본문

01 孔子 | 孔子

孔子有多少个学生? | 孔子有多少個學生?

孔子姓孔，名丘，是中国著名的思想家、教育家。"孔子"是人们对他的尊称，"子"的意思是"有学问的人"。
孔子是中国第一位在民间开办学校的人。他有三千多个学生，其中最有名的有72个。他提出了"有教无类""温故知新"等教育思想。由孔子的学生编纂的《论语》一书，记载了孔子主张的儒家思想。儒家思想对中国社会发展产生了深远的影响。

1 孔子是什么人?
2 为什么人们叫他"孔子"?
3 孔子提出了什么教育思想?
4 《论语》是由谁编纂的? 记载了什么?

孔子姓孔，名丘，是中國著名的思想家、教育家。"孔子"是人們對他的尊稱，"子"的意思是"有學問的人"。
孔子是中國第一位在民間開辦學校的人。他有三千多個學生，其中最有名的有72個。他提出了"有教無類""溫故知新"等教育思想。由孔子的學生編纂的《論語》一書，記載了孔子主張的儒家思想。儒家思想對中國社會發展產生了深遠的影響。

1 孔子是什麼人?
2 爲什麼人們叫他"孔子"?
3 孔子提出了什麼教育思想?
4 《論語》是由誰編纂的? 記載了什麼?

02 手机短信 | 手機短信

手机短信能做什么? | 手機短信能做什麼?

据统计，在中国，人们平均每天发送3亿多条手机短信。手机短信有很多功能，比如一些当面不方便说的话，可以通过短信来说；担心别人不方便接电话，可以通过短信告诉对方；节日里，人们可以通过短信表达问候；另外，人们还常常通过互相转发幽默短信，分享快乐。在中国，手机短信越来越成为人们生活中重要的一部分。

1 中国人平均每天发多少条短信?
2 手机短信的功能多吗?
3 短信对中国人重要吗?
4 短信对你重要吗?

據統計，在中國，人們平均每天發送3億多條手機短信。手機短信有很多功能，比如一些當面不方便說的話，可以通過短信來說；擔心別人不方便接電話，可以通過短信告訴對方；節日裏，人們可以通過短信表達問候；另外，人們還常常通過互相轉發幽默短信，分享快樂。在中國，手機短信越來越成爲人們生活中重要的一部分。

1 中國人平均每天發多少條短信?
2 手機短信的功能多嗎?
3 短信對中國人重要嗎?
4 短信對你重要嗎?

03 空马车 | 空馬車

黑格尔跟父亲讨论什么问题? | 黑格爾跟父親討論什麼問題?

一天，阳光明媚，年轻的黑格尔陪父亲在树林中悠闲地散步。走到一个幽静的地方，父亲问他："除了小鸟的叫声以外，你还听到了什么?"黑格尔说："我听到了马车的声音。"父亲说："对，是一辆空马车。"黑格尔听了很惊讶，他问："您没看到，怎么知道是空马车呢?"父亲说："从声音就能分辨出来，马车越空，噪声就越大。"

1 黑格尔和父亲在哪儿散步?
2 父亲问了黑格尔什么? 黑格尔是怎么回答的?
3 父亲怎么知道是空马车?
4 你怎么理解"马车越空，噪声就越大"?

一天，陽光明媚，年輕的黑格爾陪父親在樹林中悠閑地散步。走到一個幽靜的地方，父親問他："除了小鳥的叫聲以外，你還聽到了什麼?"黑格爾說："我聽到了馬車的聲音。"父親說："對，是一輛空馬車。"黑格爾聽了很驚訝，他問："您沒看到，怎麼知道是空馬車呢?"父親說："從聲音就能分辨出來，馬車越空，噪聲就越大。"

1 黑格爾和父親在哪兒散步?
2 父親問了黑格爾什麼? 黑格爾是怎麼回答的?
3 父親怎麼知道是空馬車?
4 你怎麼理解"馬車越空，噪聲就越大"?

04 海洋馆的广告 | 海洋館的廣告

海洋馆有什么变化?

王经理在内陆城市开了一家海洋馆,可是由于门票太贵,参观的人很少,眼看就要倒闭了。王经理到处征求好点子,想让海洋馆的生意好起来。不久,一个女教师出现在王经理的办公室,说她有一个好点子。王经理按女教师的主意,登出了新广告。

一个月后,海洋馆天天爆满,三分之一是儿童,三分之二是家长。三个月后,海洋馆开始赢利了。海洋馆的广告只有六个字——"儿童参观免费"。

1 海洋馆为什么眼看就要倒闭了?
2 一个月后,海洋馆怎么样了?
3 三个月后,海洋馆怎么样了?
4 海洋馆的广告是什么?

海洋館有什麽變化?

王經理在內陸城市開了一家海洋館,可是由於門票太貴,參觀的人很少,眼看就要倒閉了。王經理到處徵求好點子,想讓海洋館的生意好起來。不久,一個女教師出現在王經理的辦公室,說她有一個好點子。王經理按女教師的主意,登出了新廣告。

一個月後,海洋館天天爆滿,三分之一是兒童,三分之二是家長。三個月後,海洋館開始贏利了。海洋館的廣告只有六個字——"兒童參觀免費"。

1 海洋館爲什麽眼看就要倒閉了?
2 一個月後,海洋館怎麽樣了?
3 三個月後,海洋館怎麽樣了?
4 海洋館的廣告是什麽?

05 筷子 | 筷子

中国人从什么时候开始用筷子吃饭?

传说,四千多年前,禹带领人们治理黄河洪水。大家每天都紧张地工作,非常辛苦。

有一天,他们工作了很长时间,都饿极了,就煮肉吃。肉煮好了,因为很烫,不能用手拿着吃。禹想出来一个好办法,找来两根小树枝夹肉吃。大家都纷纷按照他的方法吃起肉来。用筷子吃肉,既方便又不烫手。后来,人们逐渐开始用这种方法吃饭,筷子就这么诞生了。

1 这是什么时候的故事?
2 禹带领人们做什么?
3 肉煮好了,为什么不能用手拿着吃?
4 禹想出来一个什么办法吃肉?

中國人從什麽時候開始用筷子吃飯?

傳說,四千多年前,禹帶領人們治理黃河洪水。大家每天都緊張地工作,非常辛苦。

有一天,他們工作了很長時間,都餓極了,就煮肉吃。肉煮好了,因爲很燙,不能用手拿着吃。禹想出來一個好辦法,找來兩根小樹枝夾肉吃。大家都紛紛按照他的方法吃起肉來。用筷子吃肉,既方便又不燙手。後來,人們逐漸開始用這種方法吃飯,筷子就這麽誕生了。

1 這是什麽時候的故事?
2 禹帶領人們做什麽?
3 肉煮好了,爲什麽不能用手拿著吃?
4 禹想出來一個什麽辦法吃肉?

06 慢生活 | 慢生活

什么是"慢生活"?

现代人的生活节奏越来越快,于是,有人提出"慢生活"的理念。"慢生活"的意思是,生活不只是紧张的工作,还应该有放松的时间;不能只有快节奏,还需要慢节奏。比如,忙碌地工作了一段时间以后,抽空儿跟家人一起好好儿吃顿饭,聊聊天儿;或者逛逛书店,读读感兴趣的书;或者泡杯茶,听听音乐……

"慢生活"是一种生活态度,它使你的生活更有趣、更丰富。

1 现在人们的生活节奏怎么样?
2 有人提出什么主张?
3 哪些生活是"慢生活"?
4 "慢生活"能使你的生活怎么样?

什麽是慢生活?

現代人的生活節奏越來越快,于是,有人提出"慢生活"的理念。"慢生活"的意思是,生活不只是緊張的工作,還應該有放鬆的時間;不能只有快節奏,還需要慢節奏。比如,忙碌地工作了一段時間以後,抽空兒跟家人一起好好兒吃頓飯,聊聊天兒;或者逛逛書店,讀讀感興趣的書;或者泡杯茶,聽聽音樂……

"慢生活"是一種生活態度,它使你的生活更有趣、更豐富。

1 現在人們的生活節奏怎麽樣?
2 有人提出什麽主張?
3 哪些生活是"慢生活"?
4 "慢生活"能使你的生活怎麽樣?

07 剪裤子 | 剪褲子

小东的裤子最后短了几寸？ | 小東的褲子最後短了幾寸？

为了参加明天的毕业典礼，小东买了条新裤子。回家试了试，发现裤子长两寸。晚饭的时候，小东说起这件事，大家都没说话。
妈妈一直惦记着这件事，临睡前悄悄地把裤子剪了两寸。半夜里，姐姐在睡梦中猛然想起这件事，又把裤子剪了两寸。奶奶也一直惦记着孙子的裤子，第二天一大早就起来，把裤子又剪了两寸。
结果，小东只好穿着短四寸的裤子去参加毕业典礼了。

1 小东为什么要买新裤子？
2 这条新裤子怎么样？
3 小东什么时候说起了这件事？
4 家人做了什么？结果怎么样？

爲了參加明天的畢業典禮，小東買了條新褲子。回家試了試，發現褲子長兩寸。晚飯的時候，小東說起這件事，大家都沒說話。
媽媽一直惦記着這件事，臨睡前悄悄地把褲子剪了兩寸。半夜裏，姐姐在睡夢中猛然想起這件事，又把褲子剪了兩寸。奶奶也一直惦記着孫子的褲子，第二天一大早就起來，把褲子又剪了兩寸。
結果，小東只好穿着短四寸的褲子去參加畢業典禮了。

1 小東爲什麼要買新褲子？
2 這條新褲子怎麼樣？
3 小東什麼時候說起了這件事？
4 家人做了什麼？結果怎麼樣？

08 吐鲁番 | 吐魯番

吐鲁番有什么特别的地方？ | 吐魯番有什麼特別的地方？

新疆吐鲁番夏天非常热，所以被称为"火洲"。最热的时候，这里沙土的表面温度达到82摄氏度！假如你把一个生鸡蛋放进沙土里，一会儿就能熟。春天和秋天，这里白天和晚上温差又特别大，所以流传着这样一句俗语："早穿皮袄午穿纱，围着火炉吃西瓜。"
吐鲁番盛产水果，尤其是葡萄和哈密瓜，又香又甜。所以每到夏天，当水果熟了的时候，各地的人们都喜欢来这里旅游。

1 吐鲁番为什么被称为"火洲"？
2 吐鲁番春天和秋天天气怎么样？
3 吐鲁番流传着什么俗语？
4 吐鲁番盛产什么水果？

新疆吐魯番夏天非常熱，所以被稱爲"火洲"。最熱的時候，這裏沙土的表面溫度達到82攝氏度！假如你把一個生雞蛋放進沙土裏，一會兒就能熟。春天和秋天，這裏白天和晚上溫差又特別大，所以流傳着這樣一句俗語："早穿皮襖午穿紗，圍着火爐吃西瓜。"
吐魯番盛產水果，尤其是葡萄和哈密瓜，又香又甜。所以每到夏天，當水果熟了的時候，各地的人們都喜歡來這裏旅游。

1 吐魯番爲什麼被稱爲"火洲"？
2 吐魯番春天和秋天天氣怎麼樣？
3 吐魯番流傳著什麼俗語？
4 吐魯番盛產什麼水果？

09 坐电梯 | 坐電梯

"我"做了什么事儿？ | "我"做了什麼事兒？

昨天下午自习后，我在图书馆等电梯的时候，来了一个男生和一个女生。男生悄悄地对女生说："晚上我能请你喝杯咖啡吗？"女生害羞地看了他一眼："除非你走楼梯比我先到8层，我才去。"
电梯来了，男生拔腿就往楼上跑。进了电梯，我默默地把2层到7层的电梯按钮全摁了一遍。坐到7层我就出来了，但是我一直没敢回头看那女生的眼神。出来后我心里对那个男生说：学长只能帮你这些了！

1 "我"什么时候、在哪儿等电梯？
2 "我"等电梯的时候，发生了什么事儿？
3 进电梯以后，"我"做了什么？
4 "我"为什么要这么做？

昨天下午自習後，我在圖書館等電梯的時候，來了一個男生和一個女生。男生悄悄地對女生說："晚上我能請你喝杯咖啡嗎？"女生害羞地看了他一眼："除非你走樓梯比我先到8層，我才去。"
電梯來了，男生拔腿就往樓上跑。進電梯，我默默地把2層到7層的電梯按鈕全摁了一遍。坐到7層我就出來了，但是我一直沒敢回頭看那女生的眼神。出來後我心裏對那個男生說：學長只能幫你這些了！

1 "我"什麼時候、在哪兒等電梯？
2 "我"等電梯的時候，發生了什麼事兒？
3 進電梯以後，"我"做了什麼？
4 "我"爲什麼要這麼做？

10 有趣的谐音词 | 有趣的諧音詞

举例说明汉语的谐音词。

汉语有很多谐音词，它们的使用反映出一些有趣的中国文化现象。比如春节的时候，中国人喜欢吃鸡、吃鱼，因为"鸡"和"吉"谐音，表示"吉利"，"鱼"和"余"谐音，表示"年年有余"；家人和朋友之间不能分梨吃，因为"分梨"和"分离"谐音；送朋友礼物不能送钟，因为"送钟"和"送终"谐音；人们不喜欢有"4"的车牌和电话号码，因为"4"和"死"谐音。
谐音词的使用使汉语的表达丰富而有趣。

1. 汉语的谐音词多吗？
2. 谐音词有什么用？
3. 谐音词对汉语有什么好处？
4. 除了课本上列举的以外，你还知道哪些谐音词？

舉例說明漢語的諧音詞。

漢語有很多諧音詞，它們的使用反映出一些有趣的中國文化現象。比如春節的時候，中國人喜歡吃雞吃魚，因爲"雞"和"吉"諧音，表示"吉利"，"魚"和"餘"諧音，表示"年年有餘"；家人和朋友之間不能分梨吃，因爲"分梨"和"分離"諧音；送朋友禮物不能送鐘，因爲"送鐘"和"送終"諧音；人們不喜歡有"4"的車牌和電話號碼，因爲"4"和"死"諧音。
諧音詞的使用使漢語的表達豐富而有趣。

1. 漢語的諧音詞多嗎？
2. 諧音詞有什麽用？
3. 諧音詞對漢語有什麽好處？
4. 除了課本上列舉的以外，你還知道哪些諧音詞？

11 海豚和鲨鱼 | 海豚和鯊魚

海豚做了什么？

一位爸爸带着女儿在海里游泳，正游得高兴，突然游过来几条海豚。海豚把他们紧紧地围在中间，不让他们出去。爸爸正觉得奇怪，突然看到一条大鲨鱼朝他们游过来。他们发现，只要大鲨鱼游过来，海豚们就用力地拍打水面，不让它靠近。大鲨鱼尝试了好几次都失败了，最后只好失望地离开了。
等大鲨鱼游得很远了，这些可爱的海豚才让爸爸和女儿游出去，并且一直跟在后面，把他们送到岸边。

1. 爸爸带着女儿做什么？
2. 突然发生了什么事？
3. 爸爸突然看到了什么？
4. 最后，大鲨鱼怎么样了？

海豚做了什麽？

一位爸爸帶著女兒在海裏游泳，正游得高興，突然游過來幾條海豚。海豚把他們緊緊地圍在中間，不讓他們出去。爸爸正覺得奇怪，突然看到一條大鯊魚朝他們游過來。他們發現，只要大鯊魚游過來，海豚們就用力地拍打水面，不讓它靠近。大鯊魚嘗試了好幾次都失敗了，最後只好失望地離開了。
等大鯊魚游得很遠了，這些可愛的海豚才讓爸爸和女兒游出去，並且一直跟在後面，把他們送到岸邊。

1. 爸爸帶著女兒做什麽？
2. 突然發生了什麽事？
3. 爸爸突然看到了什麽？
4. 最後，大鯊魚怎麽樣了？

12 什么也没做。 | 什麽也没做。

妻子今天做什么了？

丈夫下班回家，吃惊地发现，家里实在太乱了！孩子们脸上、身上都很脏；地毯上堆满了脏衣服；厨房里，连碗都没有洗。
家里究竟发生了什么事？他急忙奔向卧室，看见妻子正悠闲地躺在床上翻相册。丈夫惊奇地问："今天家里怎么了？"
妻子得意地回答说："你每天下班，总是问'今天你在家里做了什么'，现在你看到了，今天我什么也没做。"

1. 丈夫下班回家发现了什么？
2. 孩子们是什么样子？
3. 厨房里是什么样子？
4. 妻子每天都做什么？

妻子今天做什麽了？

丈夫下班回家，吃驚地發現，家裏實在太亂了！孩子們臉上、身上都很髒；地毯上堆滿了髒衣服。厨房裏，連碗都沒有洗。
家裏究竟發生了什麽事？他急忙奔向卧室，看見妻子正悠閑地躺在床上翻相册。丈夫驚奇地問："今天家裏怎麽了？"
妻子得意地回答說："你每天下班，總是問'今天你在家裏做了什麽'，現在你看到了，今天我什麽也沒做。"

1. 丈夫下班回家發現了什麽？
2. 孩子們是什麽樣子？
3. 廚房裏是什麽樣子？
4. 妻子每天都做什麽？

13 老年人的休闲生活 | 老年人的休閒生活

中国的老年人喜欢做什么？

在中国，老年人的休闲方式丰富多彩。早上，他们喜欢在公园里活动，有的打太极拳，有的唱京剧，有的练书法。白天，一些老人喜欢去老年大学学习绘画、书法、摄影、戏曲等，还有一些老人经常围在一起下象棋、打麻将。晚上，很多老人在家里一边看电视，一边和家人聊天儿；也有一部分老人去广场跳舞。周末，老人常常和儿孙们在一起，吃饭、逛公园、郊游，或者去看演出、听相声，享受天伦之乐。

1 中国老年人的休闲方式多吗？
2 老人们去老年大学学什么？
3 老人们经常围在一起做什么？
4 周末老人们常常做什么？

中國的老年人喜歡做什麼？

在中國，老年人的休閒方式豐富多彩。早上，他們喜歡在公園裏活動，有的打太極拳，有的唱京劇，有的練書法。白天，一些老人喜歡去老年大學學習繪畫、書法、攝影、戲曲等，還有一些老人經常圍在一起下象棋、打麻將。晚上，很多老人在家裏一邊看電視，一邊和家人聊天兒，也有一部分老人去廣場跳舞。周末，老人常常和兒孫們在一起，吃飯、逛公園、郊游，或者去看演出、聽相聲，享受天倫之樂。

1 中國老年人的休閒方式多嗎？
2 老人們去老年大學學什麼？
3 老人們經常圍在一起做什麼？
4 周末老人們常常做什麼？

14 青藏铁路 | 青藏鐵路

在青藏铁路的火车上可以看到什么？

青藏铁路是世界上最长、最高的铁路，它东起青海西宁市，南到西藏拉萨市，长1956公里，最高的地方海拔5072米。
青藏铁路沿线的风景非常漂亮。人们坐在火车上，可以看到美丽的玉珠峰，也可以看到世界上海拔最高的淡水湖——措那湖，要是幸运的话，甚至可以看到珍稀的藏羚羊。
青藏铁路加强了西藏与其他省的交流，促进了西藏的发展。

1 青藏铁路是一条什么样的铁路？
2 青藏铁路有多长？多高？
3 青藏铁路沿线的风景怎么样？
4 青藏铁路有什么好处？

在青藏鐵路的火車上可以看到什麼？

青藏鐵路是世界上最長、最高的鐵路，它東起青海西寧市，南到西藏拉薩市，長1956公里，最高的地方海拔5072米。
青藏鐵路沿線的風景非常漂亮。人們坐在火車上，可以看到美麗的玉珠峰，也可以看到世界上海拔最高的淡水湖——措那湖，要是幸運的話，甚至可以看到珍稀的藏羚羊。
青藏鐵路加強了西藏與其他省的交流，促進了西藏的發展。

1 青藏鐵路是一條什麼樣的鐵路？
2 青藏鐵路有多長？多高？
3 青藏鐵路沿線的風景怎麼樣？
4 青藏鐵路有什麼好處？

15 地球一小时 | 地球一小時

地球一小时，人们都可以做什么？

"地球一小时"，是2007年开始的一项全球性环境保护活动。为了减少碳排放，世界自然基金会发起了这项活动，倡议人们在每年3月最后一个星期六晚上八点半到九点半，熄灯一个小时。
熄灯一小时，我们可以做什么呢？我们或者在家里享受烛光晚餐；或者和孩子们一起游戏，度过亲子时光；或者和朋友一起谈心、讲故事；我们还可以带上食品、饮料到公园里聚餐；或者出门散步……朋友，你选择做什么呢？

1 "地球一小时"是哪一年开始的活动？
2 为什么要进行"地球一小时"活动？
3 "地球一小时"活动在哪一天、什么时间？
4 为什么叫"地球一小时"？

地球一小時，人們都可以做什麼？

"地球一小時"，是2007年開始的一項全球性環境保護活動。爲了減少碳排放，世界自然基金會發起了這項活動，倡議人們在每年3月最後一個星期六晚上八點半到九點半，熄燈一個小時。
熄燈一小時，我們可以做什麼呢？我們或者在家裏享受燭光晚餐；或者和孩子們一起游戲，度過親子時光；或者和朋友一起談心、講故事；我們還可以帶上食品、飲料到公園裏聚餐；或者出門散步……朋友，你選擇做什麼呢？

1 "地球一小時"是哪一年開始的活動？
2 爲什麼要進行"地球一小時"活動？
3 "地球一小時"活動在哪一天、什麼時間？
4 爲什麼叫"地球一小時"？

16 母亲水窖 | 母親水窖

什么是"母亲水窖"？

中国西部是世界上最干旱的地方之一。这些年，这里的男人大都去大城市打工了，家里只剩下妇女劳动。为了取得生活用水，她们不得不每天走几十公里山路，非常辛苦。为了减轻妇女取水的负担，2001年中国开始实施"母亲水窖"工程。"母亲水窖"就是在地下修建的水窖，收集雨水，供生活使用。到2011年，"母亲水窖"工程一共修建了12.8万个水窖，解决了180万人的生活用水问题。

1 中国什么时候开始实施"母亲水窖"工程？
2 为什么要实施"母亲水窖"工程？
3 到2011年，一共修建了多少个母亲水窖？
4 这解决了多少人的生活用水问题？

什麼是"母親水窖"？

中國西部是世界上最乾旱的地方之一。這些年，這裏的男人大都去大城市打工了，家裏只剩下婦女勞動。爲了取得生活用水，她們不得不每天走幾十公里山路，非常辛苦。爲了減輕婦女取水的負擔，2001年中國開始實施"母親水窖"工程。"母親水窖"就是在地下修建的水窖，收集雨水，供生活使用。到2011年，"母親水窖"工程一共修建了12.8萬個水窖，解決了180萬人的生活用水問題。

1 中國什麼時候開始實施"母親水窖"工程？
2 爲什麼要實施"母親水窖"工程？
3 到2011年，一共修建了多少個母親水窖？
4 這解決了多少人的生活用水問題？

17 月光族 | 月光族

北京的"月光族"多吗？

"月光族"就是每个月的工资基本花光一族。他们普遍认为，钱，只有花出去，才是自己的。
李小姐两年前大学毕业，月工资是6500元，跟北京的平均工资相比，她的工资其实不算低。但是每个月她不仅要支付房租、生活费，还要购物、偶尔跟朋友聚会等，钱总是不够花。李小姐无奈地说："每到月底，我就两手空空地盼望着下个月的工资。"现在，在北京，这样的"月光族"大约占大学毕业生的30%。

1 什么是"月光族"？
2 "月光族"把钱花光的理由是什么？
3 李小姐每个月的工资都做了什么？
4 每到月底，李小姐都怎么样？

北京的"月光族"多嗎？

"月光族"就是每個月的工資基本花光一族。他們普遍認爲，錢，只有花出去，才是自己的。
李小姐兩年前大學畢業，月工資是6500元，跟北京的平均工資相比，她的工資其實不算低。但是每個月她不僅要支付房租、生活費，還要購物、偶爾跟朋友聚會等，錢總是不夠花。李小姐無奈地說："每到月底，我就兩手空空地盼望著下個月的工資。"現在，在北京，這樣的"月光族"大約占大學畢業生的30%。

1 什麼是"月光族"？
2 "月光族"把錢花光的理由是什麼？
3 李小姐每個月的工資都做了什麼？
4 每到月底，李小姐都怎麼樣？

18 细心 | 細心

人民币的背面都是什么？

去年我去应聘一家跨国公司的会计。第一轮面试后，主考官给我一张100元钱，让我买第二轮考试用的耳机。但我发现是假币，他们马上就换了一张。
最后一次面试，主考官问我："你能说说人民币背面都是什么风景吗？"我说："100元的背面是人民大会堂，50元的是布达拉宫，20元的是桂林山水……"主考官满意地说："很好！对会计来说，细心就是最好的能力！"就这样，我顺利地通过了面试，被正式录用了。

1 "我"去年去应聘什么职位？
2 第一轮面试后，主考官让"我"做什么？
3 "我"发现了什么？
4 最后一次面试，主考官问"我"什么问题？

人民幣的背面都是什麼？

去年我去應聘一家跨國公司的會計。第一輪面試後，主考官給我一張100元錢，讓我買第二輪考試用的耳機。但我發現是假幣，他們馬上就換了一張。
最後一次面試，主考官問我："你能說說人民幣背面都是什麼風景嗎？"我說："100元的背面是人民大會堂，50元的是布達拉宮，20元的是桂林山水……"主考官滿意地說："很好！對會計來說，細心就是最好的能力！"就這樣，我順利地通過了面試，被正式錄用了。

1 "我"去年去應聘什麼職位？
2 第一輪面試後，主考官讓"我"做什麼？
3 "我"發現了什麼？
4 最後一次面試，主考官問"我"什麼問題？

19 丝绸之路 | 絲綢之路

什么是丝绸之路？

丝绸之路是古代中国和西方之间的一条贸易之路。它东起中国的西安，经过中亚、西亚，最远到非洲和欧洲。因为这条贸易之路运送过很多丝绸，1877年，德国人李希霍芬把它命名为"丝绸之路"。

从汉朝以后，世界各地的商人沿着这条丝绸之路，来来往往，运送各种货物。由此，中国的丝绸、茶叶、瓷器等几乎都是通过这条路传到了世界各地，西方的许多物品也传到了中国。

1 丝绸之路起于哪儿？经过哪些地方？最后到达哪些地方？
2 谁把这条路命名为"丝绸之路"？
3 中国的哪些东西通过这条路传到了世界各地？
4 通过这条路西方有物品传到了中国吗？

什麼是絲綢之路？

絲綢之路是古代中國和西方之間的一條貿易之路。它東起中國的西安，經過中亞、西亞，最遠到非洲和歐洲。因爲這條貿易之路運送過很多絲綢，1877年，德國人李希霍芬把它命名爲"絲綢之路"。

從漢朝以後，世界各地的商人沿着這條絲綢之路，來來往往，運送各種貨物。由此，中國的絲綢、茶葉、瓷器等幾乎都是通過這條路傳到了世界各地，西方的許多物品也傳到了中國。

1 絲綢之路起於哪兒？經過哪些地方？最後到達哪些地方？
2 誰把這條路命名爲"絲綢之路"？
3 中國的哪些東西通過這條路傳到了世界各地？
4 通過這條路西方有物品傳到了中國嗎？

20 汉语和唐人街 | 漢語和唐人街

在国外，中国人都被称为什么人？

中国人认为，生活在4000多年前的炎帝和黄帝是自己的祖先，所以中国人把自己称为"炎黄子孙"。

有人认为，英语的"China"来自春秋战国时期"秦国"中"秦"的发音。公元前221年，秦始皇统一了国家，建立了秦朝。公元前206年，刘邦建立了汉朝。汉朝人被称为"汉人"，他们所说的语言是"汉语"，所写的文字是"汉字"。公元618年，李渊建立了唐朝。唐朝人自称"唐人"，因此，国外中国人聚集的地方被称为"唐人街"。

1 中国人认为谁是自己的祖先？
2 英语的"China"是怎么来的？
3 汉人、汉语、汉字是怎么来的？
4 国外中国人聚集的地方为什么被称为"唐人街"？

在國外，中國人都被稱爲什麼人？

中國人認爲，生活在4000多年前的炎帝和黄帝是自己的祖先，所以中國人把自己稱爲"炎黄子孫"。

有人認爲，英語的"China"來自春秋戰國時期"秦國"中"秦"的发音。公元前221年，秦始皇统一了国家，建立了秦朝。公元前206年，劉邦建立了漢朝。漢朝人被稱爲"漢人"，他們所説的語言是"漢語"，所寫的文字是"漢字"。公元618年，李淵建立了唐朝。唐朝人自稱"唐人"，因此，國外中國人聚集的地方被稱爲"唐人街"。

1 中國人認爲誰是自己的祖先？
2 英語的"China"是怎麼來的？
3 漢人、漢語、漢字是怎麼來的？
4 國外中國人聚集的地方爲什麼被稱爲"唐人街"？

녹음 대본과 모범답안

01 孔子

활용 🔊 01-03 🔊 01-04

1 (1) 2008年的奥运会是由北京举办的。 (2) 现在的很多疾病都是由环境问题引起的。 (3) 网站的问题由他们来解决，你就放心吧。 (4) 我的婚姻由我自己做主。	1 (1) 2008년 올림픽은 베이징에서 개최됐습니다. (2) 현재의 질병들은 환경 문제로 인한 것들이 많습니다. (3) 웹 사이트의 문제는 그들이 해결할 테니 걱정 마세요. (4) 저의 결혼은 제가 책임지고 결정합니다.
2 (1) ᴬ网络对ᴮ人们的生活方式产生了很大影响。 (2) ᴬ家庭环境对ᴮ他的性格产生了很大影响。 (3) ᴬ文化交流对ᴮ两个国家的关系产生了积极影响。 (4) 他最近感觉很郁闷，ᴬ这对ᴮ他的工作产生了很大影响。	2 (1) 인터넷은 사람들의 생활 방식에 깊은 영향을 미쳤습니다. (2) 가정 환경은 그의 성격에 많은 영향을 미쳤습니다. (3) 문화 교류는 양국 관계에 긍정적인 영향을 미쳤습니다. (4) 그는 요즘 우울함을 느낍니다. 이는 그의 업무에 많은 영향을 미쳤습니다.

간체자

(1) 아이, 아들, 자식 —— 孩子, 子孙……
(2) 고대 성인 남성에 대한 존칭 —— 孔子, 孟子[Mèngzǐ 맹자]……
(3) 명사를 만드는 접미사 —— 裤子, 椅子……

연습

1 (1) A (2) A (3) B (4) B

2 (1) 对健康产生很大影响
  (2) 对交通产生了很大影响
  (3) 对人的心情产生不同的影响
  (4) 对人们的生活产生了深远影响

3 (1) B (2) D (3) C (4) F (5) E (6) A

4 世宗大王[shìzōngdàwáng 세종대왕]姓李，名祹[táo]，是韩国朝鲜王朝[Cháoxiān wángcháo 조선 왕조]的国王[guówáng 국왕]。"世宗大王"是人们对他的尊称。世宗大王之前[zhīqián 이전]，韩语只有语言没有文字[wénzì 문자]，用汉字来记录语言。但是大部分的人没有机会学汉字，不能充分表达[chōngfèn biǎodá 충분히 표현하다]自己的意见。为了[wèile ~를 하기 위하여]解决这种问题世宗大王创造[chuàngzào 만들다]了"韩文[Hánwén 한글]"。这对韩国社会发展产生了深远的影响。

세종대왕의 성은 이(李), 이름은 도(祹)로, 조선 왕조의 왕입니다. '세종대왕'은 그에 대한 존칭입니다. 세종대왕 이전의 한국어에는 말은 있었지만 문자가 없어 한자를 사용해 말을 기록했습니다. 하지만 대부분의 사람들은 한자를 배울 기회가 없어 자신의 의견을 충분히 표현할 수 없었습니다. 이러한 문제를 해결하기 위해 세종대왕은 '한글'을 만들었습니다. 이는 한국 사회의 발전에 깊은 영향을 미쳤습니다.

부록 101

02 手机和短信

활용 🔊 02-03 🔊 02-04

1 (1) 今后我们可以通过电子邮件联系。 (2) 通过调查，政府终于了解了这家公司倒闭的原因。 (3) 通过多次讨论，大家终于解决了这个问题。 (4) 现在人们可以通过互联网获得很多信息。	1 (1) 앞으로 우리는 이메일로 연락할 수 있습니다. (2) 조사를 통해 정부는 결국 이 회사의 파산 원인을 해결했습니다. (3) 여러 차례의 토론을 통해 결국 이 문제를 알아냈습니다. (4) 요즘 사람들은 인터넷을 통해 많은 정보를 얻습니다.
2 (1) 小明长得越来越高，人也越来越帅了。 (2) 城市里的汽车越来越多，城市交通也越来越拥挤了。 (3) 我发现，我越来越不了解他了。 (4) 最近经济不景气，公司经营越来越困难。	2 (1) 샤오밍은 자랄수록 키도 커지고 사람도 더 멋있어졌습니다. (2) 도시의 차량이 많아질수록 교통도 혼잡해졌습니다. (3) 저는 제가 갈수록 그를 이해하지 못하고 있다는 것을 깨달았습니다. (4) 최근 경제가 좋지 않아 회사 경영이 갈수록 어려워지고 있습니다.

간체자

(1) 얼굴 —— 见面, 当面 ……
(2) 사물의 표면 —— 表面, 面积 ……
(3) 부위, 방면 —— 对面, 上面 ……
(4) 곡물 가루 또는 국수 —— 面包, 面条 ……

연 습

1 (1) 通过朋友介绍
   (2) 通过采访
   (3) 通过自己的努力
   (4) 通过研究

2 (1) 越来越多 / 越来越
   (2) 越来越多
   (3) 越来越爱吃了
   (4) 越来越瘦了

3 (1) I (2) E (3) B (4) D (5) C (6) G (7) H (8) A (9) F

4 我在等朋友、坐地铁的时候常常用手机听音乐、玩儿游戏。我还通过手机看最近流行的电影和电视剧。另外，我还给朋友们转发幽默短信，分享快乐。

저는 친구를 기다리거나 지하철을 탈 때 휴대전화로 음악을 듣거나 게임을 합니다. 그리고 휴대전화로 최근에 유행하는 영화와 드라마도 봅니다. 그 외에 친구들에게 재미있는 문자 메시지를 보내 즐거움을 나누기도 합니다.

03 空马车

활용 03-03 03-04

1
(1) 除了ᴬ喜欢游泳以外，我还ᴮ喜欢打网球。
(2) 她除了ᴬ做过服务员以外，还ᴮ做过售货员。
(3) 这家工厂，除了ᴬ生产洗衣机以外，还ᴮ生产冰箱。
(4) 过中秋节的时候，中国人除了ᴬ吃月饼以外，还要ᴮ赏月。

2
(1) 雨越下越大。
(2) 保持好的心态，就能越活越年轻。(주어 생략됨)
(3) 汉语越学越有意思，越有意思我就越想学。
(4) "在家靠父母，出门靠朋友"，所以朋友越多越好。('越好'의 주어 생략됨)

1
(1) 저는 수영하는 것 이외에 테니스 치는 것도 좋아합니다.
(2) 그녀는 종업원 이외에 판매원도 해 봤습니다.
(3) 이 공장은 세탁기 이외에 냉장고도 생산합니다.
(4) 중치우지에 때 중국 사람들은 위에빙을 먹는 것 이외에 달맞이도 합니다.

2
(1) 비가 갈수록 많이 내립니다.
(2) 심리 상태를 좋게 유지하면 갈수록 젊어집니다.
(3) 중국어는 배울수록 재미있고, 재미있을수록 저는 더 공부하고 싶어집니다.
(4) "집에서는 부모에게 의지하고 집을 떠나서는 친구에 의지한다"고 하니, 친구는 많을수록 좋습니다.

간체자

(1) 现，视 ……
(2) 员，贸 ……

연습

1
(1) 除了会说西班牙语以外，还会说韩语
(2) 除了去上海以外，还要去杭州
(3) 除了嗓子发炎以外 / 头疼
(4) 除了打扫房间以外，还洗车
(5) 除了是作家以外 / 是大学教授

2
(1) 她越跑越快。
(2) 方方和姑妈越聊越开心。
(3) 这首歌我越听越喜欢。
(4) 妻子越说，丈夫就越生气。 또는 丈夫越说，妻子就越生气。

3 (1) F (2) E (3) C (4) D (5) A (6) B

4 在我成长过程[chéngzhǎng guòchéng 성장 과정]中，对我影响最大的就是我爸爸。我爸爸是汉语老师。他为学生几十年如一日地努力研究。我想我也成为像他那样的老师，所以我努力学习。现在，我在大学教了五年汉语了。

저는 자라면서 아빠의 영향을 가장 많이 받았습니다. 아빠는 중국어 선생님입니다. 아빠는 학생들을 위해 수십년을 하루처럼 열심히 연구합니다. 저는 아빠와 같은 선생님이 되고 싶어서 열심히 공부했습니다. 지금 저는 대학에서 5년째 중국어를 가르치고 있습니다.

04 海洋馆的广告

활용 04-03 04-04

1 (1) 演出眼看就要开始了，突然停电了。 (2) 眼看就要天亮了，陈大夫的手术还没做完。 (3) 足球比赛眼看就要结束了，比分还是零比零。 (4) 眼看就要毕业了，可是他的论文还没写完呢。	1 (1) 공연이 곧 시작하려고 하는데 갑자기 정전이 됐습니다. (2) 곧 동이 트려고 하는데, 천 (의사) 선생님의 수술은 아직 끝나지 않았습니다. (3) 축구 시합이 곧 끝나려고 하는데 득점 상황은 여전히 0 대 0입니다. (4) 곧 졸업인데 그는 아직 졸업 논문을 다 쓰지 못했습니다.
2 (1) 汽车快没油了，可是到处都找不到加油站。 (2) 我想买他的专辑，可是到处都买不到。 (3) 李秘书的桌上有束花儿，不知道谁送的，她到处打听。 (4) 这种植物在中国的南方到处都可以看到。	2 (1) 곧 차에 기름이 떨어지는데 어디를 봐도 주유소를 못 찾겠습니다. (2) 그의 앨범을 사고 싶은데 어디를 가도 살 수가 없습니다. (3) 리 비서의 책상에 꽃 한 다발이 놓여 있었습니다. 리 비서는 누가 보낸 것인지 몰라서 여기저기에 물어봤습니다. (4) 이런 종류의 식물은 중국 남쪽 지방에서는 어디에서나 볼 수 있습니다.

간체자

(1) 下课了 xià kè le

(2) 了解 liǎojiě

연습

1 (1) 客人眼看就要到了，妈妈还没有准备好晚饭。
  (2) 手机眼看就要没电了，你有话快说吧。
  (3) 眼看要下雨了，别忘了带伞。
  (4) 天眼看就黑了，快回家吧。

2 (1) 姐姐到处找工作
  (2) 家里到处乱七八糟的
  (3) 姐姐打电话到处找你
  (4) 地铁站里到处都是人

3 肚子 배 | 心脏 심장 | 手 손 | 腿 다리 | 胳膊 팔 | 盲肠 맹장 | 头 머리 | 脚 발 | 扁桃体 편도선

4 以前我看过一家汉语补习班[bǔxíbān 학원]的招生[zhāoshēng 신입생을 모집하다]广告。内容是：" 如果你听了一课之后发现不喜欢这门课程[kèchéng 커리큘럼]，那你可以要求[yāoqiú 요구하다]退回[tuìhuí 돌려주다]你的学费，但必须用汉语说。"
예전에 한 중국어 학원의 원생 모집 광고를 본 적이 있습니다. "수업을 들은 후 커리큘럼이 마음에 들지 않는다면 수수료를 돌려 드립니다. 단, (이 내용을) 중국어로 말해야 합니다."라는 내용이었습니다.

05 筷子

활용 🔊 05-03 🔊 05-04

1
(1) 老李想了半天，才叫出来我的名字。
(2) 小王，请把这个文件打印出来。
(3) 照片上的人你都能认出来吗?
(4) 这个谜语我猜了半天，也没猜出来。

2
(1) 按照图书馆的规定，每人最多能借十本书。
(2) 按照比赛规则，红队被罚了一个球。
(3) 按照中国的传统，过春节的时候要说吉利的话。
(4) 姐姐回国后，按照自己的想法去农村当了小学老师。

1
(1) 라오리는 한참을 생각하다가 제 이름을 불렀습니다.
(2) 샤오왕 씨, 이 문서를 인쇄해 주세요.
(3) 사진에 있는 사람들을 다 알아볼 수 있어요?
(4) 이 수수께끼는 한참을 생각했는데도 알아맞히지 못했습니다.

2
(1) 도서관 규정에 따라, 1인당 최대 10권의 책을 빌릴 수 있습니다.
(2) 경기 규칙에 따라, 홍팀은 벌칙으로 골 하나가 인정되지 않습니다(=페널티 킥을 하나 당했습니다).
(3) 중국 전통에 따라, 춘지에를 쇨 때에는 덕담을 해야 합니다.
(4) 언니는 귀국한 후, 자신의 생각에 따라 농촌에 가서 초등학교 선생이 되었습니다.

간체자

(1) 낳다, 태어나다 —— 诞生，生蛋 ……
(2) 생겨나다, 성장하다 —— 发生，生病 ……
(3) 살다, 생존하다 —— 生活，生命 ……
(4) 학생 —— 学生，毕业生 ……

연습

1 (1) 说不出来 (2) 看出来 (3) 做出来 (4) 做出来

2 (1) B (2) D (3) A (4) C

3 (1) C (2) I (3) J (4) F (5) G (6) E (7) B (8) D (9) H (10) A

4 韩国[Hánguó 한국]、中国等亚洲国家吃饭的时候常常用筷子。用筷子吃饭，可以锻炼手指，提高手指的灵活性[línghuóxìng 유연성]。用筷子夹精细的东西，对大脑[dànǎ 뇌]的刺激[cìjī 자극]很大，对健脑有好处。在西方[xīfāng 서양]国家吃饭的时候常常用刀叉。用刀叉的最大好处是，把大块儿[dàkuàir 큰 덩어리]的肉有效地切成小块儿[xiǎokuàir 작은 덩어리]。

한국, 중국과 같은 아시아 국가에서는 식사를 할 때 주로 젓가락을 사용합니다. 젓가락을 사용해 밥을 먹으면 손가락을 단련하여 손가락의 유연성을 높일 수 있습니다. 젓가락으로 세밀한 물건을 집으면 대뇌를 많이 자극하여 두뇌 훈련에 좋습니다. 서양에서는 식사를 할 때 포크와 나이프를 사용합니다. 포크와 나이프를 사용할 때 가장 좋은 점은 큰 고기를 작게 자르는 데 효율적이라는 것입니다.

06 慢生活

활용 🔊 06-03 🔊 06-04

1. (1) 太晚了，我们不应该再打扰他。
   (2) 年轻人都应该有自己的梦想。
   (3) 他已经跟你道歉了，你应该原谅他。
   (4) 我们应该尊重各国不同的文化和习俗。

2. (1) 我不只A爱他又高又帅，还B爱他诚实可靠。
   (2) 运动不只A是锻炼身体，还B可以放松心情，释放压力。
   (3) 孔子不只A是著名的思想家，还B是著名的教育家。
   (4) 语言不只A是一种交流工具，还B是一种文化。

1. (1) (시간이) 너무 늦었어요. 우리는 그를 더 방해해서는 안 돼요.
   (2) 젊은 사람들은 모두 자신의 꿈이 있어야합니다.
   (3) 그는 이미 당신에게 사과를 했습니다. 당신은 그를 용서해 줘야 합니다.
   (4) 우리는 각국의 서로 다른 문화와 풍속을 존중해야 합니다.

2. (1) 나는 그가 키 크고 잘 생겨서 사랑하는 것뿐만 아니라, 진실하고 믿음직스럽기도 하기에 사랑합니다.
   (2) 운동은 몸을 단련시킬 뿐만 아니라, 마음을 편안하게 하고 스트레스를 해소시켜 주기도 합니다.
   (3) 공자는 유명한 사상가일 뿐만 아니라 유명한 교육자이기도 합니다.
   (4) 언어는 일종의 교류 도구일 뿐만 아니라 문화이기도 합니다.

간체자

(1) 挺，延[yán 연장하다, 늘이다] ……

(2) 过，迎 ……

연습

1. (1) 应该多吃点儿
   (2) 我应该去买礼物
   (3) 应该去医院
   (4) 应该去"北京楼"

2. (1) 只对自己有害 / 还对别人有害
   (2) 不只有漂亮的风景 / 还有各种美食
   (3) 不只喜欢吃中国菜 / 还喜欢做中国菜
   (4) 不只环境好 / 还很方便

3. (1) H (2) D (3) C (4) G (5) E (6) A (7) F (8) B

4. 现代人的生活节奏越来越快。甚至[shènzhì 심지어]有人说吃饭的时间也没有。我觉得慢生活是一种有益身心健康[yǒuyì shēnxīn jiànkāng 몸과 정신 건강에 좋다]的生活方式。5分钟，饭后慢走散步公园，能够[nénggòu ~할 수 있다]让人感到舒服，释放压力。

   현대인의 생활 리듬이 점점 빨라지고 있습니다. 심지어 어떤 사람들은 밥 먹을 시간조차 없다고 말합니다. 저는 슬로우 라이프가 몸과 정신 건강에 좋은 생활 방식이라고 생각합니다. 식사 후 5분간의 공원 산책만으로도 기분을 편안하게 하고 스트레스를 해소시킬 수 있습니다.

07 剪裤子

활용 🔊 07-03 🔊 07-04

1
(1) 为了多挣点儿钱，她每天打两份工。
(2) 为了节约时间，我们还是打车去那儿吧。
(3) 为了能有更多的时间照顾家庭，她辞掉了工作。
(4) 为了给奶奶过八十岁生日，儿孙们都从外地赶了回来。

2
(1) 每到中秋节，我就会想起自己的家乡。
(2) 回忆起大学生活，我们都对老师充满了感激。
(3) 在火车上，女朋友跟我说起刚认识的时候她并不喜欢我。
(4) 她兴奋地跟我谈起自己的梦想："我要在纽约开一所中文学校！"

1
(1) 돈을 많이 벌기 위해 그녀는 매일 아르바이트를 두 개씩 합니다.
(2) 시간 절약을 위해 우리 그곳에 택시를 타고 갑시다.
(3) 가정을 보살필 시간을 더 갖기 위해 그녀는 일을 그만뒀습니다.
(4) 할머니의 팔순 생신을 치르기 위해 자손들이 외지에서 급히 돌아왔습니다.

2
(1) 중치우지에 때마다 저는 고향이 생각납니다.
(2) 대학 생활을 회상하면 우리는 모두 선생님께 대한 감격으로 가득 찹니다.
(3) 기차에서 여자친구는 저에게 처음에는 저를 좋아하지 않았다고 말했습니다.
(4) 그녀는 흥분해서 저에게 "나는 뉴욕에 중국어 학교를 세울 거야."라며 자신의 꿈을 이야기 했습니다.

간체자

(1) 思, 忘 ……
(2) 忙, 情 ……

연습

1
(1) 为了上下班方便，吴明玉在公司附近租了个房子。
(2) 为了考上理想的大学，弟弟每天学到很晚才睡觉。
(3) 为了放松一下，丁律师决定一个人出去旅行。
(4) 为了能赶上飞机，大卫早上五点就起床了。

2 (1) 聊起 (2) 想起 (3) 回忆起 (4) 问起

3 (1) E (2) C (3) D (4) B (5) H (6) A (7) G (8) F

4 有一天，本杰明参加中国朋友的婚礼[hūnlǐ 결혼식]。他对新娘[xīnniáng 신부]说："今天你非常漂亮！"新娘说："哪里！哪里！"本杰明认真地想了想说："你的头发、眼睛、鼻子都很漂亮！"

어느 날, 벤자민은 중국 친구의 결혼식에 참석했습니다. 그는 신부에게 "오늘 정말 아름다우십니다."라고 말했습니다. 그러자 신부가 대답했습니다. "哪里! 哪里! ('뭘요, 천만에요'라는 뜻과 '어디'라는 뜻의 단어) 벤자민은 진지하게 생각하다가 대답했습니다. "머리, 눈, 코 다 예뻐요."

08 吐鲁番

활용 08-03 08-04

1 (1) 汉语里，孩子们习惯把年长的女性称为"阿姨"。 (2) 在日常生活中，人们把电子计算机称为"电脑"。 (3) 孔子是中国著名的思想家、教育家，人们把他称为"圣人"。 (4) 人们把"0"到"9"这十个数字称为"阿拉伯数字"。	1 (1) 중국어에서는 아이들이 습관적으로 나이가 많은 여성을 '아주머니(阿姨)'라고 부릅니다. (2) 일상생활에서 사람들은 '电子计算机'를 '电脑'라고 부릅니다. (3) 공자는 중국의 유명한 사상가이자 교육자로, 사람들은 그를 '성인'이라고 부릅니다. (4) 사람들은 0에서 9까지의 10개 숫자를 '아라비아 숫자'라고 부릅니다.
2 (1) 当你恋爱的时候，你就会理解我的心情了。 (2) 当发生紧急情况的时候，一定要冷静。 (3) 朋友就是当你需要的时候，总会出现在你身边的人。 (4) 当下个世纪到来的时候，世界会是什么样子呢？	2 (1) 연애를 하게 됐을 때 너는 내 마음을 이해하게 될 거야. (2) 긴급한 상황이 발생했을 때는 침착해야 합니다. (3) 친구는 당신이 필요로 할 때 언제나 당신 곁에 나타날 수 있는 사람입니다. (4) 다음 세기가 왔을 때 세계는 어떤 모습일까요?

 연습

1. (1) 称为"母亲河"
   (2) 称为"世界屋脊"
   (3) 称为"杂交水稻之父"
   (4) 称为"中国的国宝"

2. (1) 当他八岁的时候，就跟父母一起去过中国。
   (2) 当妈妈回来的时候，儿子已经睡着了。
   (3) 当我不开心的时候，我就会去逛街。
   (4) 当我睡不着的时候，我会看一会儿书。

3. (1) H (2) C (3) B (4) F (5) G (6) D (7) E (8) A

4. 在韩国我最喜欢的城市是釜山[Fǔshān 부산]。因为它有海边，夏天也比较凉快。所以，每到夏天，当天气炎热[yánrè (날씨가) 무덥다]的时候，各地的人们都喜欢来这里的海边晒晒太阳，游游泳；或者去市区[shìqū 시내 지역]逛逛街、吃许多[xǔduō 매우 많다]好吃的东西。

   제가 한국에서 가장 좋아하는 도시는 부산입니다. 부산은 해변이 있어 여름에도 비교적 시원합니다. 때문에 여름에 날씨가 무더워질 때면 각지의 사람들이 이곳 해변에 와서 햇볕도 쬐고 수영도 합니다. 또는 시내에 나가 쇼핑을 하기도 하고 맛있는 음식도 많이 먹습니다.

09 坐电梯

활용 09-03 09-04

1
(1) 除非做手术，你的病才能好。
(2) 除非热极了，我才开一会儿空调。
(3) 除非老板去跟他谈，他才可能跟我们合作。
(4) 除非赢了上海队，北京队才有可能进入决赛。

1
(1) 수술을 해야만 당신의 병이 나을 수 있습니다.
(2) 저는 아주 더워야 잠시 에어컨을 켭니다.
(3) 사장님이 그와 이야기를 해야 그가 우리와 협력할 것 입니다.
(4) 상하이 팀을 이겨야만 베이징 팀이 결승에 진입할 가능성이 있습니다.

2
(1) 中国菜我只会吃，不会做。
(2) 我的钱包里只剩下五块钱了。
(3) 今年这家外企只招聘一个人。
(4) 一个人不能只考虑自己，还要为他人着想。

2
(1) 저는 중국요리를 먹을 줄만 알지 할 줄은 모릅니다.
(2) 제 지갑 안에는 겨우 5콰이만 있습니다.
(3) 올해 이 외자기업은 1명만 채용합니다.
(4) 사람이 자신만 생각해서는 안 됩니다. 다른 사람도 생각해야 합니다.

간체자

(1) 块，肚 ……
(2) 声，志 ……

연습

1
(1) 星期天除非饿极了，李华才会做饭。
(2) 除非戴上眼镜，奶奶才能看清楚报纸上的字。
(3) 除非有人帮助我，我才能搬走这个箱子。
(4) 除非电视剧特别精彩，我才会看。

2
(1) 只有一个人
(2) 只想吃炸酱面
(3) 只睡了四个小时
(4) 只学了三个月汉语

3 (1) C (2) D (3) F (4) A (5) G (6) B (7) H (8) E

4 我想自然[zìrán 자연스럽다]一点是最好的方法。比如，问对方"我现在想去喝点儿东西，你去吗？"，"附近新开了家店，要去看看吗？"

저는 자연스러운 것이 가장 좋은 방법이라고 생각합니다. 예를 들면, 상대방에게 "나 뭐 좀 마시러 가는데, 너도 갈래?" "근처에 새로운 가게가 생겼던데, 가서 볼래?"라고 물어보는 것입니다.

10 有趣的谐音词

활용 🔊 10-03 🔊 10-04

1 (1) 他冷冰冰的态度使ᴬ我ᴮ很伤心。
   (2) 这部电视剧使ᴬ她ᴮ很快就出了名。
   (3) 气候变暖使ᴬ人们ᴮ认识到保护环境很重要。
   (4) 谦虚使ᴬ人ᴮ进步，骄傲使ᴬ人ᴮ落后。

2 (1) 这里的人们热情而友好。
   (2) 吐鲁番是个神秘而美丽的地方。
   (3) 这个地方的气候温暖而湿润。
   (4) 伦敦跟北京一样，都是古老而现代的城市。

1 (1) 그의 차가운 태도에 저는 마음이 상했습니다.
   (2) 이 드라마로 그녀는 금방 유명해졌습니다.
   (3) 기후 온난화로 사람들은 환경 보호가 중요하다는 것을 알게 됐습니다.
   (4) 겸손은 사람을 발전하게 하고, 오만은 사람을 뒤처지게 합니다.

2 (1) 이곳 사람들은 친절하고 우호적입니다.
   (2) 투루판은 신비롭고 아름다운 곳입니다.
   (3) 이곳의 기후는 따뜻하고 습기가 많습니다.
   (4) 런던은 베이징과 마찬가지로 오래되었으면서도 현대적인 도시입니다.

간체자

(1) 礼, 福 ……

(2) 裤, 衬 ……

연습

1 (1) 儿子的想法使爸爸非常生气。
   (2) 这个好消息使大家都很兴奋。
   (3) 忙碌的生活使我们感到很充实。
   (4) 音乐可以使生活变得更快乐。

2 (1) 他说得清楚而流利。
   (2) 他的回答简单而幽默。
   (3) 这条裙子便宜而好看。
   (4) 她的房间整齐而干净。

3 (1) H (2) J (3) E (4) I (5) A (6) B (7) C (8) D (9) G (10) F

4 在中国，给恋人[liànrén 연인]、朋友送礼[sònglǐ 선물을 주다]不能送杯具[bēijù 컵]，因为"杯具"和"悲剧[bēijù 비극]"谐音；他们很喜欢送洗具[xǐjù 세면도구]，因为"洗具"和"喜剧"谐音。

중국에는 연인이나 친구에게 컵을 선물하지 않습니다. 왜냐하면 컵(杯具)의 발음(bēijù)이 비극을 의미하는 "悲剧"의 발음(bēijù)과 같기 때문입니다. 중국인은 세면도구를 선물하는 것을 좋아합니다. 왜냐하면 세면도구(洗具)의 발음(xǐjù)이 희극을 의미하는 "喜剧"의 발음(xǐjù)과 같기 때문입니다.

11 海豚和鲨鱼

활용 🔊 11-03 🔊 11-04

1. (1) 警察微笑着朝我招招手，让我把车停下。
   (2) 他看了看手表，焦急地朝门口望去。
   (3) 您朝南走一百米，就有一个地铁站。
   (4) 他尴尬地朝我笑了笑，说："对不起，我认错人了。"

2. (1) 只要^A^有时间，他就^B^会去孤儿院做义工。
   (2) 只要^A^是去过杭州的人，就^B^一定会喜欢上西湖。
   (3) 只要^A^是金子就^B^会发光。
   (4) 只要^A^我答应的事，就^B^一定要做到。

1. (1) 경찰은 미소를 지으며 저를 향해 손짓을 하여 차를 세우도록 했습니다.
   (2) 그는 손목시계를 보며 초조하게 문을 바라봤습니다.
   (3) 남쪽으로 100미터를 가면 지하철역이 하나 있습니다.
   (4) 그는 나를 향해 쑥스럽게 웃으며 "죄송합니다. 사람을 잘못 봤어요."라고 말했습니다.

2. (1) 그는 시간만 나면 고아원에 가서 자원봉사 활동을 합니다.
   (2) 항저우에 가 본 사람이라면 반드시 시후를 좋아하게 됩니다.
   (3) 금이라면 빛이 나기 마련입니다.
   (4) 제가 대답한 일이라면 반드시 해내고야 맙니다.

간체자

(1) 炉, 烛 ……
(2) 煮, 照 ……

연습

1. (1) 朝后面看去
   (2) 朝教室跑去
   (3) 朝自己的父母跑去
   (4) 朝北走

2. (1) 只要有一份好工作，她就很满足。
   (2) 只要明天不下雨，我们就去爬山。
   (3) 只要和他在一起，我就感到很幸福。
   (4) 只要去找他，他就会帮忙。
   (5) 只要有一点儿希望，我们就不会放弃。

3. (1) F (2) C (3) B (4) A (5) E (6) D (7) G (8) H

4. 我最喜欢的动物就是狗。它是我的好朋友。我每次回家的时候，它只要听到我的脚步声[jiǎobùshēng 발소리]，就会跑到我身边。这让我感到很幸福。

   제가 가장 좋아하는 동물은 강아지입니다. 강아지는 저의 좋은 친구입니다. 제가 집에 돌아올 때마다, 제 강아지는 저의 발소리만 들리면 바로 제 옆으로 뛰어옵니다. 그럴 때면 저는 행복한 기분을 느낍니다.

12 什么也没做。

활용 12-03 12-04

1
(1) 爸爸连饭也没吃就走了。
(2) 她嗓子疼得连一句话也说不出来了。
(3) 水星虽然被称为"水星",实际上那里连一滴水都没有。
(4) 我连做梦都没有想到,我们竟然会在海外相遇。

2
(1) 小张出门的时候总是背着那个黑色的背包。
(2) 每天上课他总是坐在第一排。
(3) 我一直想认识她,但总是没有机会。
(4) 随着社会的发展,语言也总是在不断地发展变化。

1
(1) 아빠는 식사도 안 하고 가셨습니다.
(2) 그녀는 목이 아파 한 마디도 할 수 없었습니다.
(3) 수성은 '물의 별(水星)'이라고 불리지만 사실상 그곳에는 물이 한 방울도 없습니다.
(4) 우리가 해외에서 마주치리라고는 꿈에도 생각하지 못했습니다.

2
(1) 샤오장은 외출할 때 항상 그 검은색 배낭을 멥니다.
(2) 매일 수업을 들을 때 그는 언제나 첫 번째 줄에 앉습니다.
(3) 저는 줄곧 그녀에 대해 알고 싶었지만 계속 기회가 없었습니다.
(4) 사회가 발전함에 따라 언어도 항상 끊임없이 발전하고 변화하고 있습니다.

간체자

(1) 雨天,天亮 ……
(2) 大夫,夫妻 ……

연습

1
(1) 连电影都不看
(2) 家里连一个人都没有
(3) 连饭都没吃
(4) 连长城都没去过

2
(1) 丁山每天不做别的,总是上网。
(2) 最近工作压力太大,我总是睡不着。
(3) 小王的想法总是跟大家不一样。
(4) 姐姐在新疆半年了,总是不习惯那里的生活。

3 (1) H (2) J (3) C (4) F (5) E (6) B (7) D (8) A (9) I (10) G

4 结婚以后,丈夫和妻子两个人都是一个家庭的成员[chéngyuán 구성원],做家务是家庭成员共同[gòngtóng 공통의]的义务[yìwù 의무],所以两个人应该共同分担。比如说,如果妻子做饭,丈夫洗碗。如果丈夫做饭,妻子洗碗。

결혼을 한 후에 남편과 아내 두 사람은 한 가정의 구성원이고, 집안일은 그 구성원의 공통된 의무입니다. 그러므로 두 사람은 함께 분담해야만 합니다. 예를 들어, 아내가 음식을 하면, 남편은 설거지를 하고, 남편이 음식을 하면 아내는 설거지를 하는 것입니다.

13 老年人的休闲生活

활용 🔊 13-03 🔊 13-04

1 ⑴ 我的朋友们性格都不一样，有的内向，有的外向。 ⑵ 对这个计划，同事们有的同意，有的反对。 ⑶ 春节期间，中国人用各种方法拜年，有的打电话，有的发短信，有的去家里拜年。 ⑷ 每个人的生活态度都不一样，有的认为家庭最重要，有的认为事业最重要，有的认为财富最重要。	1 ⑴ 제 친구들의 성격은 모두 다릅니다. 어떤 친구는 내성적이고, 어떤 친구는 외향적입니다. ⑵ 이 계획에 대해 어떤 동료는 찬성하고, 어떤 동료는 반대합니다. ⑶ 춘지에 기간에 중국인들은 다양한 방법으로 새해 인사를 합니다. 어떤 사람은 전화를 하고, 어떤 사람은 문자를 보내며, 어떤 사람은 집에 가서 세배를 합니다. ⑷ 모든 사람의 생활 태도는 모두 다릅니다. 어떤 사람은 가정을 가장 중요하게 여기고, 어떤 사람은 사업을 가장 중요하게 여기며, 어떤 사람은 재산을 가장 중요하게 여깁니다.
2 ⑴ 张新一边走路一边看手机，一下子撞到了树上。 ⑵ 在老舍茶馆儿，人们一边喝茶一边听相声。 ⑶ 有些人喜欢一边吃饭一边谈生意。 ⑷ 听中文讲座的时候，一边听一边记能提高汉语水平。	2 ⑴ 장신은 걸어가면서 휴대폰을 보다가 갑자기 나무에 부딪혔습니다. ⑵ 라오셔 찻집에서 사람들은 차를 마시며 상성을 듣습니다. ⑶ 어떤 사람들은 식사를 하며 사업 이야기를 하는 것을 좋아합니다. ⑷ 중국어 강좌를 들을 때 들으면서 받아 적으면 중국어 실력을 높일 수 있습니다.

간체자

⑴ 늙다 —— 老人，老年 ……
⑵ 낡다, 오래되다 —— 古老，老北京 ……
⑶ 연장자, 숙련자에 대한 호칭 —— 老师，老板 ……

연습

1 ⑴ 有的在写字，有的在听录音   ⑵ 有的打工，有的旅游，有的准备考试
  ⑶ 有的喜欢，有的不喜欢   ⑷ 有的听音乐，有的看报纸

2 ⑴ 大卫一边上学一边打工。   ⑵ 老李一边开车一边唱歌。
  ⑶ 马经理一边走路一边打电话。   ⑷ 火车上，于华一边听音乐一边望着窗外。

3 ⑴ 남자: A, D, F / 여자: A, D, F   ⑵ 남자: C, G, I / 여자: C, I
  ⑶ 남자: J / 여자: J   ⑷ 남자: E, H / 여자: B, E, H

4 老年人喜欢饭后去公园一边散散步，一边聊聊天儿。一些老人喜欢爬山；也有一部分老人去老年大学学习书法、绘画等。年轻人的休闲方式跟老年人有点儿不一样。他们喜欢玩玩手机、电脑游戏。一些年轻人喜欢打篮球、踢足球；也有一些年轻人喜欢跟朋友们在一起，他们有的去吃好吃的，有的逛逛街等。

노인들은 식사 후에 공원에 나가 산책하며 이야기 나누는 것을 좋아합니다. 어떤 노인들은 등산을 좋아하고, 어떤 노인들은 노인 대학에 나가 서예나 그림 그리는 것을 배우기도 합니다. 젊은이들의 여가 생활은 노인들과 조금 다릅니다. 그들은 휴대전화를 하거나 컴퓨터 게임을 하는 것을 좋아합니다. 어떤 젊은이들은 농구나 축구를 좋아합니다. 또 어떤 젊은이들은 친구들과 함께 하는 것을 좋아합니다. 그들은 맛있는 것을 먹으러 가기도 하고 쇼핑을 하기도 합니다.

14 青藏铁路

활용 🔊 14-03 🔊 14-04

1. (1) <u>要是</u>怕后悔<u>的话</u>，你再考虑一下。
   (2) 你<u>要是</u>能和刘教授见面<u>的话</u>，请替我问候他。
   (3) 你<u>如果</u>想刷卡<u>的话</u>，请去3号收银台。
   (4) <u>如果</u>你不放心<u>的话</u>，你再提醒他一下吧。

2. (1) 因为刮台风，今天上午的船可能推迟到下午，<u>甚至</u>明天。
   (2) 这几年这里的经济不但没有发展，<u>甚至</u>出现了倒退。
   (3) 为了来中国学习中文，他<u>甚至</u>放弃了国内的工作。
   (4) 南极非常冷，最低温度<u>甚至</u>达到零下九十四点二摄氏度。

1. (1) 후회할 것이 걱정된다면 다시 생각해 보세요.
   (2) 리우 교수님을 뵙게 된다면 저 대신 안부를 전해 주세요.
   (3) 카드로 계산을 하시려면 3번 계산대로 가 주세요.
   (4) 마음이 놓이지 않는다면 그에게 다시 상기시키도록 하세요.

2. (1) 태풍이 불어서 오늘 오전 배가 오후나 내일까지도 연기될 수 있습니다.
   (2) 요 몇 년 사이 이곳의 경제는 발전이 없었을 뿐만 아니라 심지어 후퇴하기까지 했다.
   (3) 그는 중국에 와서 중국어를 공부하기 위해 심지어 국내에서 하던 일까지 포기했습니다.
   (4) 남극은 매우 춥습니다. 심지어는 최저 기온이 영하 94.2°C까지 달합니다.

간체자

(1) 해, 년 —— 今年, 明年 ……
(2) 나이 —— 年纪, 年龄 ……
(3) 시기, 시대 —— 青年, 老年 ……
(4) 새해, 설 —— 拜年, 过年 ……

연습

1. (1) 要是你不忙的话
   (2) 你要是嗓子一直疼的话
   (3) 要是你喜欢这本书的话
   (4) 如果你到北京的话

2. (1) C (2) C (3) B (4) C

3. (1) C (2) F (3) B (4) I (5) H (6) G (7) J (8) E (9) A (10) D

4. 我去旅游的时候很喜欢坐火车，因为坐火车又很舒服，又很少堵车[dǔchē 교통이 체증되다]。另外，坐火车的话，可以一边听音乐，一边看窗外美丽的风景。
   저는 여행할 때 기차 타는 것을 좋아합니다. 기차를 타면 편안하고, 교통 체증도 적기 때문입니다. 이 외에도, 기차를 타면 음악을 들으면서 창 밖의 아름다운 풍경을 볼 수도 있습니다.

15 地球一小时

활용 🔊 15-03 🔊 15-04

1. (1) 我今天下午或者明天上午去办签证。
   (2) 汉语的音节，声调不同意思就不同，比如"qi"，可以是"七"、"骑"、"起"或者"气"。
   (3) 我们或者去吃中餐，或者去吃西餐，都可以。
   (4) 或者我们去你那儿，或者你来我们这儿，由你决定吧。

2. (1) 天气很冷，你出门前戴上帽子吧。
   (2) 她喜欢在办公室摆上花瓶，插上一些花儿。
   (3) 工作人员让他填上身份证号码。
   (4) 她穿上婚纱更漂亮了。

1. (1) 저는 오늘 오후나 내일 오전에 비자를 발급 받으러 갑니다.
   (2) 중국어의 음절은 성조가 다르면 의미도 다릅니다. 예를 들어 'qi'는 '七(숫자 7)'나 '骑(동물이나 자전거 등에 타다)' '起(일어서다)', 아니면 '气(기체)'일 수도 있습니다.
   (3) 중식을 먹으러 가든 양식을 먹으러 가든 모두 괜찮습니다.
   (4) 우리가 당신이 있는 곳으로 가든지 당신이 우리가 있는 곳으로 오든지, 당신이 결정하세요.

2. (1) 날씨가 춥습니다. 외출하기 전에 모자를 쓰세요.
   (2) 그녀는 사무실에 꽃병을 놓고 꽃을 꽂는 것을 좋아합니다.
   (3) 직원이 그에게 신분증 번호를 기입하도록 했습니다.
   (4) 그녀는 웨딩드레스를 입으니 더 아름다워졌습니다.

간체자

(1) 只好，只要 ……

연습

1. (1) D (2) B (3) A (4) C

2. (1) 请写上你的地址和电话号码。
   (2) 请在这里填上护照号码。
   (3) 奶奶让孙子把伞带上。
   (4) 妻子把大衣给丈夫穿上。

3. (1) E (2) F (3) J (4) C (5) D (6) B (7) H (8) G (9) I (10) A

4. 对忙碌的现代人来说，这一小时，正是能让快节奏慢下来，让我们多关心[guānxīn 관심을 갖다]家人朋友的好机会。关灯的这一小时，除了可以在家里享受烛光晚餐，或者带上食品、饮料到公园聚餐以外，还有很多有意义的事情可以做。比如我们可以在这一小时里抬头望望星空[xīngkōng 별이 총총한 하늘]，享受大自然的美丽。

언제나 바쁜 현대인에게 있어 이 한 시간은 빠른 (생활) 리듬을 늦추어, 가족과 친구들에게 더 많은 관심을 갖게 하는 좋은 기회입니다. 불을 끄는 한 시간 동안에 우리는 집에서 촛불을 켜고 저녁을 먹거나, 먹을 것과 음료를 가지고 공원에서 모임을 갖는 것 외에도 의미있는 일을 많이 할 수 있습니다. 예를 들면, 고개를 들어 별이 총총한 하늘을 바라보며 대자연의 아름다움을 누리는 것입니다.

16 母亲水窖

활용 16-03 16-04

1 (1) 中国北方人大都爱吃饺子。
   (2) 这里卖的水果大都是进口的。
   (3) 人们大都不知道垃圾是陆地污染的最大问题。
   (4) 中国人大都喜欢在节假日结婚，这样亲戚、朋友就有时间参加婚礼了。

2 (1) 这个运动员受伤了，他不得不放弃这次比赛。
   (2) 飞机晚点了，我们的计划不得不推迟。
   (3) 这件事太难办了，我不得不来麻烦你。
   (4) 我有点儿急事，不得不先走一会儿。

1 (1) 중국 북부 지역 사람들은 대부분 만두를 좋아합니다.
   (2) 이곳에서 파는 과일은 대부분 수입한 것입니다.
   (3) 사람들은 대부분 쓰레기가 육지를 오염시키는 가장 큰 문제라는 점을 모릅니다.
   (4) 중국 사람들은 대부분 명절이나 휴일에 결혼하는 것을 좋아합니다. 그래야 친척과 친구들이 결혼식에 올 수 있기 때문입니다.

2 (1) 이 선수는 부상으로 어쩔 수 없이 이번 시합을 포기했습니다.
   (2) 비행기가 연착해서 우리의 계획은 연기될 수밖에 없었습니다.
   (3) 이 일은 처리하기가 너무 힘들어서 어쩔 수 없이 폐를 끼치게 됐습니다.
   (4) 급한 일이 있어서 어쩔 수 없이 먼저 가 봐야겠습니다.

간체자

(1) 办, 努 ……
(2) 初, 切 ……

연습

1 (1) C (2) C (3) B (4) C (5) B

2 (1) 不得不点上蜡烛
   (2) 他不得不把它切掉
   (3) 不得不坐地铁上班
   (4) 不得不出去吃饭
   (5) 他不得不停下来休息一会儿

3 容易—难 | 一样—不同 | 满—空 | 简单—复杂 | 年长—年轻 |
   忙碌—悠闲 | 内向—外向 | 开心—郁闷 | 安静—热闹

4 最近有一个公益项目我留下了非常深刻[shēnkè 인상이 깊다]的印象。那就是绿色和平组织(Greenpeace)的"拯救[zhěngjiù 구조하다]北极熊[běijíxióng 북극곰]"。由于气候变暖，导致[dǎozhì 야기하다]冰山[bīngshān 빙산]的逐渐融化[rónghuà 녹다]，北极熊正在面临[miànlín 직면하다]很大的危机[wēijī 위기]。绿色和平组织通过汽车广告等活动来，为了减少气候变暖的原因之一——碳排放，做出努力。

최근에 저에게 깊은 인상을 남겼던 공익 캠페인이 하나 있습니다. 바로 '그린피스'의 '북극곰 구조' 캠페인입니다. 기후 온난화로 빙산이 점점 녹으면서 북극곰들은 큰 위기를 직면하고 있습니다. 그린피스는 자동차 광고 등의 활동을 통해 기후 온난화의 원인 중 하나인 탄소 배출을 줄이기 위해 노력을 하고 있습니다.

17 月光族

활용 🔊 17-03 🔊 17-04

1 (1) 只有^A 把心里话都说出来才^B 会痛快。
   (2) 只有^A 傻瓜才^B 会相信他说的话。
   (3) 只有^A 跟中国人接触，才^B 能了解真正的中国。
   (4) 鞋，只有^A 穿上试试，才^B 知道舒服不舒服。

2 (1) 她不仅^A 是一位优秀的演员，还^B 是一位出色的导演。
   (2) 绿色植物不仅^A 可以改善环境，还^B 可以改善心情。
   (3) 我们的产品不仅^A 在中国销售，还^B 出口到世界各地。
   (4) 看一个人，不仅^A 要看他怎么说，还^B 要看他怎么做。

1 (1) 마음속에 있는 말을 모두 얘기해야 기분이 후련해집니다.
   (2) 그의 말을 믿을 사람은 바보밖에 없습니다.
   (3) 중국인과 접촉을 해봐야 진정한 중국을 이해할 수 있습니다.
   (4) 신발은 신어 봐야 편한지 아닌지 알 수 있습니다.

2 (1) 그녀는 뛰어난 연기자일 뿐만 아니라 특출한 감독이기도 합니다.
   (2) 녹색식물은 환경을 개선할 수 있을 뿐만 아니라 기분도 좋아지게 합니다.
   (3) 우리 제품은 중국뿐만 아니라 세계 각국에 수출됩니다.
   (4) 한 사람을 보려면 그가 어떻게 말하는지만 볼 것이 아니라 어떻게 행동하는지도 봐야 합니다.

간체자

(1) 南方，北方 ……
(2) 厉，千万 [qiānwàn 부디, 제발] ……

연습

1 (1) 只有到了夏天，才会有这种水果。
   (2) 只有你请，他才来。
   (3) 只有多听、多说、多写，才能学好中文。
   (4) 只有戴眼镜，奶奶才能看清楚报纸。
   (5) 只有安妮才能理解我的想法。

2 (1) 不仅会弹钢琴，还会拉小提琴
   (2) 不仅要做饭，还要打扫房间
   (3) 不仅盛产哈密瓜，还盛产葡萄
   (4) 不仅新鲜，还很便宜
   (5) 不仅教汉语，还介绍中国文化

3 (1) A, D, E, H, J, L, N, P   (2) B, G, K, M, O, R   (3) C, F, I, N, Q

4 我认为，每个人花钱的习惯都不一样。但是也有应该考虑的：人们生活中可能会发生大笔开支[dàbǐ kāizhī 거액의 지출]，比如结婚、买房、生大病，生孩子等等，如果发生这样的事情的时候，仅[jǐn ~만]靠自己的能力不能解决问题，那应该再次[zàicì 재차]考虑自己花钱的习惯。

저는 사람마다 돈을 쓰는 습관은 서로 다르다고 생각합니다. 하지만 생각해 봐야 할 것이 있습니다. 사람은 살면서 결혼, 집 마련, 질병, 출산 등 큰돈을 지출해야 하는 일이 발생할 수도 있습니다. 이런 일이 발생했을 때 자신만의 힘으로 문제를 해결할 수 없다면, 자신의 돈을 쓰는 습관에 대해 다시 생각해 봐야 합니다.

18 细心

활용 　🔊 18-03　🔊 18-04

1　(1) 来中国以后，你都去过<u>哪儿</u>？ 　　(2) 这学期的课表都增加了<u>哪些</u>课程？ 　　(3) 今天报纸上都有<u>什么</u>新闻？ 　　(4) 对当前的国际形势，你们都有<u>什么</u>看法？ 2　(1) 对<u>年轻人</u>来说，多读点儿历史书是有好处的。 　　(2) 做这种手术，对<u>医生</u>来说，并不是什么难事。 　　(3) 参加这次国际会议，对<u>我</u>来说，是一个很好的学习机会。 　　(4) 对<u>学习语言</u>来说，语言知识很重要，语言运用能力更重要。	1　(1) 중국에 온 뒤로 당신은 어디에 가 봤습니까? 　　(2) 이번 학기 교과 과정표에는 어떤 과목들이 더 늘었나요? 　　(3) 오늘 신문에는 어떤 뉴스가 있나요? 　　(4) 현재의 국제 정세에 대해 여러분은 어떤 생각을 갖고 있나요? 2　(1) 젊은 사람들에게 있어 역사서를 많이 읽는 것은 좋은 점이 있습니다. 　　(2) 이런 수술은 의사에게 있어 어려운 일이 아닙니다. 　　(3) 이번 국제회의에 참석하는 것은 저에게 좋은 수업 기회입니다. 　　(4) 언어를 공부하는 것에 있어 언어 지식도 중요하지만 언어 활용 능력은 더 중요합니다.

간체자

(1) (배워서) 할 수 있다 —— 会开车，会游泳 ……

(2) 모으다, 모이다 —— 会议，聚会 ……

(3) 회계 —— 会计，会计学 ……

연습

1 (1) C　(2) B　(3) B　(4) B

2 (1) 对每个人来说，身体健康都是最重要的。
　　(2) 对喜欢安静的人来说，住在这里最好。
　　(3) 对爱好音乐的人来说，听音乐是一种享受。
　　(4) 对姐姐来说，去年是非常忙碌的一年。

3 (1) G　(2) C　(3) B　(4) A　(5) F　(6) E　(7) D

4　我喜欢把我学到的东西教给别人，和他们一起分享。从这一点来看，我适合做老师。我认为对老师来说，细心是最好的能力。每个学生的性格都不一样，有的很内向，有的很外向。他们的爱好也都不一样，有的喜欢学习，有的喜欢运动。只有细心地关怀[guānhuái 관심을 가지고 보살피다]每一个学生，才能了解他们的特点[tèdiǎn 특징]，能使他们健康成长。

저는 제가 배운 것을 다른 사람에게 가르쳐 주고 함께 나누는 것을 좋아합니다. 이러한 점에서 볼 때, 저는 선생님을 하는 것이 적합합니다. 저는 선생님에게 있어서 최고의 능력은 '세심함'이라고 생각합니다. 학생들은 성격이 저마다 다릅니다. 어떤 학생은 내성적이고, 어떤 학생은 외향적입니다. 그들은 취미도 모두 다릅니다. 어떤 학생은 공부하는 것을 좋아하고, 어떤 학생은 운동하는 것을 좋아합니다. 모든 학생들을 세심하게 보살펴야만 그들의 특징을 이해하고 건강하게 성장시킬 수 있습니다.

19 丝绸之路

활용 🔊 19-03 🔊 19-04

1
(1) 为了表达对教师的尊重，中国把 ᴬ9月10日定为ᴮ教师节。
(2) 中国人常常把ᴬ妻子或丈夫称为"ᴮ爱人"。
(3) 我们经理经常说，要把ᴬ顾客视为ᴮ上帝。
(4) 把ᴬ电脑屏幕改为ᴮ淡绿色对眼睛比较好。

2
(1) 阿里来中国两个月，几乎跑遍了半个中国。
(2) 这位歌星的演唱会几乎场场爆满。
(3) 现代人的生活几乎离不开手机。
(4) 他几乎查遍了所有的资料，才找到了需要的信息。

1
(1) 선생님에 대한 존중을 나타내기 위해 중국은 9월 10일을 스승의 날로 정했습니다.
(2) 중국 사람들은 아내나 남편을 '爱人 àirén'이라고 부릅니다.
(3) 저희 사장님은 항상 고객을 하늘처럼 여기라고 하십니다.
(4) 컴퓨터 화면을 연녹색으로 바꾸는 것이 눈에 비교적 좋습니다.

2
(1) 알리는 중국에 온 뒤 2개월 동안 거의 중국의 반을 돌아다녔습니다.
(2) 이 가수의 콘서트는 거의 모든 회마다 가득 찹니다.
(3) 현대인의 생활은 휴대폰과 거의 떼려야 뗄 수 없습니다.
(4) 그는 거의 모든 자료를 살펴보고 나서야 필요한 정보를 찾을 수 있었습니다.

간체자

(1) 假如 jiǎrú
(2) 暑假 shǔjià

연습

1
(1) 人们把每年的6月5日定为世界环境日。
(2) 他打算把这部小说改编为电视剧。
(3) 大家都希望把每周工作五天改为四天。
(4) 汉语里有的时候可以把"一(yī)"读为"yāo"，比如119。

2
(1) 我的朋友们几乎都会打乒乓球。
(2) 世界的大城市几乎都有中国餐馆儿。
(3) 他们几乎十年没有见面。
(4) 他说话的声音太小了，我们几乎听不见。

3 (1) I (2) H (3) E (4) J (5) G (6) F (7) B (8) A (9) C (10) D

4 韩国和中国的饮酒[yǐnjiǔ 술을 마시다]文化和习俗有些不同。比如，在韩国喝酒时说"干杯"，是表示心里高兴，和大家分享快乐的意思，而不是像中国人那样一定要把杯里的酒喝光。韩国说的"干杯"相当于[xiāngdāngyú ~에 상당하다]中国人喝酒时说"随意[suíyì 편한 대로]"的意思。

한국과 중국의 음주 문화는 조금 다릅니다. 예를 들어, 한국에서는 술을 마실 때 '건배'라고 합니다. 이는 기분이 좋고, 다같이 즐거움을 나누자는 뜻으로 중국의 건배(干杯)처럼 '잔 속에 든 술을 모두 마시자'라는 뜻이 아닙니다. 한국에서 말하는 '건배'는 중국에서 '편한 대로 마시라'는 뜻의 '随意'와 같은 의미입니다.

20 汉语和唐人街

활용 20-03　20-04

1. (1) 我们球队是个小联合国，队员来自中国、英国、美国等国家。
   (2) 汉语里有很多词来自外语，例如"沙发"来自英语的"sofa"。
   (3) 研究发现，一个人的性格，有一半来自父母。
   (4) 经验来自生活。

2. (1) 这是我所经历的最寒冷的冬天。
   (2) 每个人都应该热爱自己所从事的职业。
   (3) 大家都为今年所取得的成绩感到骄傲。
   (4) 我们所希望的就是能把汉语学好。

1. (1) 우리 팀은 작은 국제 연합(UN)입니다. 우리 팀원들은 중국, 영국, 미국 등의 국가에서 왔습니다.
   (2) 중국어에는 외국어에서 온 말이 많습니다. 예를 들어, '쇼파(沙发)'는 영어의 'sofa'에서 온 말입니다.
   (3) 연구에 따르면 한 사람의 성격은 반은 부모에게서 온 것이라고 합니다.
   (4) 경험은 생활에서 옵니다.

2. (1) 이건 제가 겪은 것 중에 가장 추운 겨울입니다.
   (2) 모든 사람들은 자신이 종사하는 일을 사랑해야 합니다.
   (3) 모두들 올해 얻은 성적에 자부심을 느낍니다.
   (4) 우리들의 바람은 중국어를 잘 하는 것입니다.

간체자

(1) 无聊，无类……
(2) 失败，疾……

연습

1. (1) 来自新疆吐鲁番
   (2) 来自美国
   (3) 来自中国报纸
   (4) 来自世界各地

2. (1) 所说过的　(2) 所认识的　(3) 所看到的　(4) 所走过的　(5) 所讲的

3. 李渊－唐朝 ｜ 秦始皇－秦朝 ｜ 刘邦－汉朝

4. 茶马古道[chámǎgǔdào 차마고도]是中国云南[Yúnnán 윈난 성]、四川[Sìchuān 쓰촨 성]与西藏之间的古代贸易通道[tōngdào 통로]。因为古代云南、四川的"茶"和西藏的"马"通过这条通道来来往往，运送各种物品，人们把它命名为"茶马古道"。

   차마고도는 중국 윈난 성, 쓰촨 성과 티베트 간의 고대 무역 통로입니다. 이 길을 통해 고대 윈난 성, 쓰촨 성의 차와 티베트의 말을 왕래하고, 각종 물품을 운송했기 때문에 사람들은 이 길의 이름을 '차마고도'라고 지었습니다.

단어 색인

간체자	번체자	한어병음	품사	해당 과

A

阿拉伯	阿拉伯	Ālābó	고유	8
爱人	愛人	àiren	명	19
岸边	岸邊	ànbiān	명	11
按	按	àn	개	4
按钮	按鈕	ànniǔ	명	9
奥运会	奧運會	Àoyùnhuì	고유	1

B

拔腿	拔腿	bá tuǐ	동	9
白天	白天	báitiān	명	8
摆	擺	bǎi	동	15
拜年	拜年	bài nián	동	13
办	辦	bàn	동	15
办法	辦法	bànfǎ	명	5
办签证	辦簽證	bàn qiānzhèng		15
半夜	半夜	bànyè	명	7
帮	幫	bāng	동	9
保持	保持	bǎochí	동	3
爆满	爆滿	bàomǎn	동	4
背	背	bēi	동	12
背包	背包	bēibāo	명	12
北方	北方	běifāng	명	16
背面	背面	bèimiàn	명	18
奔	奔	bēn	동	12
奔向	奔向	bēnxiàng		12
比分	比分	bǐfēn	명	4
比如	比如	bǐrú	동	2
毕业典礼	畢業典禮	bìyè diǎnlǐ		7
毕业生	畢業生	bìyèshēng	명	17
编纂	編纂	biānzuǎn	동	1
变化	變化	biànhuà	동·명	12
遍	遍	biàn	동	19
表达	表達	biǎodá	동	2
表示	表示	biǎoshì	동	10
别人	別人	biéren	대	2
并	並	bìng	부	7
并且	並且	bìngqiě	접	11
不断	不斷	búduàn	부	12
不得不	不得不	bù dé bù		16
不仅	不僅	bùjǐn	접	17
不景气	不景氣	bù jǐngqì		2
不久	不久	bùjiǔ	형	4
布达拉宫	布達拉宮	Bùdálā Gōng	고유	18
部	部	bù	양	10
部分	部分	bùfen	명	2

C

财富	財富	cáifù	명	13
插	插	chā	동	15
茶馆儿	茶館兒	cháguǎnr	명	13
茶叶	茶葉	cháyè	명	19
尝试	嘗試	chángshì	동	11
倡议	倡議	chàngyì	동	15
朝	朝	cháo	개	11
车牌	車牌	chēpái	명	10
称	稱	chēng	동	8
称为	稱爲	chēngwéi		8
成为	成爲	chéngwéi	동	2
诚实	誠實	chéngshí	형	6
吃惊	吃驚	chī jīng	동	12
充满	充滿	chōngmǎn	동	7
抽空儿	抽空兒	chōu kòngr	동	6
出口	出口	chū kǒu		17
出名	出名	chū míng	동	10
出色	出色	chūsè	형	17
出现	出現	chūxiàn	동	
除非	除非	chúfēi	접	9
除了……以外	除了……以外	chúle……yǐwài		3
传	傳	chuán	동	19
船	船	chuán	명	14
床	床	chuáng	명	12
春秋	春秋	Chūnqiū	고유	20
瓷器	瓷器	cíqì	명	19
辞	辭	cí	동	7
从事	從事	cóngshì	동	20
促进	促進	cùjìn	동	14
寸	寸	cùn	양	7
措那湖	措那湖	Cuònà Hú	고유	14

D

打工	打工	dǎ gōng	동	7
打扰	打擾	dǎrǎo	동	6
打听	打聽	dǎting	동	4
打印	打印	dǎyìn	동	5
大都	大都	dàdōu	부	16
大约	大約	dàyuē	부	17
带	帶	dài		11
带领	帶領	dàilǐng	동	5
担心	擔心	dānxīn	동	2
诞生	誕生	dànshēng	동	5
淡绿色	淡綠色	dànlǜsè	명	19
淡水湖	淡水湖	dànshuǐhú	명	14
当……的时候	當……的時候	dāng……de shíhou		8

부록 121

간체자	번체자	한어병음	품사	해당 과
当面	當面	dāngmiàn	부	2
当前	當前	dāngqián	명	18
导演	導演	dǎoyǎn	명	17
到处	到處	dàochù	부	4
倒退	倒退	dàotuì	동	14
道歉	道歉	dào qiàn	동	6
的话	的話	dehuà	조	14
登	登	dēng	동	4
滴	滴	dī	양	12
地毯	地毯	dìtǎn	명	12
地下	地下	dìxià	명	16
第二天	第二天	dì-èr tiān		7
典礼	典禮	diǎnlǐ	명	7
点子	點子	diǎnzi	명	4
电子计算机	電子計算機	diànzǐ jìsuànjī		8
惦记	惦記	diànjì	동	7
定	定	dìng	동	19
度过	度過	dùguò	동	15
段	段	duàn	양	6
堆满	堆滿	duīmǎn		12
队员	隊員	duìyuán	명	20
对方	對方	duìfāng	명	2
顿	頓	dùn	양	6

E

간체자	번체자	한어병음	품사	해당 과
摁	摁	èn	동	9
儿孙	兒孫	érsūn	명	7
儿童	兒童	értóng	명	4
而	而	ér	접	10

F

간체자	번체자	한어병음	품사	해당 과
发光	發光	fā guāng	동	11
发起	發起	fāqǐ	동	15
发送	發送	fāsòng	동	2
发音	發音	fāyīn	명	20
发展	發展	fāzhǎn	동	1
翻	翻	fān	동	12
反对	反對	fǎnduì	동	13
反映	反映	fǎnyìng	동	10
饭	飯	fàn	명	6
方式	方式	fāngshì	명	1
放松	放松	fàngsōng	동	6
非洲	非洲	Fēizhōu	고유	19
分	分	fēn	동	10
分辨	分辨	fēnbiàn	동	3
分离	分離	fēnlí	동	10
分享	分享	fēnxiǎng	동	2
纷纷	紛紛	fēnfēn	부	5
丰富	豐富	fēngfù	형	6
丰富多彩	豐富多彩	fēngfù duōcǎi		13
父母	父母	fùmǔ	명	3

간체자	번체자	한어병음	품사	해당 과
负担	負擔	fùdān	명	16
妇女	婦女	fùnǚ	명	16

G

간체자	번체자	한어병음	품사	해당 과
改	改	gǎi	동	19
改善	改善	gǎishàn	동	17
干旱	幹旱	gānhàn	형	16
尴尬	尷尬	gāngà	형	11
赶	趕	gǎn	동	7
敢	敢	gǎn	조동	9
感激	感激	gǎnjī		7
感觉	感覺	gǎnjué	동	1
歌星	歌星	gēxīng	명	19
各地	各地	gè dì		8
各国	各國	gè guó		6
根	根	gēn	양	5
工程	工程	gōngchéng	명	16
工具	工具	gōngjù	명	6
工作人员	工作人員	gōngzuò rényuán		15
公元	公元	gōngyuán	명	20
功能	功能	gōngnéng	명	2
供	供	gōng	동	16
够	夠	gòu	동	17
孤儿	孤兒	gū'ér	명	11
孤儿院	孤兒院	gū'éryuàn	명	11
古老	古老	gǔlǎo	형	10
广场	廣場	guǎngchǎng	명	13
规定	規定	guīdìng	명	5
规则	規則	guīzé	명	5
桂林	桂林	Guìlín	고유	18
桂林山水	桂林山水	Guìlín shānshuǐ		18
国内	國內	guónèi	명	14
国外	國外	guówài	명	20

H

간체자	번체자	한어병음	품사	해당 과
哈密瓜	哈密瓜	hāmìguā	명	8
海	海	hǎi	명	11
海拔	海拔	hǎibá	명	14
海豚	海豚	hǎitún	명	11
海外	海外	hǎiwài	명	12
海洋	海洋	hǎiyáng	명	4
海洋馆	海洋館	hǎiyángguǎn	명	4
害羞	害羞	hàixiū	형	9
寒冷	寒冷	hánlěng	형	20
汉朝	漢朝	Háncháo	고유	19
汉人	漢人	hànrén	명	20
好处	好處	hǎochù	명	18
合作	合作	hézuò	동	9
黑格尔	黑格爾	Hēigé'ěr	고유	3
洪水	洪水	hóngshuǐ	명	5
后悔	後悔	hòuhuǐ	동	14

간체자	번체자	한어병음	품사	해당 과
互联网	互聯網	hùliánwǎng	명	2
互相	互相	hùxiāng	부	2
花	花	huā	동	17
花瓶	花瓶	huāpíng	명	15
黄帝	黃帝	Huángdì	고유	20
回头	回頭	huítóu	동	9
回忆	回憶	huíyì	동	7
绘画	繪畫	huìhuà	동	13
婚礼	婚禮	hūnlǐ	명	16
婚纱	婚紗	hūnshā	명	15
活动	活動	huódòng	동 명	13
火炉	火爐	huǒlú	명	8
火洲	火洲	huǒzhōu	명	8
或者	或者	huòzhě	접	6
货物	貨物	huòwù	명	19
获得	獲得	huòdé	동	2

J

간체자	번체자	한어병음	품사	해당 과
几乎	幾乎	jīhū	부	19
机会	機會	jīhuì	명	12
鸡	雞	jī	명	10
积极	積極	jījí	형	1
基本	基本	jīběn	부	17
基金	基金	jījīn	명	15
基金会	基金會	jījīnhuì	명	15
吉	吉	jí	형	10
吉利	吉利	jílì	형	5
急忙	急忙	jímáng	부	12
急事	急事	jíshì	명	16
疾病	疾病	jíbìng	명	1
计划	計劃	jìhuà	명	13
计算机	計算機	jìsuànjī	명	8
记	記	jì	동	13
记载	記載	jìzǎi	동	1
加强	加強	jiāqiáng	동	14
加油	加油	jiā yóu	동	4
加油站	加油站	jiāyóuzhàn	명	4
夹	夾	jiā	동	5
家乡	家鄉	jiāxiāng	명	7
家长	家長	jiāzhǎng	명	4
假币	假幣	jiǎbì	명	18
假如	假如	jiǎrú	접	8
减轻	減輕	jiǎnqīng	동	16
减少	減少	jiǎnshǎo	동	15
剪	剪	jiǎn	동	7
建立	建立	jiànlì	동	20
交流	交流	jiāoliú	동	1
郊游	郊遊	jiāoyóu	동	13
骄傲	驕傲	jiāo'ào	형	10
焦急	焦急	jiāojí	형	11
叫声	叫聲	jiàoshēng	명	3
教师	教師	jiàoshī	명	4

간체자	번체자	한어병음	품사	해당 과
教师节	教師節	Jiàoshī Jié	고유	19
教育	教育	jiàoyù	명	1
教育家	教育家	jiàoyùjiā	명	1
接触	接觸	jiēchù	동	17
节假日	節假日	jiéjiàrì	명	16
节约	節約	jiéyuē	동	7
节奏	節奏	jiézòu	명	6
结果	結果	jiéguǒ	접 명	7
今后	今後	jīnhòu	명	2
金子	金子	jīnzi	명	11
紧急	緊急	jǐnjí	형	8
紧紧	緊緊	jǐnjǐn		11
进步	進步	jìnbù	동	10
进口	進口	jìn kǒu	동	16
进入	進入	jìnrù	동	9
经过	經過	jīngguò	동	19
经济	經濟	jīngjì	명	2
经历	經歷	jīnglì	동	20
经营	經營	jīngyíng	동	2
惊奇	驚奇	jīngqí	형	12
惊讶	驚訝	jīngyà	형	3
究竟	究竟	jiūjìng	부	12
举办	舉辦	jǔbàn	동	1
据	據	jù	개	2
聚餐	聚餐	jù cān	동	15
聚集	聚集	jùjí	동	20
决赛	決賽	juésài	명	9

K

간체자	번체자	한어병음	품사	해당 과
开	開	kāi	동	4
开办	開辦	kāibàn	동	1
考官	考官	kǎoguān	명	18
考虑	考慮	kǎolǜ	동	9
靠	靠	kào	동	3
靠近	靠近	kàojìn	동	11
可爱	可愛	kě'ài	형	11
可靠	可靠	kěkào	형	6
可能	可能	kěnéng	명	9
课表	課表	kèbiǎo	명	18
课程	課程	kèchéng	명	18
空	空	kōng	형	3
空调	空調	kōngtiáo	명	9
孔丘	孔丘	Kǒng Qiū	고유	1
孔子	孔子	Kǒngzǐ	고유	1
跨国	跨國	kuàguó	동	18
会计	會計	kuàijì	명	18
困难	困難	kùnnan	형 명	2

L

간체자	번체자	한어병음	품사	해당 과
垃圾	垃圾	lājī	명	16
拉萨市	拉薩市	Lāsà Shì	고유	14

간체자	번체자	한어병음	품사	해당 과
来来往往	來來往往	láiláiwǎngwǎng		19
来自	來自	láizì	동	20
劳动	勞動	láodòng	동	16
老年	老年	lǎonián	명	13
老年人	老年人	lǎoniánrén	명	13
老舍	老舍	Lǎoshě	고유	13
老舍茶馆儿	老舍茶館兒	Lǎoshě Cháguǎnr	고유	13
冷静	冷靜	lěngjìng	형	8
梨	梨	lí	명	10
李希霍芬	李希霍芬	Lǐxīhuòfēn	고유	19
李渊	李淵	Lǐ Yuān	고유	20
理念	理念	lǐniàn	명	6
例如	例如	lìrú	동	20
连	連	lián	개	12
联合国	聯合國	Liánhéguó	고유	20
联系	聯系	liánxì	동	2
脸	臉	liǎn	명	12
脸上	臉上	liǎnshang		12
练	練	liàn	동	13
恋爱	戀愛	liàn'ài	동 명	8
两手空空	兩手空空	liǎngshǒu kōngkōng		17
临	臨	lín	개	7
刘邦	劉邦	Liú Bāng	고유	20
流传	流傳	liúchuán	동	8
楼梯	樓梯	lóutī	명	9
录用	錄用	lùyòng	동	18
轮	輪	lún	양	18
论文	論文	lùnwén	명	4
《论语》	《論語》	Lúnyǔ	고유	1
落后	落後	luòhòu	동	10

M

간체자	번체자	한어병음	품사	해당 과
麻烦	麻煩	máfan	동	16
麻将	麻將	májiàng	명	13
马车	馬車	mǎchē	명	3
忙碌	忙碌	mánglù	형	6
贸易	貿易	màoyì	명	19
美丽	美麗	měilì	형	10
猛然	猛然	měngrán	부	7
谜语	謎語	míyǔ	명	5
面试	面試	miànshì	동	18
民间	民間	mínjiān	명	1
名	名	míng	동	1
明媚	明媚	míngmèi	형	3
默默	默默	mòmò	부	9

N

간체자	번체자	한어병음	품사	해당 과
那里	那裏	nàli	대	12
男生	男生	nánshēng	명	9
南方	南方	nánfāng	명	4
南极	南極	nánjí	명	14

간체자	번체자	한어병음	품사	해당 과
难办	難辦	nán bàn		16
难事	難事	nánshì	명	18
内陆	內陸	nèilù	명	4
内向	內向	nèixiàng	형	13
能力	能力	nénglì	명	18
年年有余	年年有餘	niánnián yǒu yú		10
年长	年長	niánzhǎng	형	8
鸟	鳥	niǎo	명	3
农村	農村	nóngcūn	명	5
暖	暖	nuǎn	형	10
女生	女生	nǚshēng	명	9
女性	女性	nǚxìng	명	8

O

간체자	번체자	한어병음	품사	해당 과
欧洲	歐洲	Ōuzhōu	고유	19
偶尔	偶爾	ǒu'ěr	부	17

P

간체자	번체자	한어병음	품사	해당 과
拍	拍	pāi	동	11
拍打	拍打	pāidǎ	동	11
排放	排放	páifàng	동	15
盼望	盼望	pànwàng	동	17
跑	跑	pǎo	동	9
泡	泡	pào	동	6
陪	陪	péi	동	3
皮袄	皮襖	pí'ǎo	명	8
屏幕	屏幕	píngmù	명	19
普遍	普遍	pǔbiàn	형	17

Q

간체자	번체자	한어병음	품사	해당 과
期间	期間	qījiān	명	13
其实	其實	qíshí	부	17
其他	其他	qítā	대	14
起	起	qǐ	동	14
谦虚	謙虛	qiānxū	형	10
签证	簽證	qiānzhèng	명	15
悄悄	悄悄	qiāoqiāo	부	7
亲戚	親戚	qīnqi	명	16
亲子	親子	qīnzǐ		15
秦朝	秦朝	Qíngcháo	고유	20
秦国	秦國	Qínguó	고유	20
秦始皇	秦始皇	Qín Shǐhuáng	고유	20
青海	青海	Qīnghǎi	고유	14
青藏	青藏	Qīngzàng	고유	14
球	球	qiú	명	5
球队	球隊	qiúduì	명	20
取得	取得	qǔdé	동	16
去年	去年	qùnián		18
全球	全球	quánqiú	명	15

간체자	번체자	한어병음	품사	해당 과
全球性	全球性	quánqiúxìng	형	15

R

간체자	번체자	한어병음	품사	해당 과
热爱	熱愛	rè'ài	동	20
热情	熱情	rèqíng	형	10
人民大会堂	人民大會堂	Rénmín Dàhuìtáng	고유	18
认	認	rèn	동	5
日常	日常	rìcháng	형	8
肉	肉	ròu	명	5
儒家	儒家	Rújiā	고유	1
儒家思想	儒家思想	Rújiā sīxiǎng		1

S

간체자	번체자	한어병음	품사	해당 과
散步	散步	sàn bù	동	3
沙土	沙土	shātǔ	명	8
纱	紗	shā	명	8
鲨鱼	鯊魚	shāyú	명	11
傻瓜	傻瓜	shǎguā	명	17
山路	山路	shānlù	명	16
山水	山水	shānshuǐ	명	18
商人	商人	shāngrén	명	19
赏月	賞月	shǎng yuè		3
上帝	上帝	shàngdì	명	19
社会	社會	shèhuì	명	1
摄影	攝影	shèyǐng	동	13
身边	身邊	shēnbiān	명	8
身份	身份	shēnfèn	명	15
身份证	身份證	shēnfènzhèng	명	15
身上	身上	shēnshang		12
深远	深遠	shēnyuǎn	형	1
神秘	神秘	shénmì	형	10
甚至	甚至	shènzhì	부	14
生	生	shēng	형	8
生产	生產	shēngchǎn	동	3
生活费	生活費	shēnghuófèi	명	17
生活用水	生活用水	shēnghuó yòngshuǐ		16
声调	聲調	shēngdiào	명	15
省	省	shěng	명	14
圣人	聖人	shèngrén	명	8
盛产	盛產	shèngchǎn	동	8
失望	失望	shīwàng	동/형	11
湿润	濕潤	shīrùn	형	10
时光	時光	shíguāng	명	15
时期	時期	shíqī	명	20
实际	實際	shíjì	명/형	12
实际上	實際上	shíjìshang	부	12
实施	實施	shíshī	동	16
实在	實在	shízài	부	12
食品	食品	shípǐn	명	15
使	使	shǐ		6
世纪	世紀	shìjì	명	8
世界自然基金会	世界自然基金會	Shìjiè Zìrán Jījīnhuì	고유	15
视	視	shì	동	19
释放	釋放	shìfàng	동	6
收集	收集	shōují	동	16
收银台	收銀臺	shōuyíntái	명	14
手表	手表	shǒubiǎo	명	11
受伤	受傷	shòu shāng	동	16
售货员	售貨員	shòuhuòyuán	명	3
书店	書店	shūdiàn	명	6
熟	熟	shú	형	8
树林	樹林	shùlín	명	3
树枝	樹枝	shùzhī	명	5
水窖	水窖	shuǐjiào	명	16
水面	水面	shuǐmiàn	명	11
睡梦	睡夢	shuìmèng	명	7
顺利	順利	shùnlì	형	18
说起	說起	shuōqǐ		7
丝绸	絲綢	sīchóu	명	19
丝绸之路	絲綢之路	sīchóu zhī lù		19
思想	思想	sīxiǎng	명	1
思想家	思想家	sīxiǎngjiā		1
死	死	sǐ	동	10
送终	送終	sòng zhōng	동	10
俗语	俗語	súyǔ	명	8
算	算	suàn	동	17
随着	隨著	suízhe	개	12
所	所	suǒ	조	20
所有	所有	suǒyǒu	명	19

T

간체자	번체자	한어병음	품사	해당 과
他人	他人	tārén	대	9
台风	臺風	táifēng	명	14
谈	談	tán	동	7
谈心	談心	tán xīn	동	15
碳	碳	tàn	명	15
碳排放	碳排放	tàn páifàng		15
唐朝	唐朝	Tángcháo	고유	20
唐人	唐人	tángrén	명	20
唐人街	唐人街	tángrénjiē	명	20
烫	燙	tàng	형/동	5
特别	特別	tèbié	부/형	8
提出	提出	tíchū		1
提醒	提醒	tí xǐng	동	14
替	替	tì	개	14
天亮	天亮	tiān liàng	동	4
天伦之乐	天倫之樂	tiānlúnzhīlè		13
填	填	tián	동	15
铁路	鐵路	tiělù	명	14
通过	通過	tōngguò	개	2
同意	同意	tóngyì	동	13
统计	統計	tǒngjì	명	2

간체자	번체자	한어병음	품사	해당 과
统一	統一	tǒngyī	동	20
痛快	痛快	tòngkuai	형	17
吐鲁番	吐魯番	Tǔlǔfān	고유	8

W

간체자	번체자	한어병음	품사	해당 과
外地	外地	wàidì	명	7
外企	外企	wàiqǐ	명	9
外向	外向	wàixiàng	형	13
晚餐	晚餐	wǎncān	명	15
晚点	晚點	wǎn diǎn	동	16
网球	網球	wǎngqiú	명	3
网站	網站	wǎngzhàn	명	1
为	爲	wéi	동	8
为了	爲了	wèile	개	7
温故知新	溫故知新	wēngù-zhīxīn		1
温暖	溫暖	wēnnuǎn	형	10
文字	文字	wénzì	명	20
问候	問候	wènhòu	동	2
无奈	無奈	wúnài	동	17
午	午	wǔ		8
物品	物品	wùpǐn	명	19

X

간체자	번체자	한어병음	품사	해당 과
西部	西部	xībù	명	16
西餐	西餐	xīcān	명	15
西方	西方	xīfāng	명	19
西湖	西湖	Xī Hú	고유	11
西宁市	西寧市	Xīníng Shì	고유	14
西亚	西亞	Xīyà	고유	19
西藏	西藏	Xīzàng	고유	14
熄灯	熄燈	xī dēng	동	15
习惯	習慣	xíguàn	동	8
习俗	習俗	xísú	명	6
洗衣机	洗衣機	xǐyījī	명	3
戏曲	戲曲	xìqǔ	명	13
细心	細心	xìxīn	형	18
下	下	xià	동	13
先	先	xiān	부	9
现代人	現代人	xiàndàirén	명	6
现象	現象	xiànxiàng	명	10
相信	相信	xiāngxìn	동	17
相遇	相遇	xiāngyù	동	12
享受	享受	xiǎngshòu	동	13
想法	想法	xiǎngfǎ	명	5
项	項	xiàng	양	15
相册	相册	xiàngcè	명	12
象棋	象棋	xiàngqí	명	13
谐音	諧音	xiéyīn	동	10
谐音词	諧音詞	xiéyīncí	명	10
心里话	心裏話	xīnlihuà	명	17
心情	心情	xīnqíng	명	6
心态	心態	xīntài	명	3
新疆	新疆	Xīnjiāng	고유	8
新闻	新聞	xīnwén	명	18
信息	信息	xìnxī	명	2
形势	形勢	xíngshì	명	18
幸运	幸運	xìngyùn	형	14
休闲	休閑	xiūxián	동	13
修建	修建	xiūjiàn	동	16
许多	許多	xǔduō	수량	19
选择	選擇	xuǎnzé	동	15
学问	學問	xuéwen	명	1
学长	學長	xuézhǎng	명	9

Y

간체자	번체자	한어병음	품사	해당 과
压力	壓力	yālì	명	6
炎帝	炎帝	Yándì	고유	20
炎黄子孙	炎黃子孫	Yán Huáng zǐsūn		20
沿线	沿線	yánxiàn	명	14
沿着	沿著	yánzhe		19
一眼	一眼	yì yǎn	수량	9
眼看	眼看	yǎnkàn	부	4
眼神	眼神	yǎnshén	명	9
演唱会	演唱會	yǎnchànghuì	명	19
演员	演員	yǎnyuán	명	17
阳光	陽光	yángguāng	명	3
阳光明媚	陽光明媚	yángguāng míngmèi		3
样子	樣子	yàngzi	명	8
要是	要是	yàoshi	접	14
一半	一半	yíbàn	수량	20
一大早	一大早	yídàzǎo		7
一边……	一邊……	yìbiān……		13
一边……	一邊……	yìbiān……		
义工	義工	yìgōng	명	11
因此	因此	yīncǐ	접	20
音节	音節	yīnjié	명	15
赢利	贏利	yínglì	동	4
拥挤	擁擠	yōngjǐ	형	2
用力	用力	yòng lì	동	11
优秀	優秀	yōuxiù	형	17
幽静	幽靜	yōujìng	형	3
悠闲	悠閑	yōuxián	형	3
由	由	yóu	개	1
由此	由此	yóu cǐ		19
由于	由於	yóuyú	접개	4
油	油	yóu	명	4
游	游	yóu	동	11
友好	友好	yǒuhǎo	형	10
有教无类	有教無類	yǒujiào-wúlèi		1
有趣	有趣	yǒuqù	형	6
有些	有些	yǒuxiē	대부	13
余	余	yú	동	10
与	與	yǔ	개	14

간체자	번체자	한어병음	품사	해당 과
禹	禹	Yǔ	고유	5
雨水	雨水	yǔshuǐ	명	16
玉珠峰	玉珠峰	Yùzhū Fēng	고유	14
郁闷	郁悶	yùmèn	형	1
原谅	原諒	yuánliàng	동	6
月饼	月餅	yuèbing	명	3
月底	月底	yuèdǐ	명	17
月光族	月光族	yuèguāngzú	명	17
越……越……	越……越……	yuè……yuè……		3
越来越	越來越	yuèláiyuè		2
运送	運送	yùnsòng	동	19
运用	運用	yùnyòng	동	18

Z

간체자	번체자	한어병음	품사	해당 과
藏羚羊	藏羚羊	zànglíngyáng	명	14
噪声	噪聲	zàoshēng	명	3
增加	增加	zēngjiā	동	18
战国	戰國	Zhànguó	고유	20
招聘	招聘	zhāopìn	동	9
招手	招手	zhāo shǒu	동	11
照顾	照顧	zhàogù	동	7
珍稀	珍稀	zhēnxī	형	14
征求	征求	zhēngqiú	동	4
正式	正式	zhèngshì	형	18
政府	政府	zhèngfǔ	명	2
支付	支付	zhīfù	동	17
知识	知識	zhīshi	명	18
职业	職業	zhíyè	명	20
植物	植物	zhíwù	명	4
只有	只有	zhǐyǒu	접	17
治理	治理	zhìlǐ	동	5
中餐	中餐	zhōngcān	명	15
中亚	中亞	Zhōngyà	고유	19
钟	鐘	zhōng	명	10
逐渐	逐漸	zhújiàn	부	5
烛光	燭光	zhúguāng	명	15
主考官	主考官	zhǔkǎoguān	명	18
主张	主張	zhǔzhāng	동	1
煮	煮	zhǔ	동	5
专辑	專輯	zhuānjí	명	4
转发	轉發	zhuǎnfā	동	2
着想	著想	zhuóxiǎng	동	9
资料	資料	zīliào	명	19
子孙	子孫	zǐsūn	명	20
自称	自稱	zìchēng	동	20
自习	自習	zìxí	동	9
总	總	zǒng	부	8
族	族	zú		17
祖先	祖先	zǔxiān	명	20
尊称	尊稱	zūnchēng	명	1
尊重	尊重	zūnzhòng	동	6
做主	做主	zuò zhǔ	동	1

MP3 파일 다운로드 및
실시간 재생 서비스

New Concept Chinese
신개념 중국어 4 본책

지은이 崔永华
옮긴이 임대근, 이수영
펴낸이 정규도
펴낸곳 (주)다락원

초판 1쇄 발행 2017년 8월 17일
초판 2쇄 발행 2021년 8월 12일

모범답안 감수 钱兢(국민대학교 교수)
책임편집 박소정, 이상윤
디자인 박나래, 최영란

다락원 경기도 파주시 문발로 211
전화 (02)736-2031 (내선 250~252 / 내선 430~439)
팩스 (02)732-2037
출판등록 1977년 9월 16일 제406-2008-000007호

Copyright © 2013, 北京语言大学出版社
한국 내 Copyright © 2017, (주)다락원

이 책의 한국 내 저작권은 北京语言大学出版社와의
독점 계약으로 (주)다락원이 소유합니다.

저자 및 출판사의 허락 없이 이 책의 일부 또는 전부를 무단 복제
·전재·발췌할 수 없습니다. 구입 후 철회는 회사 내규에 부합
하는 경우에 가능하므로 구입문의처에 문의하시기 바랍니다.
분실·파손 등에 따른 소비자 피해에 대해서는 공정거래위원회에서
고시한 소비자 분쟁 해결 기준에 따라 보상 가능합니다. 잘못된 책
은 바꿔 드립니다.

정가 15,000원(본책+워크북+MP3 CD 1장)

ISBN 978-89-277-2214-4 18720
      978-89-277-2183-3 (set)

http://www.darakwon.co.kr
다락원 홈페이지를 방문하시면 상세한 출판정보와 함께 동영상
강좌, MP3자료 등 다양한 어학 정보를 얻으실 수 있습니다.

북경어언대학출판사 편
원제 新概念汉语 4 - 练习册
편저 崔永华 | 편역 임대근, 이수영

4

워크북

▶ 워크북의 '녹음 대본과 모범답안' PDF 파일은 '다락원 홈페이지(www.darakwon.co.kr)'의 '학습자료 > 중국어' 게시판에서 무료로 다운로드 받으실 수 있습니다.

차 례

01	孔子 공자	4
02	手机短信 문자 메시지	11
03	空马车 빈 마차	16
04	海洋馆的广告 해양박물관의 광고	22
05	筷子 젓가락	27
06	慢生活 슬로우 라이프	32
07	剪裤子 잘린 바지	37
08	吐鲁番 투루판	42
09	坐电梯 엘리베이터 타기	47
10	有趣的谐音词 재미있는 해음자	52
11	海豚和鲨鱼 돌고래와 상어	58
12	什么也没做。 아무것도 안 했어요.	63
13	老年人的休闲生活 노인들의 여가 생활	68
14	青藏铁路 칭짱철도	73
15	地球一小时 지구를 위한 한 시간	79
16	母亲水窖 어머니의 우물	85
17	月光族 위에광족	90
18	细心 세심함	95
19	丝绸之路 실크로드	101
20	汉语和唐人街 중국어와 차이나타운	107

01 Kǒngzǐ 孔子
공자

단어 연습

1 빈칸에 알맞은 보기를 고른 후, 큰 소리로 문장을 읽어 봅시다.

보기 A 开办 kāibàn B 开始 kāishǐ C 由 yóu D 被 bèi E 记载 jìzǎi F 写 xiě

(1) 这家公司是十年前_____做生意的，现在生意特别好。
Zhè jiā gōngsī shì shí nián qián _____ zuò shēngyi de, xiànzài shēngyi tèbié hǎo.

(2) 十年前，老张_____了这家公司，现在生意特别好。
Shí nián qián, Lǎo Zhāng _____ le zhè jiā gōngsī, xiànzài shēngyi tèbié hǎo.

(3) 《新概念汉语》_____北京语言大学出版社出版。
《Xīn Gàiniàn Hànyǔ》_____ Běijīng Yǔyán Dàxué Chūbǎnshè chūbǎn.

(4) 昨天我的钱_____小偷偷走了。
Zuótiān wǒ de qián _____ xiǎotōu tōuzǒu le.

(5) 这本书是我的一个好朋友_____的，她把它送给了我。
Zhè běn shū shì wǒ de yí ge hǎo péngyou _____ de, tā bǎ tā sònggěile wǒ.

(6) 这本书很有意义，它_____了京剧的发展历史。
Zhè běn shū hěn yǒu yìyì, tā _____ le jīngjù de fāzhǎn lìshǐ.

特别 tèbié 📘 아주, 특히

2 빈칸에 알맞은 보기를 고른 후, 큰 소리로 문장을 읽어 봅시다.

보기 A 学问 xuéwen B 尊称 zūnchēng C 提出 tíchū D 发展 fāzhǎn E 深远 shēnyuǎn F 主张 zhǔzhāng

(1) 老张认为应该开办一所学校，老王却_____开办一家公司。
Lǎo Zhāng rènwéi yīnggāi kāibàn yì suǒ xuéxiào, Lǎo Wáng què _____ kāibàn yì jiā gōngsī.

(2) 讲座结束的时候，马教授_____了一个问题，让大家好好儿想想。
Jiǎngzuò jiéshù de shíhou, Mǎ jiàoshòu _____ le yí ge wèntí, ràng dàjiā hǎohāor xiǎngxiang.

(3) 我觉得那位老人很有_____，我们去问问他吧。
Wǒ juéde nà wèi lǎorén hěn yǒu _____, wǒmen qù wènwen tā ba.

(4) 这虽然是一件小事，但意义十分_____。
Zhè suīrán shì yí jiàn xiǎo shì, dàn yìyì shífēn _____.

(5) "夫子"是以前人们对老师的_____。
"Fūzǐ" shì yǐqián rénmen duì lǎoshī de _____.

(6) 这个城市_____得很快，我只离开了半年，就已经不认识这里了。
Zhège chéngshì _____ de hěn kuài, wǒ zhǐ líkāile bàn nián, jiù yǐjīng bú rènshi zhèli le.

夫子 fūzǐ 📘 선생님[학자에 대한 옛 존칭]

3 조합할 수 있는 것끼리 모두 연결해 봅시다.

jiāoliú　　　　　　　　　　jǔbàn　　　　　　　　　　gǎnjué
交流　　　　　　　　　　举办　　　　　　　　　　感觉

sīxiǎng　　huìyì　　yùmèn　　qínggǎn　　bǐsài
思想　　　会议　　　郁闷　　　情感　　　比赛

4 '공자'에 관하여, 빈칸에 알맞은 보기를 골라 봅시다.

| 보기 | Kǒngzǐ
A 孔子 | Kǒng Qiū
B 孔丘 | Rújiā sīxiǎng
C 儒家思想 | sīxiǎngjiā　jiàoyùjiā
D 思想家、教育家 |

　xìngmíng　　　　　　　　　　　　　　　zūnchēng
(1) 姓名 성명：_____　　　　(2) 尊称 존칭：_____

　zhíyè　　　　　　　　　　　　　　　　sīxiǎng
(3) 职业 직업：_____　　　　(4) 思想 사상：_____

어법 연습

1 다음 문장을 '由'를 사용해 바꿔 써 봅시다.

Zhège wèntí shì Lǎo Liú tíchū de.
(1) 这个问题是老刘提出的。

→ _____

Wǒ de gǎnmào shì tiānqì yǐnqǐ de.
(2) 我的感冒是天气引起的。

→ _____

Jiǎgǔwén shì Wáng Yìróng fāxiàn de.
(3) 甲骨文是王懿荣发现的。

→ _____

Xuéxiào de qíngkuàng, míngtiān Fāng xiàozhǎng gěi dàjiā jièshào.
(4) 学校的情况，明天方校长给大家介绍。

→ _____

Zhè bù diànshìjù, xià ge Xīngqīyī Běijīng Diànshìtái bōchū.
(5) 这部电视剧，下个星期一北京电视台播出。

→ _____

	Jìzhě de wèntí,	yíhuìr Kǒng mìshū huídá.
(6)	记者的问题，	一会儿孔秘书回答。

→ _____

部 bù 양 부, 편[서적이나 영화, 드라마를 세는 단위]

2 제시된 낱말을 알맞게 배열해 문장을 완성해 봅시다.

(1) nà běn shū / chǎnshēngle / Ānni / shēnyuǎn / duì / yǐngxiǎng
那本书　产生了　安妮　深远　对　影响

→ _____

(2) háizi / yǐngxiǎng / chǎnshēng / duì / fùmǔ de jiàoyù / hěn dà / huì
孩子　影响　产生　对　父母的教育　很大　会

→ _____

(3) bù hǎo de / értóng de fāzhǎn / duì / huì / yǐngxiǎng / jīngcháng wánr diànnǎo / chǎnshēng
不好的　儿童的发展　对　会　影响　经常玩儿电脑　产生

→ _____

(4) yǐngxiǎng / nàge xiǎo nánháir / duì / lǎoshī shuō de huà / hěn dà / chǎnshēngle
影响　那个小男孩儿　对　老师说的话　很大　产生了

→ _____

(5) nà jiàn shìqing / duì / yǐngxiǎng / zhòngyào / chǎnshēngle / gōngsī
那件事情　对　影响　重要　产生了　公司

→ _____

(6) zhòngyào / yǐngxiǎng / xiàndài kēxué fāzhǎn / chǎnshēngle / Zhāng jiàoshòu de yánjiū / duì
重要　影响　现代科学发展　产生了　张教授的研究　对

→ _____

儿童 értóng 명 아동, 어린이 | 事情 shìqing 명 일, 사건 | 科学 kēxué 명 과학

3 '由'와 'A+对+B+产生影响' 형식을 사용해 제시된 두 문장을 하나의 문장으로 바꿔 써 봅시다.

(1) Kǒngzǐ tíchūle "wēngù-zhīxīn" de sīxiǎng.
孔子提出了"温故知新"的思想。
"Wēngù-zhīxīn" de sīxiǎng duì Zhōngguó shèhuì de yǐngxiǎng hěn dà.
"温故知新"的思想对中国社会的影响很大。

→ _____

(2) Zhè jiā chūbǎnshè chūbǎnle 《Zhōngguó gōngfu》.
这家出版社出版了《中国功夫》。
《Zhōngguó gōngfu》 duì wǒ yǐngxiǎng hěn dà.
《中国功夫》对我影响很大。

→ _____

Yuán Lóngpíng péiyùle zájiāo shuǐdào.
(3) 袁隆平培育了杂交水稻。

Zájiāo shuǐdào duì shìjiè liángshi shēngchǎn de yǐngxiǎng bù xiǎo.
杂交水稻对世界粮食生产的影响不小。

→ _____

Běijīng jǔbànle guójì huánjìng huìyì.
(4) 北京举办了国际环境会议。

Guójì huánjìng huìyì duì bǎohù huánjìng de yǐngxiǎng hěn shēnyuǎn.
国际环境会议对保护环境的影响很深远。

→ _____

Kǒngzǐ de xuésheng biānzuǎnle 《Lúnyǔ》.
(5) 孔子的学生编纂了《论语》。

《Lúnyǔ》 duì Zhōngguó shèhuì fāzhǎn de yǐngxiǎng shífēn shēnyuǎn.
《论语》对中国社会发展的影响十分深远。

→ _____

Fāng yīshēng xiěle nà piān wénzhāng.
(6) 方医生写了那篇文章。

Nà piān wénzhāng duì rénmen de shēnghuó fāngshì yǐngxiǎng hěn dà.
那篇文章对人们的生活方式影响很大。

→ _____

生产 shēngchǎn 통 생산하다

듣기 연습

1 짧은 녹음을 듣고, 녹음 속 질문에 알맞은 답을 골라 봅시다. W-01-01

(1)
- A Wáng jīnglǐ 王经理
- B Fāng xiǎojie 方小姐
- C Cháng mìshū 常秘书

(2)
- A qìchē de yánsè 汽车的颜色
- B liánghǎo de kāi chē xíguàn 良好的开车习惯
- C qí zìxíngchē 骑自行车

2 긴 녹음을 듣고, 녹음 속 질문에 알맞은 답을 골라 봅시다. W-01-02

(1)
- A Chéng jiàoshòu 成教授
- B Cháng jiàoshòu 常教授
- C Shí lǎoshī 时老师

(2)
- A guǎnggào gōngsī 广告公司
- B Zhāng Lì 张力
- C guānzhòng 观众

作品 zuòpǐn 명 (문학, 예술) 작품 | 浪费 làngfèi 통 낭비하다, 허비하다

쓰기 연습

1 제시된 두 글자를 문장 속 알맞은 위치에 써넣어 봅시다.

(1) 极　级　｜ 这次的比赛，希望每个年_____的同学都积_____参加。

(2) 编　篇　｜ 你知道吗？《论语》是由孔子的学生_____纂的，全书共有20_____。

共 gòng 🖲 전부, 모두

2 녹음을 듣고 문장을 받아써 봅시다. 🔊 W-01-03

(1) _____

(2) _____

회화 연습

괄호 안의 표현을 활용해 대화를 완성해 봅시다.

(1) A 大夫，我最近几天头疼、眼睛也疼。

B 你的眼睛_____（红），你每天晚上做什么？

A _____（上网、玩儿电脑）

B 你的头疼是_____（由），

晚上不睡觉、玩儿电脑会_____（……对……产生影响）。

A 那怎么办？

B 你_____（休息）。

(2) A 你想上哪所中学?
    Nǐ xiǎng shàng nǎ suǒ zhōngxué?

B 我觉得_____。
    Wǒ juéde

A 那所中学_____。
    Nà suǒ zhōngxué

B 可是那所中学是_____（由）创办的。在那儿，学生可以_____。
    Kěshì nà suǒ zhōngxué shì ... yóu chuàngbàn de. Zài nàr, xuésheng kěyǐ

A 对，那儿的老师也好，会_____（……对……产生影响）。
    Duì, nàr de lǎoshī yě hǎo, huì ... duì ... chǎnshēng yǐngxiǎng

B _____

怎么办 zěnme bàn 어떡하다 | 创办 chuàngbàn 통 창설하다, 창립하다

담화 연습

1 대학교 탐방 행사 일정에 적합한 담당자를 정한 후, 글을 완성해 봅시다.

	일정	담당자
오전	去机场接学生和父母 *qù jīchǎng jiē xuésheng hé fùmǔ*	
	介绍学校历史 *jièshào xuéxiào lìshǐ*	
	带学生和父母参观校园 *dài xuésheng hé fùmǔ cānguān xiàoyuán*	
오후	陪学生和父母吃午饭 *péi xuésheng hé fùmǔ chī wǔfàn*	
	送学生和父母离开校园 *sòng xuésheng hé fùmǔ líkāi xiàoyuán*	

后天是校园开放日，早上_____（由）去机场接学生和父母。九点校园开放日
Hòutiān shì xiàoyuán kāifàngrì, zǎoshang ... yóu qù jīchǎng jiē xuésheng hé fùmǔ. Jiǔ diǎn xiàoyuán kāifàngrì

活动开始，首先_____（由）为大家_____。然后，
huódòng kāishǐ, shǒuxiān ... yóu wèi dàjiā ... Ránhòu,

_____（由）带学生和父母_____。中午，_____
... yóu dài xuésheng hé fùmǔ ... Zhōngwǔ,

_____（由）。下午继续参观校园，下午4点，_____（由）。
... yóu. Xiàwǔ jìxù cānguān xiàoyuán, xiàwǔ sì diǎn, ... yóu.

带 dài 통 인솔하다, 통솔하다 | 校园 xiàoyuán 명 교정, 캠퍼스 | 陪 péi 통 모시다, 동반하다 | 开放日 kāifàngrì 개방일 | 活动 huódòng 명 활동, 행사, 모임 | 首先 shǒuxiān 대 첫째로 | 然后 ránhòu 접 그런 후에, 그 다음에

2 공자와 한국의 위인을 비교하여 아래의 표를 채워 쓴 후, '由'와 'A+对+B+产生影响'을 활용해 간단한 글을 써 봅시다.

xìngmíng 姓名	Kǒngzǐ 孔子	
shēnghuó de shídài 生活的时代		
shēnfèn / zhíyè 身份 / 职业		
duì shèhuì de gòngxiàn 对社会的贡献		

时代 shídài 명 시대, 시기 | **身份** shēnfèn 명 신분 | **职业** zhíyè 명 직업 | **贡献** gòngxiàn 동 공헌하다 | **后世** hòushì 명 후대, 후세

02 手机 短信
shǒujī duǎnxìn

문자 메시지

단어 연습

1 빈칸에 알맞은 보기를 고른 후, 큰 소리로 문장을 읽어 봅시다.

| 보기 | A 互相 hùxiāng | B 对方 duìfāng | C 见面 jiàn miàn | D 当面 dāngmiàn | E 着急 zháojí | F 担心 dānxīn |

(1) 父母和孩子之间要_____理解。
Fùmǔ hé háizi zhījiān yào _____ lǐjiě.

(2) 刚才打电话的时候，我听不到_____的声音。
Gāngcái dǎ diànhuà de shíhou, wǒ tīng bu dào _____ de shēngyīn.

(3) 我跟他说，我想为他画一幅像，可是他却_____拒绝了我。
Wǒ gēn tā shuō, wǒ xiǎng wèi tā huà yì fú xiàng, kěshì tā què _____ jùjuéle wǒ.

(4) 今天下午我要跟老板_____。
Jīntiān xiàwǔ wǒ yào gēn lǎobǎn _____.

(5) 这件事不_____，明天再说。
Zhè jiàn shì bù _____, míngtiān zài shuō.

(6) 我很_____明天的考试。
Wǒ hěn _____ míngtiān de kǎoshì.

父母 fùmǔ 몡 부모님 | 不用 búyòng 閉 ~할 필요가 없다

2 제시된 동사와 함께 쓰일 수 있는 목적어를 써 봅시다.

(1) 发送_____ fāsòng　(2) 担心_____ dānxīn　(3) 表达_____ biǎodá　(4) 成为_____ chéngwéi

3 그림이 나타내는 단어를 보기에서 골라 봅시다.

| 보기 | A 联系 liánxì | B 政府 zhèngfǔ | C 互联网 hùliánwǎng | D 拥挤 yōngjǐ | E 经济 jīngjì | F 不景气 bù jǐngqì |

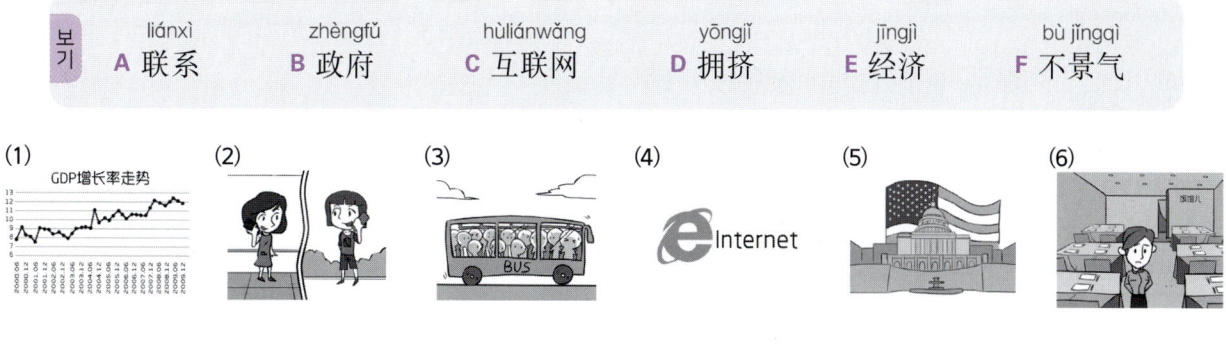

(1) _____　(2) _____　(3) _____　(4) _____　(5) _____　(6) _____

4 빈칸에 알맞은 보기를 고른 후, 큰 소리로 문장을 읽어 봅시다.

보기	A 据 jù	B 功能 gōngnéng	C 比如 bǐrú	D 转发 zhuǎnfā	E 经营 jīngyíng	F 困难 kùnnan

(1) 这个手机有什么新____？
   Zhège shǒujī yǒu shénme xīn

(2) 这家公司____得很好。
   Zhè jiā gōngsī de hěn hǎo.

(3) 这家公司因为经济不景气，遇到一些____。
   Zhè jiā gōngsī yīnwèi jīngjì bù jǐngqì, yùdào yìxiē

(4) 请你把那封电子邮件____给我。
   Qǐng nǐ bǎ nà fēng diànzǐ yóujiàn gěi wǒ.

(5) ____统计，中国2014年网民已达5.9亿人。
   tǒngjì, Zhōngguó èr líng yī sì nián wǎngmín yǐ dá wǔ diǎn jiǔ yì rén.

(6) 中国人打招呼的方式有很多种，____ "你好" "吃了吗" "去哪儿" 等。
   Zhōngguórén dǎ zhāohu de fāngshì yǒu hěn duō zhǒng, "nǐ hǎo" "chī le ma" "qù nǎr" děng.

遇到 yùdào 통 만나다, 마주치다, 맞닥뜨리다

어법 연습

1 '通过'의 문장 속 위치를 찾아 봅시다.

(1) A 努力，他 B 终于 C 实现了自己的梦想。
   nǔlì, tā zhōngyú shíxiànle zìjǐ de mèngxiǎng.

(2) A 参观 B 博物馆，我 C 了解了德国的历史。
   cānguān bówùguǎn, wǒ liǎojiěle Déguó de lìshǐ.

(3) 现在 A 人们可以 B 电话或网络 C 买火车票。
   Xiànzài rénmen kěyǐ diànhuà huò wǎngluò mǎi huǒchēpiào.

(4) A 导游的介绍，B 大卫知道了很多 C 发生在这里的故事。
   dǎoyóu de jièshào, Dàwèi zhīdaole hěn duō fāshēng zài zhèli de gùshi.

(5) A 看中医 B，他的病 C 被治好了。
   kàn zhōngyī tā de bìng bèi zhìhǎo le.

(6) 我们 A 都是 B 邮件 C 联系，从来没见过面。
   Wǒmen dōu shì yóujiàn liánxì, cónglái méi jiànguo miàn.

或 huò 접 혹은, 또는

2 괄호 안 단어와 '越来越'를 사용해 문장을 완성해 봅시다.

(1) 毕业生找工作_____。（困难）
   Bìyèshēng zhǎo gōngzuò kùnnan

(2) 网络安全_____。（重要）
   Wǎngluò ānquán zhòngyào

(3) 互联网对社会的影响_____。（大）
Hùliánwǎng duì shèhuì de yǐngxiǎng / dà

(4) 环境污染问题_____。（多）
Huánjìng wūrǎn wèntí / duō

(5) 小明获奖以后变得_____。（积极）
Xiǎomíng huò jiǎng yǐhòu biàn de / jījí

(6) 老板总是对他不满，他感到_____。（郁闷）
Lǎobǎn zǒngshì duì tā bùmǎn, tā gǎndào / yùmèn

毕业生 bìyèshēng 명 졸업생

3 제시된 낱말을 알맞게 배열해 문장을 완성해 봅시다.

(1) 讨论　大家　越来越　清楚　通过　解决问题的方法
tǎolùn　dàjiā　yuèláiyuè　qīngchu　tōngguò　jiějué wèntí de fāngfǎ
→ _____

(2) 越来越多的人　我们　认为　调查　更重要　通过　家庭　了解到
yuèláiyuè duō de rén　wǒmen　rènwéi　diàochá　gèng zhòngyào　tōngguò　jiātíng　liǎojiě dào
→ _____

(3) 市中心的房价　统计　我们　高　通过　越来越　发现
shì zhōngxīn de fángjià　tǒngjì　wǒmen　gāo　tōngguò　yuèláiyuè　fāxiàn
→ _____

(4) 跟中国人聊天儿　他的汉语　流利　通过　越来越　说得
gēn Zhōngguórén liáo tiānr　tā de Hànyǔ　liúlì　tōngguò　yuèláiyuè　shuō de
→ _____

(5) 越来越　交流　对方　我们　通过　了解
yuèláiyuè　jiāoliú　duìfāng　wǒmen　tōngguò　liǎojiě
→ _____

(6) 举办比赛　喜欢上了　越来越多的人　通过　太极拳
jǔbàn bǐsài　xǐhuan shang le　yuèláiyuè duō de rén　tōngguò　tàijíquán
→ _____

듣기 연습

1 짧은 녹음을 듣고, 녹음 속 질문에 알맞은 답을 골라 봅시다. 🔊 W-02-01

(1) A 女儿　　　　B 妈妈　　　　C 妈妈年轻的时候
　　nǚ'ér　　　　　māma　　　　　māma niánqīng de shíhou

(2) A 方方　　　　B 方方的妈妈　　C 方方的老师
　　Fāngfāng　　　Fāngfāng de māma　Fāngfāng de lǎoshī

2 긴 녹음을 듣고, 녹음 속 질문에 알맞은 답을 골라 봅시다. 🔊 W-02-02

(1) A 女的很漂亮 (nǚ de hěn piàoliang)　　B 不想让女的买衣服 (bù xiǎng ràng nǚ de mǎi yīfu)　　C 女人应该多买衣服 (nǚrén yīnggāi duō mǎi yīfu)

(2) A 看书 (kàn shū)　　B 出去玩儿 (chūqu wánr)　　C 学习汉字 (xuéxí Hànzì)

쓰기 연습

1 제시된 간체자가 들어간 단어를 아는 대로 다 써 봅시다.

(1) 发 (fā) _____　_____　_____　_____

(2) 心 (xīn) _____　_____　_____　_____

2 녹음을 듣고 문장을 받아써 봅시다. 🔊 W-02-03

(1) _____

(2) _____

회화 연습

괄호 안의 표현과 '通过' '越来越'를 활용해 대화를 완성해 봅시다.

(1) 林木 (Lín Mù): 安妮，你要去哪儿？ (Ānni, nǐ yào qù nǎr?)

安妮 (Ānni): 我要_____（运动 yùndòng），
我现在每天都_____。(Wǒ yào…, wǒ xiànzài měi tiān dōu…)

林木 (Lín Mù): 怪不得你最近_____（瘦 shòu），
原来每天_____。(Guàibude nǐ zuìjìn…, yuánlái měi tiān…)

安妮 (Ānni): 是啊，运动以后，我觉得身体_____（健康 jiànkāng）。(Shì a, yùndòng yǐhòu, wǒ juéde shēntǐ…)

林木 (Lín Mù): 我看你也比以前开心了。(Wǒ kàn nǐ yě bǐ yǐqián kāixīn le.)

安妮 (Ānni): 是啊，现在身体越来越好，心情也_____（好 hǎo）。(Shì a, xiànzài shēntǐ yuèláiyuè hǎo, xīnqíng yě…)

(2)
大双 Dàshuāng: 周末你有什么打算吗？
Zhōumò nǐ yǒu shénme dǎsuàn ma?

本杰明 Běnjiémíng: 我想去历史博物馆参观。
Wǒ xiǎng qù lìshǐ bówùguǎn cānguān.

大双 Dàshuāng: 你怎么_____（对……感兴趣）？
Nǐ zěnme duì……gǎn xìngqù

本杰明 Běnjiémíng: 最近我_____。
Zuìjìn wǒ

大双 Dàshuāng: 那本书怎么样？
Nà běn shū zěnmeyàng?

本杰明 Běnjiémíng: _____（看书），
kàn shū
我_____（喜欢中国历史）。
wǒ xǐhuan Zhōngguó lìshǐ

心情 xīnqíng 몡 기분, 마음, 심정

담화 연습

문자 메시지와 전화를 여러 측면에서 비교한 후, 글을 작성해 봅시다.

方式 fāngshì	发短信 fā duǎnxìn	打电话 dǎ diànhuà
功能 gōngnéng		
好处 hǎochù		
缺点 quēdiǎn		
我的偏好 wǒ de piānhào		

好处 hǎochù 몡 장점, 이점 | 缺点 quēdiǎn 몡 단점, 결점 | 偏好 piānhào 동 열중하다, 특히 좋아하다

03 kōng mǎchē
空马车
빈 마차

단어 연습

1 그림이 나타내는 단어를 보기에서 골라 봅시다.

| 보기 | A 散步 sàn bù | B 树林 shùlín | C 马车 mǎchē | D 鸟 niǎo | E 噪声 zàoshēng | F 阳光 yángguāng |

(1) _____ (2) _____ (3) _____ (4) _____ (5) _____ (6) _____

2 예와 같이 제시된 두 단어 위에 한어병음을 쓴 후, 문장 속 알맞은 위치에 넣어 봅시다.

| 예 | bàba 爸爸 | fùqīn 父亲 | Fùqīn jié kuài dào le, zánmen gěi bàba zhǔnbèi yí fèn lǐwù ba. 父亲节快到了，咱们给爸爸准备一份礼物吧。

(1) 陪　　跟 | Xiǎo shíhou, bàba jīngcháng _____ zhe wǒ tī zúqiú; zhǎngdà hòu, wǒ _____ zhe lǎoshī chū guó
小时候，爸爸经常_____着我踢足球；长大后，我_____着老师出国
cānjiā zúqiú bǐsài.
参加足球比赛。

(2) 散步　走路 | Yīshēng jiànyì wǒ duō yùndòng, suǒyǐ wǒ měi tiān _____ qù shàng bān, wǎnfàn hòu hái qù gōngyuán _____
医生建议我多运动，所以我每天_____去上班，晚饭后还去公园_____。

(3) 安静　幽静 | Nà piàn shùlín shífēn _____, wǒ hé péngyou cháng qù nàli, zuò zài shù xià _____ de kàn shū.
那片树林十分_____，我和朋友常去那里，坐在树下_____地看书。

(4) 叫声　声音 | Nǐ tīng, nà shì shénme _____? Nà shì niǎo de _____.
A 你听，那是什么_____？　B 那是鸟的_____。

(5) 惊喜　惊讶 | Wǒ shēngrì nà tiān, háizimen gěile wǒ yí ge hěn dà de _____. Tāmen zuòle yì zhuōzi fàncài,
我生日那天，孩子们给了我一个很大的_____。他们做了一桌子饭菜，
ràng wǒ gǎndào hěn _____.
让我感到很_____。

饭菜 fàncài 명 밥과 반찬, 식사

3 교통수단과 관련된 단어를 아는 대로 다 써 봅시다.

_____　_____　_____　_____

_____　_____　_____　_____

4 그림을 참고해 빈칸에 알맞은 양사를 보기에서 골라 봅시다.

| 보기 | A 张 zhāng | B 盒 hé | C 台 tái | D 块 kuài | E 场 chǎng | F 位 wèi |

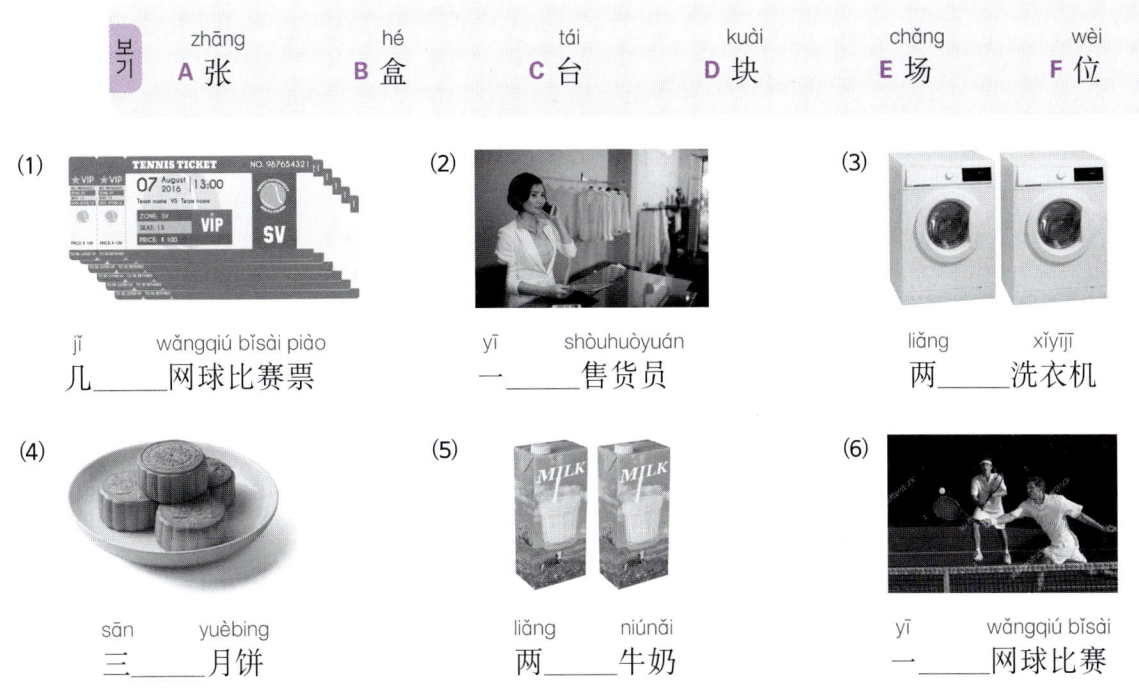

(1) 几____网球比赛票 jǐ wǎngqiú bǐsài piào

(2) 一____售货员 yī shòuhuòyuán

(3) 两____洗衣机 liǎng xǐyījī

(4) 三____月饼 sān yuèbing

(5) 两____牛奶 liǎng niúnǎi

(6) 一____网球比赛 yī wǎngqiú bǐsài

어법 연습

1 제시된 두 문장을 '除了……以外，还……'를 사용해 하나의 문장으로 바꿔 써 봅시다.

(1) 第一次开车上路，我感到很紧张。
Dì-yī cì kāi chē shàng lù, wǒ gǎndào hěn jǐnzhāng.

第一次开车上路，我感到很兴奋。
Dì-yī cì kāi chē shàng lù, wǒ gǎndào hěn xīngfèn.

→ _____

(2) 我贴错了邮票。
Wǒ tiēcuòle yóupiào.

我写错了地址。
Wǒ xiěcuòle dìzhǐ.

→ _____

(3) 校长为获奖同学发奖。
Xiàozhǎng wèi huò jiǎng tóngxué fā jiǎng.

校长说了几句话。
Xiàozhǎng shuōle jǐ jù huà.

→ _____

(4) 本杰明划破了胳膊。
Běnjiémíng huápòle gēbo.

本杰明撞伤了腿。
Běnjiémíng zhuàngshāngle tuǐ.

→ _____

Bówùguǎn bù néng xī yān.
(5) 博物馆不能吸烟。
Bówùguǎn bù néng pāi zhào.
博物馆不能拍照。
→ _____

Xiǎodōng qiēchúle biǎntáotǐ.
(6) 小东切除了扁桃体。
Xiǎodōng qiēchúle mángcháng.
小东切除了盲肠。
→ _____

2 제시된 문장을 '越……越……'를 사용한 문장으로 바꿔 써 봅시다.

Ānni de Hànzì xiě de yuèláiyuè hǎo.
(1) 安妮的汉字写得越来越好。
→ _____

Lìlì biàn de yuèláiyuè piàoliang.
(2) 丽丽变得越来越漂亮。
→ _____

Wàimian de fēng guā de yuèláiyuè lìhai.
(3) 外面的风刮得越来越厉害。
→ _____

Nà chǎng bǐsài Ālǐ kàn de yuèláiyuè jǐnzhāng.
(4) 那场比赛阿里看得越来越紧张。
→ _____

Xīwàng nǐmen de shēngyi zuò de yuèláiyuè hǎo.
(5) 希望你们的生意做得越来越好。
→ _____

Nǐ jiā ménkǒu de nàxiē huār zhǎng de yuèláiyuè hǎokàn.
(6) 你家门口的那些花儿长得越来越好看。
→ _____

3 제시된 낱말을 알맞게 배열해 문장을 완성해 봅시다.

yǒudiǎnr xiǎo	chúle	nà tào hǎijǐngfáng	yǒudiǎnr guì	hái	yǐwài
(1) 有点儿小	除了	那套海景房	有点儿贵	还	以外

→ _____

(2)
chídào　jīngcháng　bù xiě zuòyè　Dàshuāng　chúle　yǐwài　hái
迟到　经常　不写作业　大双　除了　以外　还

→ _____

(3)
mài shànzi　hái　chúle　nǐ　yǐwài　mài shénme
卖扇子　还　除了　你　以外　卖什么

→ _____

(4)
dà　yuè　Zhāng lǎobǎn　yuè　zuò　shēngyi
大　越　张老板　越　做　生意

→ _____

(5)
nánguò　xiǎng　Fāngfāng　nà jiàn shì　yuè　yuè
难过　想　方方　那件事　越　越

→ _____

(6)
fùzá　yuè　tā　jiěshì　zhège wèntí　yuè
复杂　越　他　解释　这个问题　越

→ _____

듣기 연습

1 짧은 녹음을 듣고, 녹음 속 질문에 알맞은 답을 골라 봅시다. 🔊 W-03-01

(1) A bǐsàbǐng 比萨饼　　B qiǎokèlì miànbāo 巧克力面包　　C cǎoméi dàngāo 草莓蛋糕

(2) A màn diǎnr zǒu 慢点儿走　　B kuài diǎnr zǒu 快点儿走　　C xiūxi 休息

2 긴 녹음을 듣고, 녹음 속 질문에 알맞은 답을 골라 봅시다. 🔊 W-03-02

(1) A chúshī 厨师　　B měishíjiā 美食家　　C zuòjiā 作家

(2) A dàtáng jīnglǐ 大堂经理　　B bīnguǎn de kèren 宾馆的客人　　C bīnguǎn de fúwùyuán 宾馆的服务员

쓰기 연습

1 제시된 두 글자를 문장 속 알맞은 위치에 써넣어 봅시다.

(1) jìng 静 ｜ jìng 净 ｜ Zhè shì wǒmen de xīn jiàoshì, yòu gān____yòu ān____。
这是我们的新教室，又干____又安____。

(2) péi 陪 ｜ péi 赔 ｜ Suīrán Wáng lǎobǎn zuò shēngyi____le qián, dànshì qīzi yìzhí____zhe tā.
虽然王老板做生意____了钱，但是妻子一直____着他。

2 녹음을 듣고 문장을 받아써 봅시다. 🔊 W-03-03

(1) _____

(2) _____

> **회화 연습**

괄호 안의 표현을 활용해 대화를 완성해 봅시다.

(1) **A** Nín hǎo, qǐngwèn
您好，请问_____？

B Wǒ xiǎng mǎi yí bù shǒujī, nǐ kěyǐ   jièshào
我想买一部手机，你可以_____（介绍）？

A Wǒ jiànyì nín kànkan zhè zhǒng,
我建议您看看这种，
yīnwèi tā   chúle……yǐwài, hái……
因为它_____（除了……以外，还……）。

B Wǒ yǐqián méi yòngguo zhè zhǒng shǒujī, wǒ dānxīn   zhìliàng
我以前没用过这种手机，我担心_____（质量）。

A Qǐng fàng xīn, zhè zhǒng shǒujī zhìliàng hěn hǎo, érqiě gōngnéng duō, jiàgé yě bú guì,
请放心，这种手机质量很好，而且功能多，价格也不贵，
wǒ bǎozhèng nín huì   yuè……yuè……
我保证您会_____（越……越……）。

B Nà   shì yi shì
那_____（试一试）。

(2) **A** Lín Mù
林木，_____？

B Duì, wǒ měi tiān dōu qí zìxíngchē shàng-xià bān.
对，我每天都骑自行车上下班。

A Wèi shénme?
为什么？

B Qí chē shàng-xià bān   chúle……yǐwài, hái……
骑车上下班_____（除了……以外，还……）。

A Nǐ bù juéde lèi ma?
你不觉得累吗？

B Bú lèi. Wǒ juéde qí chē shì yì zhǒng jiànkāng de yùndòng,   yuè……yuè……
不累。我觉得骑车是一种健康的运动，_____（越……越……）。

部 bù 양 대[기계나 차량을 세는 단위] | 质量 zhìliàng 명 품질

담화 연습

1 표를 참고하여 자신이 좋아하는 색, 운동, 언어, 과일을 떠올린 후, 글을 완성해 봅시다.

yánsè 颜色	hóngsè 红色	huángsè 黄色	báisè 白色	hēisè 黑色	lánsè 蓝色	lǜsè 绿色	huīsè 灰色	zōngsè 棕色……
yùndòng 运动	yóuyǒng 游泳	pá shān 爬山	sàn bù 散步	pǎo bù 跑步	dǎ pīngpāngqiú 打乒乓球	dǎ lánqiú 打篮	tī zúqiú 踢足球……	
yǔyán 语言		Hànyǔ 汉语	Yīngyǔ 英语	Xībānyáyǔ 西班牙语	Hányǔ 韩语……			
shuǐguǒ 水果		píngguǒ 苹果	pútao 葡萄	xiāngjiāo 香蕉	cǎoméi 草莓	xīguā 西瓜……		

Xiàmian shuōshuo wǒ xǐhuan de dōngxi. Guānyú yánsè, wǒ chúle xǐhuan _____ yǐwài,
下面说说我喜欢的东西。关于颜色，我除了喜欢_____以外，

hái xǐhuan _____. Guānyú yùndòng, wǒ chúle _____ yǐwài,
还喜欢_____。关于运动，我除了_____以外，

_____. Guānyú yǔyán, wǒ _____, _____.
_____。关于语言，我_____，_____。

Guānyú shuǐguǒ, wǒ _____, _____. Guānyú _____,
关于水果，我_____，_____。关于_____，

wǒ _____, _____.
我 _____，_____。

下面 xiàmian 명 다음, 뒤 | 关于 guānyú 개 ~에 관해서, ~에 관한

2 자신이 알고 있는 선생님이나 학자를 떠올려 아래의 질문에 대답한 후, 글을 완성해 봅시다.

Tā shì shéi? Xìnggé zěnmeyàng?
(1) 他是谁？性格怎么样？

Tā cháng xiàng biéren xuànyào zìjǐ de xuéwen ma?
(2) 他常向别人炫耀自己的学问吗？

Tā píngshí cháng zuò shénme?
(3) 他平时常做什么？

Biéren xiàng tā qǐngjiào shí tā zěnme zuò?
(4) 别人向他请教时他怎么做？

_____

_____

_____

_____

Suǒyǐ, yí ge rén yuè yǒu xuéwen,
_____。所以，一个人越有学问，_____。

向 xiàng 개 ~로, ~를 향하여 | 炫耀 xuànyào 동 자랑하다, 과시하다
平时 píngshí 명 평소 | 请教 qǐngjiào 동 가르침을 청하다

04 海洋馆的广告
hǎiyángguǎn de guǎnggào

해양박물관의 광고

단어 연습

1 빈칸에 알맞은 보기를 고른 후, 큰 소리로 문장을 읽어 봅시다.

보기: A 赚钱 zhuàn qián B 赢利 yínglì C 不久 bùjiǔ D 眼看 yǎnkàn E 按 àn F 据 jù

(1) 有人说，开一家购物网站会很_____。
Yǒu rén shuō, kāi yì jiā gòu wù wǎngzhàn huì hěn

(2) 林木刚开始做生意，每个月_____不多。
Lín Mù gāng kāishǐ zuò shēngyi, měi ge yuè bù duō.

(3) 快点儿吧，_____就要开车了。
Kuài diǎnr ba, jiù yào kāi chē le.

(4) 孙记者刚到这儿_____，还不太习惯这里的生活。
Sūn jìzhě gāng dào zhèr hái bú tài xíguàn zhèlǐ de shēnghuó.

(5) _____统计，参观海洋馆的人三分之二都是家长。
tǒngjì, cānguān hǎiyángguǎn de rén sān fēn zhī èr dōu shì jiāzhǎng.

(6) 刘老师去年编纂了这本词典，今年_____李教授的建议做了改编。
Liú lǎoshī qùnián biānzuǎnle zhè běn cídiǎn, jīnnián Lǐ jiàoshòu de jiànyì zuòle gǎibiān.

2 조합할 수 있는 것끼리 모두 연결해 봅시다.

开 kāi · 征求 zhēngqiú · 出现 chūxiàn · 写 xiě · 登 dēng

点子 diǎnzi · 一个人 yí ge rén · 广告 guǎnggào · 论文 lùnwén · 海洋馆 hǎiyángguǎn · 专辑 zhuānjí

3 그림이 나타내는 단어를 보기에서 골라 봅시다.

보기: A 海洋馆 Hǎiyángguǎn B 爆满 bàomǎn C 儿童 értóng D 家长 jiāzhǎng E 加油站 jiāyóuzhàn F 植物 zhíwù

(1) _____ (2) _____ (3) _____ (4) _____ (5) _____ (6) _____

4 빈칸에 알맞은 보기를 고른 후, 큰 소리로 문장을 읽어 봅시다.

보기	nèilù	yóuyú	tiān liàng	bǐfēn	yóu	dǎting
	A 内陆	B 由于	C 天亮	D 比分	E 油	F 打听

(1) Nàge chéngshì zǎoshang sì diǎn duō jiù ___ le.
那个城市早上4点多就_____了。

(2) Qián liǎng chǎng bǐsài de ___ dōu shì yī bǐ yī.
前两场比赛的_____都是一比一。

(3) Xī'ān shì yí zuò ___ chéngshì, qìhòu bǐjiào gānzào.
西安是一座_____城市，气候比较干燥。

(4) Zánmen de chē hái yǒu hěn duō ___, jìxù wǎng qián kāi ba.
咱们的车还有很多_____，继续往前开吧。

(5) Nǐ bāng wǒ ___ yíxià, zài nǎ jiā yīyuàn zuò mángcháng shǒushù bǐjiào hǎo.
你帮我_____一下，在哪家医院做盲肠手术比较好。

(6) ___ Zhōngguó duì yìzhí bǎochí liánghǎo de xīntài, zuìhòu yíngle bǐsài.
_____中国队一直保持良好的心态，最后赢了比赛。

帮 bāng 동 돕다

어법 연습

1 괄호 안 단어와 '眼看'을 사용해 문장을 완성해 봅시다.

(1) Xībānyá duì _____, wǒ hěn gāoxìng. (yíng)
西班牙队_____，我很高兴。（赢）

(2) Kèrén _____, wǒmen kuài shōushi yíxià ba. (lái)
客人_____，我们快收拾一下吧。（来）

(3) Jùhuì _____, wǒmen xià cì zài liáo ba. (jiéshù)
聚会_____，我们下次再聊吧。（结束）

(4) _____, dàjiā dōu hěn xīngfèn. (dào Běijīng)
_____，大家都很兴奋。（到北京）

(5) Fēijī _____, wǒ yǒudiǎnr jǐnzhāng. (qǐfēi)
飞机_____，我有点儿紧张。（起飞）

(6) Làzhú _____, zěnme háishi méi lái diàn? (yòng)
蜡烛_____，怎么还是没来电？（用）

2 '到处'의 문장 속 위치를 찾아 봅시다.

(1) Tā bù zhīdao yínháng zài nǎr, dǎting
她不知道银行在 A 哪儿，B 打听 C 。

(2) Zhège dìfang de fēngjǐng hěn měi, xiàtiān de shíhou, zhèli dōu shì rén
这个地方的风景 A 很美，夏天的时候，这里 B 都是人 C 。

(3) zuòle sān ge xiǎoshí de qìchē, xià chē hòu, tā zhǎo xǐshǒujiān.
A 坐了三个小时的汽车，B 下车后，他 C 找洗手间。

(4) 电影院旁边 A 都是饭馆儿 B，C 吃饭非常方便。

(5) 我想 A 当一名导游，这样 B 能 C 旅游。

(6) 卧室 A 被她 B 弄得乱七八糟，C 都是衣服。

3 제시된 낱말을 알맞게 배열해 문장을 완성해 봅시다.

(1) 考试了　到处　就要　眼看　借笔　她
→ _____

(2) 汽车眼看　他　没油了　找加油站　到处　就要
→ _____

(3) 就要　大家　倒闭了　到处　公司　眼看　都　找新工作
→ _____

(4) 到处　运动鞋　开始了　运动会　眼看　他　借　就要
→ _____

(5) 眼看　打听　假期了　去哪儿玩儿好　她　到处　就到
→ _____

(6) 到处　天气　冬天的衣服　眼看　她　买　冷了　就要
→ _____

笔 bǐ 명 펜, 필기 도구

듣기 연습

1 짧은 녹음을 듣고, 녹음 속 질문에 알맞은 답을 골라 봅시다. W-04-01

(1) A 她30岁了
　　B 她没有男朋友
　　C 她着急找男朋友

(2) A 林木这几天在学校
　　B 小双跟林木在一起
　　C 最近没见到林木

2 긴 녹음을 듣고, 녹음 속 질문에 알맞은 답을 골라 봅시다. 🔊 W-04-02

(1) A 睡觉 shuì jiào
　　B 去海洋馆 qù hǎiyángguǎn
　　C 去上班 qù shàng bān

(2) A 风景又好人又少 fēngjǐng yòu hǎo rén yòu shǎo
　　B 到处都是人 dàochù dōu shì rén
　　C 风景不漂亮 fēngjǐng bú piàoliang

쓰기 연습

1 아는 단어를 떠올려 단어 퍼즐을 완성해 봅시다.

(1) 出 租 车

(2) 爆

2 녹음을 듣고 문장을 받아써 봅시다. 🔊 W-04-03

(1) _____

(2) _____

회화 연습

괄호 안의 표현을 활용해 대화를 완성해 봅시다.

(1)
安妮 Ānni　商场里真拥挤，_____（到处）。
　　　　　　Shāngchǎng li zhēn yōngjǐ, dàochù

林木 Lín Mù　是啊，_____（眼看），大家都来买东西。
　　　　　　Shì a, yǎnkàn dàjiā dōu lái mǎi dōngxi.

安妮 Ānni　今年你想买什么礼物？
　　　　　　Jīnnián nǐ xiǎng mǎi shénme lǐwù?

林木 Lín Mù　我想_____（征求），你觉得我买什么好？
　　　　　　Wǒ xiǎng zhēngqiú nǐ juéde wǒ mǎi shénme hǎo?

安妮 Ānni　我建议你今年不买东西，_____（度假）。
　　　　　　Wǒ jiànyì nǐ jīnnián bù mǎi dōngxi, dùjià

林木 Lín Mù　这是个好点子，我要_____（跟……一起）。
　　　　　　Zhè shì ge hǎo diǎnzi, wǒ yào gēn……yìqǐ

04 海洋馆的广告

(2) A _____ (眼看),我们找个地方吃午饭吧。

B 好啊,你看这里_____(到处),你想吃什么?

A 我们去吃炸酱面吧。

B 行,老北京的炸酱面很有名。

A 你看,这家门口_____(广告),上面_____(买两碗送一碗)。

B 怪不得_____(爆满),_____(到处)。

담화 연습

자신이 고난을 극복할 수 있었던 방법을 소개해 봅시다. '眼看'과 '到处'를 활용해 보세요.

_____

_____

_____

_____

05 kuàizi 筷子
젓가락

단어 연습

1 그림이 나타내는 단어를 보기에서 골라 봅시다.

보기 A 烫 tàng   B 夹 jiā   C 树枝 shùzhī   D 肉 ròu   E 煮 zhǔ   F 洪水 hóngshuǐ

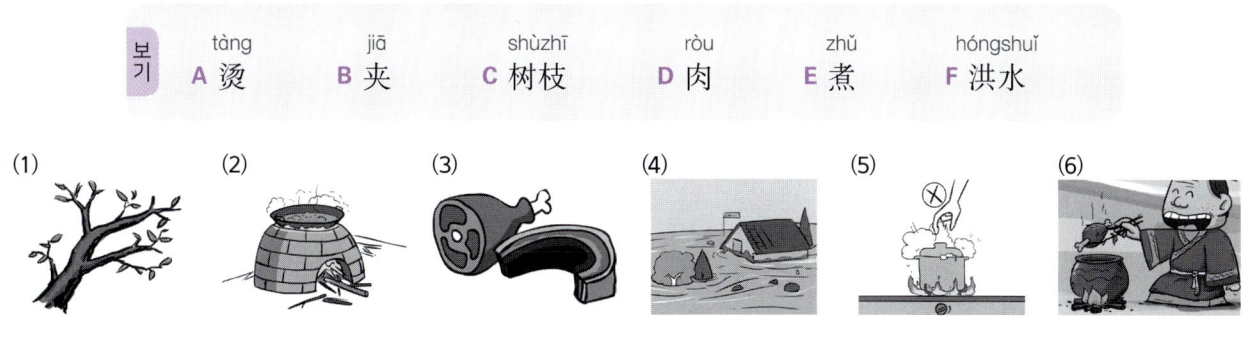

(1) _____ (2) _____ (3) _____ (4) _____ (5) _____ (6) _____

2 빈칸에 알맞은 보기를 고른 후, 큰 소리로 문장을 읽어 봅시다.

보기 A 热 rè   B 烫 tàng   C 条 tiáo   D 根 gēn   E 诞生 dànshēng   F 生 shēng

(1) 中国人夏天喜欢喝_____茶。
Zhōngguórén xiàtiān xǐhuan hē cha.

(2) 这杯茶太_____了，我一会儿再喝。
Zhè bēi chá tài le, wǒ yíhuìr zài hē.

(3) 我带了几_____香蕉，爬山的时候可以一起吃。
Wǒ dàile jǐ xiāngjiāo, pá shān de shíhou kěyǐ yìqǐ chī.

(4) 这_____裤子很不错，穿着很舒服。
Zhè kùzi hěn búcuò, chuānzhe hěn shūfu.

(5) 医院里，一个新生命_____了，是一个健康的男孩儿。
Yīyuàn li, yí ge xīn shēngmìng le, shì yí ge jiànkāng de nánháir.

(6) 医院里，一位妈妈_____了一个孩子，是一个漂亮的女孩儿。
Yīyuàn li, yí wèi māma le yí ge háizi, shì yí ge piàoliang de nǚháir.

3 조합할 수 있는 것끼리 모두 연결해 봅시다.

住在 zhù zài   猜 cāi   遵守 zūnshǒu   提出 tíchū   踢 tī

球 qiú   规则 guīzé   农村 nóngcūn   想法 xiǎngfǎ   谜语 míyǔ   宿舍 sùshè

宿舍 sùshè 몡 기숙사

4 식기 도구, 음식과 관련된 단어를 아는 대로 다 써 봅시다.

_____   _____   _____   _____

_____   _____   _____   _____

어법 연습

1 '出来'의 문장 속 위치를 찾아 봅시다.

(1) 吃 A 饭的时候，阿里提 B 想 C 去中国的农村看一看。

　　Chī fàn de shíhou, Ālǐtí xiǎng qù Zhōngguó de nóngcūn kàn yi kàn.

(2) 我现在就去 A 把文章都 B 打印 C 。

　　Wǒ xiànzài jiù qù bǎ wénzhāng dōu dǎyìn.

(3) 那道数学题 A 你 B 计算 C 了吗？

　　Nà dào shùxuétí nǐ jìsuàn le ma?

(4) 警察 A 已经查 B 那个小偷的家庭地址 C 了。

　　Jǐngchá yǐjīng chá nàge xiǎotōu de jiātíng dìzhǐ le.

(5) 亮亮想 A 一个解决 B 问题的好主意 C 。

　　Liàngliàng xiǎng yí ge jiějué wèntí de hǎo zhǔyi.

(6) 你能 A 说 B "土"和"士" C 这两个字的不同吗？

　　Nǐ néng shuō "tǔ" hé "shì" zhè liǎng ge zì de bù tóng ma?

道 dào 양 명령이나 문제 등을 세는 단위

2 제시된 낱말을 알맞게 배열해 문장을 완성해 봅시다.

(1) 按照　可以　大家　自己的习惯　做饭

　　ànzhào　kěyǐ　dàjiā　zìjǐ de xíguàn　zuò fàn

→ _____

(2) 客人　要　这个地方的传统　按照　一口喝光一杯酒

　　kèren　yào　zhège dìfang de chuántǒng　ànzhào　yì kǒu hēguāng yì bēi jiǔ

→ _____

(3) 收费　是　国家规定　我们　按照　的

　　shōufèi　shì　guójiā guīdìng　wǒmen　ànzhào　de

→ _____

(4) 医生的建议　按照　小刘　一个手术　做了

　　yīshēng de jiànyì　ànzhào　Xiǎo Liú　yí ge shǒushù　zuòle

→ _____

(5) 给她　这个号码　请　你　按照　打电话

　　gěi tā　zhège hàomǎ　qǐng　nǐ　ànzhào　dǎ diànhuà

→ _____

	ànzhào	qǐng	zhège kuǎnshì	nín	zuò yí jiàn yīfu	bāng wǒ
(6)	按照	请	这个款式	您	做一件衣服	帮我

→ _____

3 예와 같이, 제시된 두 문장을 하나의 문장으로 바꿔 써 봅시다.

> 예
> Wǒ ànzhào zhège fāngfǎ jìsuàn.
> 我按照这个方法计算。
> Wǒ jìsuàn chū le yì nián de gōngzī.
> 我计算出了一年的工资。
>
> Wǒ ànzhào zhège fāngfǎ jìsuàn chū le yì nián de gōngzī.
> → 我按照这个方法计算出了一年的工资。

(1) Rénmen ànzhào Yuán Lóngpíng de fāngfǎ péiyù shuǐdào.
人们按照袁隆平的方法培育水稻。
Rénmen péiyù chū chǎnliàng gèng duō de shuǐdào.
人们培育出产量更多的水稻。

→ _____

(2) Nǐ yīnggāi ànzhào zìjǐ de xiǎngfǎ shuō.
你应该按照自己的想法说。
Nǐ bǎ yìjiàn shuō chūlai.
你把意见说出来。

→ _____

(3) Jǐngchá ànzhào nàge rén shuō de dìzhǐ zhǎo.
警察按照那个人说的地址找。
Jǐngchá zhuādàole nàge xiǎotōu.
警察抓到了那个小偷。

→ _____

(4) Běnjiémíng ànzhào māma de fāngfǎ zuò cài.
本杰明按照妈妈的方法做菜。
Běnjiémíng hěn kuài jiù zuòchū yì zhuōzi cài.
本杰明很快就做出一桌子菜。

→ _____

(5) Liú Míng ànzhào péngyou de jiànyì xiǎng bànfǎ.
刘明按照朋友的建议想办法。
Liú Míng xiǎng chūlai yí ge jiějué wèntí de hǎo bànfǎ.
刘明想出来一个解决问题的好办法。

→ _____

듣기 연습

1 짧은 녹음을 듣고, 녹음 속 질문에 알맞은 답을 골라 봅시다. 🔊 W-05-01

(1) A 复印文件 (fùyìn wénjiàn)　　B 参加比赛 (cānjiā bǐsài)　　C 洗照片 (xǐ zhàopiàn)

(2) A 以前的方法 (yǐqián de fāngfǎ)　　B 书上的方法 (shū shang de fāngfǎ)　　C 电视节目教的方法 (diànshì jiémù jiāo de fāngfǎ)

洗 xǐ 통 현상하다, 인화하다

2 긴 녹음을 듣고, 녹음 속 질문에 알맞은 답을 골라 봅시다. 🔊 W-05-02

(1) A 看书 (kàn shū)　　B 写文章 (xiě wénzhāng)　　C 等人 (děng rén)

(2) A 读研究生 (dú yánjiūshēng)　　B 找工作 (zhǎo gōngzuò)　　C 去旅行 (qù lǚxíng)

外边 wàibian 명 밖, 바깥

쓰기 연습

1 제시된 두 글자를 문장 속 알맞은 위치에 써넣어 봅시다.

(1) 夹 (jiā) | 来 (lái) | 一会儿爸爸回_____了，让他教你怎么用筷子_____菜。
(Yíhuìr bàba huí ___ le, ràng tā jiāo nǐ zěnme yòng kuàizi ___ cài.)

(2) 以 (yǐ) | 认 (rèn) | 我们大家都_____为，应该大学毕业_____后再结婚。
(Wǒmen dàjiā dōu ___ wéi, yīnggāi dàxué bì yè ___ hòu zài jié hūn.)

2 녹음을 듣고 문장을 받아써 봅시다. 🔊 W-05-03

(1) _____

(2) _____

회화 연습

자신의 실제 상황에 근거해 질문에 답해 봅시다. 방향보어 '出来'나 '按照'를 활용해 보세요.

(1) 你多长时间可以做好一桌子饭菜？
(Nǐ duō cháng shíjiān kěyǐ zuòhǎo yì zhuōzi fàncài?)

(2) "半个朋友不见了"，这是一个汉字谜语，你知道是哪个汉字吗？
("Bàn ge péngyou bú jiàn le", zhè shì yí ge Hànzì míyǔ, nǐ zhīdao shì nǎge Hànzì ma?)

(3) 如果你的朋友不高兴了，你能看出来吗？你是怎么知道的？
(Rúguǒ nǐ de péngyou bù gāoxìng le, nǐ néng kàn chūlai ma? Nǐ shì zěnme zhīdao de?)

(4) Zài nǐmen xuéxiào de túshūguǎn, yí cì zuì duō kěyǐ jiè jǐ běn shū?
在你们学校的图书馆，一次最多可以借几本书

(5) Nǐ zhīdao Zhōngguórén jié hūn de shíhou chuān shénme ma?
你知道中国人结婚的时候穿什么吗？

(6) Nǐ shì zěnme xué Hànyǔ de? Nǐ juéde nǐ de xuéxí fāngfǎ zěnmeyàng?
你是怎么学汉语的？你觉得你的学习方法怎么样？

담화 연습

1 보기 문장 간의 의미 관계를 파악하여 순서대로 배열해 봅시다.

> 보기
> A shǒujī li yǒu hěn duō zhòngyào de diànhuà hàomǎ, Āliàng hěn zháojí
> 手机里有很多重要的电话号码，阿亮很着急
>
> B yǒu rén kànjiànle nàge xiǎotōu, Āliàng ànzhào nàge rén de huíyì huàchūle yì zhāng xiàng
> 有人看见了那个小偷，阿亮按照那个人的回忆画出了一张像
>
> C jǐngchá ànzhào huàxiàng hěn kuài jiù bǎ nàge xiǎotōu zhǎo chūlai le
> 警察按照画像很快就把那个小偷找出来了
>
> D yǒu yì tiān, huàjiā Āliàng zài mǎi dōngxi de shíhou, shǒujī bèi rén tōuzǒu le
> 有一天，画家阿亮在买东西的时候，手机被人偷走了
>
> E ránhòu tā bǎ xiǎotōu de huàxiàng jiāogěi jǐngchá
> 然后他把小偷的画像交给警察

回忆 huíyì 동 회상하다, 추억하다

2 아래의 질문에 대한 답변을 토대로 '젓가락'을 주제로 한 글을 작성해 봅시다.

(1) kuàizi shì zěnme dànshēng de?
筷子是怎么诞生的？

(2) Nǐ huì yòng kuàizi ma?
你会用筷子吗？

(3) Nǐ shì zěnme xuéhuì yòng kuàizi?
你是怎么学会用筷子的？

(4) Nǐ juéde yòng kuàizi chī fàn yǒu shénme hǎochù? Yǒu shénme bù fāngbiàn de dìfang?
你觉得用筷子吃饭有什么好处？有什么不方便的地方？

Kuàizi shì sìqiān duō nián qián dànshēng de.
筷子是四千多年前诞生的。

06 慢生活 màn shēnghuó
슬로우 라이프

단어 연습

1 빈칸에 알맞은 보기를 고른 후, 큰 소리로 문장을 읽어 봅시다.

보기 A 顿 dùn   B 碗 wǎn   C 或者 huòzhě   D 还是 háishi   E 需要 xūyào   F 应该 yīnggāi

(1) 安妮，我想请你一_____饭。
  Ānni wǒ xiǎng qǐng nǐ yī fàn.

(2) 我还没有吃饱，再给我来半_____米饭吧。
  Wǒ hái méiyǒu chībǎo, zài gěi wǒ lái bàn mǐfàn ba.

(3) 欢迎你来我家做客，你想喝茶_____咖啡？
  Huānyíng nǐ lái wǒ jiā zuò kè, nǐ xiǎng hē chá kāfēi?

(4) 周末我喜欢逛逛书店，_____跟朋友聊聊天儿。
  Zhōumò wǒ xǐhuan guàngguang shūdiàn, gēn péngyou liáoliao tiānr.

(5) 8点就上课了，你不_____迟到。
  Bā diǎn jiù shàng kè le, nǐ bù chídào.

(6) 你们_____我帮忙吗？
  Nǐmen wǒ bāng máng ma?

而 ér 젭 그리고 | 现代化 xiàndàihuà 몡 현대화 | 走向 zǒuxiàng 동 (어떤 방향을 향하여) 발전하다

2 조합할 수 있는 것끼리 모두 연결해 봅시다.

提出 tíchū 放松 fàngsōng 释放 shìfàng 尊重 zūnzhòng 逛 guàng

压力 yālì 各国习俗 gè guó xísú 书店 shūdiàn 理念 lǐniàn 心情 xīnqíng 概念 gàiniàn

3 그림이 나타내는 단어를 보기에서 골라 봅시다.

보기 A 放松 fàngsōng   B 忙碌 mánglù   C 饭 fàn   D 书店 shūdiàn   E 道歉 dào qiàn   F 工具 gōngjù

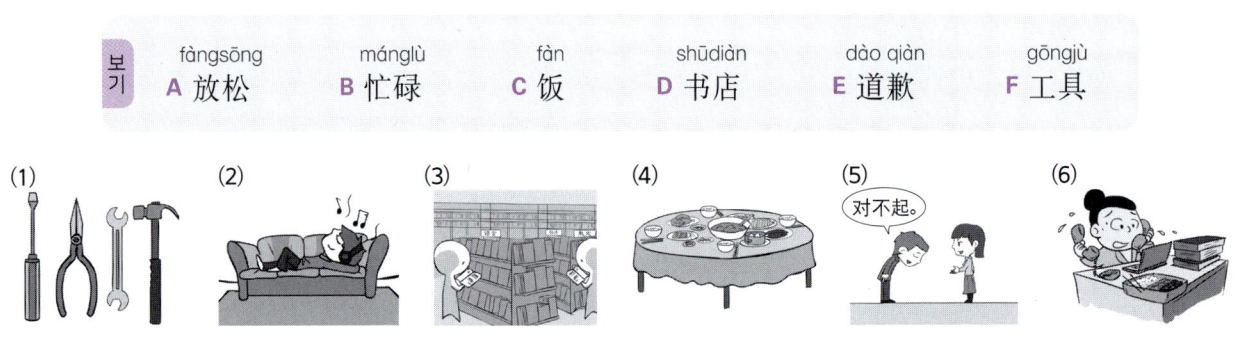

(1) (2) (3) (4) (5) (6)

4 빈칸에 알맞은 보기를 고른 후, 큰 소리로 문장을 읽어 봅시다.

보기	A 现代人 xiàndàirén	B 段 duàn	C 打扰 dǎrǎo	D 尊重 zūnzhòng	E 可靠 kěkào	F 节奏 jiézòu

(1) _____一下，请问您是这里的销售员吗?
  yíxià, qǐngwèn nín shì zhèli de xiāoshòuyuán ma?

(2) 我在北京学习了一年，以后又在那儿工作了一_____时间。
  Wǒ zài Běijīng xuéxíle yì nián, yǐhòu yòu zài nàr gōngzuòle yī ___ shíjiān.

(3) _____每天看电脑的时间太长，这对眼睛很不好。
  měi tiān kàn diànnǎo de shíjiān tài cháng, zhè duì yǎnjing hěn bù hǎo.

(4) 大城市的生活_____很快，压力很大。
  Dà chéngshì de shēnghuó ___ hěn kuài, yālì hěn dà.

(5) 他做什么事都不请别人帮忙，他觉得自己才是最_____的。
  Tā zuò shénme shì dōu bù qǐng biéren bāng máng, tā juéde zìjǐ cái shì zuì ___ de.

(6) 我很_____您的意见，让我再想想。
  Wǒ hěn ___ nín de yìjiàn, ràng wǒ zài xiǎngxiang.

어법 연습

1 '应该'의 문장 속 위치를 찾아 봅시다.

(1) 我觉得你 A 去 B 参加这个聚会，因为可以放松 C 一下心情。
  Wǒ juéde nǐ qù cānjiā zhège jùhuì, yīnwèi kěyǐ fàngsōng yíxià xīnqíng.

(2) A 我们 B 尽最大的努力 C 解决这个问题。
  wǒmen jìn zuì dà de nǔlì jiějué zhège wèntí.

(3) 我 A 觉得 B 你 C 穿这件白色的裙子。
  Wǒ juéde nǐ chuān zhè jiàn báisè de qúnzi.

(4) A 说话的时候，我们 B 多 C 想想对方的心情。
  shuō huà de shíhou, wǒmen duō xiǎngxiang duìfāng de xīnqíng.

(5) 他 A 还小，你 B 不 C 这么说他。
  Tā hái xiǎo, nǐ bù zhème shuō tā.

(6) 每到节日的时候，我们 A 向老师 B 表达一下 C 问候。
  Měi dào jiérì de shíhou, wǒmen xiàng lǎoshī biǎodá yíxià wènhòu.

2 제시된 낱말을 알맞게 배열해 문장을 완성해 봅시다.

(1) 能打电话　还　能上网　发短信　手机　不只　聊天儿
  néng dǎ diànhuà　hái　néng shàng wǎng　fā duǎnxìn　shǒujī　bù zhǐ　liáo tiānr

  → _____

(2) 喜欢看书　写小说　不只　还　喜欢　他
  xǐhuan kàn shū　xiě xiǎoshuō　bù zhǐ　hái　xǐhuan　tā

  → _____

(3) 塑料袋 对身体 破坏环境 不只 有不好的影响 还

→

(4) 不只 还 很严重 这个城市 不景气 经济 污染

→

(5) 还 写错了 贴错了 不只 她 邮票 地址

→

(6) 不只 还 年轻人喜欢 这个电视剧 很受老年人欢迎

→

老年人 lǎoniánrén 圏 노인

3 예와 같이 제시된 두 문장을 '不只……, 还……'와 '应该'를 사용한 문장으로 바꿔 써 봅시다.

> 예 我们要学习外语。 / 我们要学习那种语言的文化和习俗。
>
> → 我们不只要学习外语，还应该学习那种语言的文化和习俗。

(1) 公司要卖产品。 / 公司要卖服务。

→

(2) 现代人要吃得饱。 / 现代人要吃得健康。

→

(3) 你要抽空儿陪她。 / 你要送给她一些礼物。

→

(4) 女人要有一个好丈夫。 / 女人要有几个好朋友。

→

(5) 学汉语要多听录音。 / 学汉语要多跟中国人聊天儿。

→

듣기 연습

1 짧은 녹음을 듣고, 녹음 속 질문에 알맞은 답을 골라 봅시다. 🔊 W-06-01

(1)　A 中国有很多民族　　B 中国人都是汉族　　C 中国人都说汉语
　　　Zhōngguó yǒu hěn duō mínzú　　Zhōngguórén dōu shì Hànzú　　Zhōngguórén dōu shuō Hànyǔ

(2)　A 应该举办奥运会　　B 应该发展经济　　C 应该给奥运会做广告
　　　yīnggāi jǔbàn Àoyùnhuì　　yīnggāi fāzhǎn jīngjì　　yīnggāi gěi Àoyùnhuì zuò guǎnggào

2 긴 녹음을 듣고, 녹음 속 질문에 알맞은 답을 골라 봅시다. 🔊 W-06-02

(1)　A 工资高的工作　　B 压力小的工作　　C 感兴趣的工作
　　　gōngzī gāo de gōngzuò　　yālì xiǎo de gōngzuò　　gǎn xìngqù de gōngzuò

(2)　A 把房间弄得乱七八糟　　B 总跟丈夫吵架　　C 不喜欢孩子
　　　bǎ fángjiān nòng de luànqībāzāo　　zǒng gēn zhàngfu chǎo jià　　bù xǐhuan háizi

쓰기 연습

1 제시된 간체자가 들어간 단어를 아는 대로 다 써 봅시다.

(1) 放　_____　_____　_____　_____
　　fàng

(2) 道　_____　_____　_____　_____
　　dào

2 녹음을 듣고 문장을 받아써 봅시다. 🔊 W-06-03

(1) _____

(2) _____

회화 연습

괄호 안의 표현을 활용해 대화를 완성해 봅시다.

(1) A 大夫，我最近身体不太好，总头疼。
　　　Dàifu, wǒ zuìjìn shēntǐ bú tài hǎo, zǒng tóuténg.

　　B 你吸烟吗？
　　　Nǐ xī yān ma?

　　A 吸烟。我_____（不只），有时还吸得比较多。
　　　Xī yān. Wǒ　　　　　　　　　　　bù zhǐ　　yǒushí hái xī de bǐjiào duō.

　　B 你最好别_____，吸烟不只_____（影响），
　　　Nǐ zuìhǎo bié　　　xī yān bù zhǐ　　　　　　　　　　　　yǐngxiǎng

        hái
        还_____。

    Hǎo, wǒ shìshi ba.　Nà wǒ néng hē jiǔ ma?
A　好，我试试吧。那我能喝酒吗？

    Nǐ yīnggāi shǎo　　　　　　　　　　　duō　　　　　　　　　yùndòng
B　你应该少_____，多_____（运动）。

    Míngtiān shì Zhōngqiū Jié, Fāngfāng qǐng wǒ qù tā jiā zuò kè.
(2)　**A**　明天是中秋节，方方请我去她家做客。

    Hǎo a, zài Zhōngguórén jiā　　　　　　　　　　guò　　duō yǒu yìsi a!
B　好啊，在中国人家_____（过），多有意思啊！

    Nǐ juéde wǒ yīnggāi　　　　　　　　　　　lǐwù
A　你觉得我应该_____（礼物）？

    　　　　　　　　　　　　　　　　　　　　　　　　　　　　zuìhǎo
B　_____（最好）。

    Zhōngguórén guò Zhōngqiū Jié de shíhou dōu zuò shénme? Zhǐ chī yuèbing ma?
A　中国人过中秋节的时候都做什么？只吃月饼吗？

    Rénmen　　　　　　　　　　　　　　　　bù zhǐ……, hái……
B　人们_____（不只……，还……）。

담화 연습

두 생활 방식을 비교한 후, 본인의 현재 생활은 어떠한지 글로 써 봅시다. '应该'와 '不只A, 还B'를 잘 활용해 보세요.

shēnghuó fāngshì 生活方式	*màn shēnghuó* 慢生活	*kuài shēnghuó* 快生活
lǐniàn 理念		
rìcháng huódòng 日常活动		
yǐngxiǎng (gēn biéren de guānxi, xīnqíng děng) 影响(跟别人的关系、心情等)		

_____

_____

_____

_____

日常 rìcháng 형 일상의, 평소의

07 剪裤子
jiǎn kùzi
잘린 바지

단어 연습

1 예와 같이 제시된 두 단어 위에 한어병음을 쓴 후, 문장 속 알맞은 위치에 넣어 봅시다.

예) dānxīn / diànji | 担心 恬记 | Māma yìzhí diànjizhe wǒ de shēntǐ qíngkuàng, wǒ gàosu tā bié dānxīn. 妈妈一直 恬记 着我的身体情况，我告诉她别 担心 。

(1) 尝 / 试 | Zhè shì wǒ dì-yī cì ___ zhe zuò yú, qǐng dàjiā ___ yíxià. 这是我第一次___着做鱼，请大家___一下。

(2) 临 / 快要 | Zuó wǎn ___ shuì qián, fùqīn wèn wǒ: "Nǐ ___ bì yè le, yǒu shénme dǎsuàn?" 昨晚___睡前，父亲问我："你___毕业了，有什么打算？"

(3) 切 / 剪 | Nǐ bàba chūqu ___ tóufa le, wǒmen děng tā huílai yìqǐ ___ dàngāo. 你爸爸出去___头发了，我们等他回来一起___蛋糕。

(4) 睡梦 / 梦 | ___ zhōng, wǒ shì yì zhī huì fēi de niǎo, kě xǐngle què fāxiàn nà zhǐ shì yí ge ___. ___中，我是一只会飞的鸟，可醒了却发现那只是一个___。

(5) 结束 / 结果 | Wǒ jìcuòle shíjiān, wǔ diǎn sìshíwǔ dàole jùyuàn ménkǒu, ___ yīnyuèhuì yǐjīng ___ le. 我记错了时间，五点四十五到了剧院门口，___音乐会已经___了。

昨晚 zuó wǎn 몡 어제저녁

2 빈칸에 알맞은 보기를 고른 후, 큰 소리로 문장을 읽어 봅시다.

보기: A 典礼 diǎnlǐ | B 悄悄 qiāoqiāo | C 半夜 bàn yè | D 猛然 měngrán | E 一大早 yídàzǎo | F 孙子 sūnzi

(1) Huáng Yuè měi tiān ___ jiù qù xuéxiào, shì ge cónglái bù chídào de hǎo xuésheng. 黄月每天___就去学校，是个从来不迟到的好学生。

(2) Ālǐ zuótiān wǎnshang méi shuìhǎo, yīnwèi ___ qùle hǎojǐ cì cèsuǒ. 阿里昨天晚上没睡好，因为___去了好几次厕所。

(3) Huānyíng dàjiā lái cānjiā wǒmen de jié hūn ___. 欢迎大家来参加我们的结婚___。

(4) Jiàndào cóng wàidì huí jiāxiāng guò Chūn Jié de ___ yéye nǎinai shífēn gāoxìng. 见到从外地回家乡过春节的___，爷爷奶奶十分高兴。

(5) Kǎowán shì, zǒuchū jiàoshì de shíhou, wǒ ___ xiǎngqǐ méi xiě míngzi. 考完试，走出教室的时候，我___想起没写名字。

(6) Běnjiémíng ___ gàosu Fāngfāng, zìjǐ yìzhí hěn xǐhuan tā. 本杰明___告诉方方，自己一直很喜欢她。

厕所 cèsuǒ 몡 화장실

3 조합할 수 있는 것끼리 모두 연결해 봅시다.

jiéyuē	zhàogù	cídiào	huíyì	chōngmǎn
节约	照顾	辞掉	回忆	充满

gǎnjī	gōngzuò	érsūn	xiǎo shíhou	liángshi	xīwàng
感激	工作	儿孙	小时候	粮食	希望

4 보기의 양사를 알맞게 분류해 봅시다.

보기
| A mǐ 米 | B píngfāngmǐ 平方米 | C píngfāng gōnglǐ 平方公里 | D cùn 寸 | E mǔ 亩 | F gōnglǐ 公里 |

(1) 길이의 단위 _____

(2) 면적의 단위 _____

어법 연습

1 빈칸에 알맞은 보기를 고른 후, 큰 소리로 문장을 읽어 봅시다.

보기
| A wèi 为 | B wèile 为了 | C yīnwèi 因为 |

(1) _____ 过一个充实的暑假，方方想去老人院陪老人。
　　guò yí ge chōngshí de shǔjià, Fāngfāng xiǎng qù lǎorényuàn péi lǎorén.

(2) 老师，对不起，我昨天没来上课是_____感冒了。
　　Lǎoshī, duìbuqǐ, wǒ zuótiān méi lái shàng kè shì gǎnmào le.

(3) 王先生_____妻子买了一束鲜花儿。
　　Wáng xiānsheng qīzi mǎile yí shù xiānhuār.

(4) _____听说儿孙都回家过春节，爷爷奶奶做了一桌子丰盛的饭菜。
　　tīngshuō érsūn dōu huí jiā guò Chūn Jié, yéye nǎinai zuòle yì zhuōzi fēngshèng de fàncài.

(5) 画家先生，请问，您可以_____我画一张像吗?
　　Huàjiā xiānsheng, qǐngwèn, nín kěyǐ wǒ huà yì zhāng xiàng ma?

(6) _____能瘦一点儿，安妮晚上常不吃饭。
　　néng shòu yìdiǎnr, Ānni wǎnshang cháng bù chī fàn.

老人院 lǎorényuàn 명 양로원 | 鲜花儿 xiānhuār 명 신선한 꽃

2 예와 같이 제시어를 '동사+起' 형태로 활용해 단어에서 구, 구에서 문장으로 확장해 봅시다.

> 예 shuō　shuōqi　shuōqǐ nà jiàn shì　Shuōqǐ nà jiàn shì, dàjiā dōu gǎndào hěn bù hǎoyìsi.
> 说　说起　说起那件事　说起那件事，大家都感到很不好意思。

(1) liáo 聊 _____ _____ _____

(2) wèn 问 _____ _____ _____

(3) xiǎng 想 _____ _____ _____

(4) huíyì 回忆 _____ _____ _____

(5) jì 记 _____ _____ _____

3 괄호 안 단어의 문장 속 위치를 찾아 봅시다.

(1) Ānni　 mǎidào yì tiáo piàoliang de qúnzi, guàngle yì tiān shāngchǎng.　wèile
　　A 安妮 B 买到一条漂亮的裙子，C 逛了一天商场。（为了）

(2) shíxiàn zìjǐ　de mèngxiǎng, Xiǎo Lǐ　nǔlì liànxí tán gāngqín.　wèile
　　A 实现自己 B 的梦想，小李 C 努力练习弹钢琴。（为了）

(3) Běnjiémíng　gěi Fāngfāng　mǎi yí jiàn mǎnyì de lǐwù, xiǎngle hǎo bàntiān.　wèile
　　A 本杰明 B 给方方 C 买一件满意的礼物，想了好半天。（为了）

(4) Lǐ mìshū yǐjīng hěn shāngxīn　le, qǐng búyào zài tí　nà jiàn shì　le.　qǐ
　　李秘书已经很伤心 A 了，请不要再提 B 那件事 C 了。（起）

(5) Měi cì chī　zhájiàngmiàn, dōu huì ràng wǒ xiǎng　māma　qǐ
　　每次吃 A 炸酱面，都会让我想 B 妈妈 C 。（起）

(6) Shuō　tígāo　yùmǐ chǎnliàng, Wáng jiàoshòu shuō　tā yǒu yí ge hǎo bànfǎ.　qǐ
　　说 A 提高 B 玉米产量，王教授说 C 他有一个好办法。（起）

玉米 yùmǐ 몡 옥수수

듣기 연습

1 짧은 녹음을 듣고, 녹음 속 질문에 알맞은 답을 골라 봅시다. 🔊 W-07-01

(1) A méi wánchéng zuòyè 没完成作业　B xiǎng zǎo diǎnr wánchéng shíyàn 想早点儿完成实验　C zhǔnbèi cānjiā kǎoshì 准备参加考试

(2) A dǎ lánqiú 打篮球　B tī zúqiú 踢足球　C dǎ pīngpāngqiú 打乒乓球

2 긴 녹음을 듣고, 녹음 속 질문에 알맞은 답을 골라 봅시다. 🔊 W-07-02

(1) A 准备考试 (zhǔnbèi kǎoshì)　　B 喜欢在家看书 (xǐhuan zài jiā kàn shū)　　C 寒假时间太短了 (hánjià shíjiān tài duǎn le)

(2) A 国外的生活 (guówài de shēnghuó)　　B 一家汽车销售公司 (yì jiā qìchē xiāoshòu gōngsī)　　C 在巴黎见到阿丽 (zài Bālí jiàndào Ālì)

寒假 hánjià 명 겨울 방학 | 国外 guówài 명 국외, 외국 | 巴黎 Bālí 고유 파리

쓰기 연습

1 제시된 두 글자를 문장 속 알맞은 위치에 써넣어 봅시다.

(1) 弟 (dì)　第 (dì) | _____二天一大早，我的那个小兄_____就出门了。
(èr tiān yídàzǎo, wǒ de nàge xiǎo xiōng jiù chū mén le.)

(2) 式 (shì)　试 (shì) | 这是今年的新样_____，您_____一下吧。
(Zhè shì jīnnián de xīn yàng, nín yíxià ba.)

2 녹음을 듣고 문장을 받아써 봅시다. 🔊 W-07-03

(1) _____

(2) _____

회화 연습

자신의 실제 상황에 근거해 질문에 답해 봅시다. '为了'와 방향보어 '起'를 활용해 보세요.

(1) 怎么做才能让婚姻幸福?
Zěnme zuò cái néng ràng hūnyīn xìngfú?

(2) 如果你朋友生气了，你会怎么办?
Rúguǒ nǐ péngyou shēng qì le, nǐ huì zěnme bàn?

(3) 你认为要想实现自己的梦想，应该怎么做?
Nǐ rènwéi yào xiǎng shíxiàn zìjǐ de mèngxiǎng, yīnggāi zěnme zuò?

(4) 什么时候你会想家?
Shénme shíhou nǐ huì xiǎng jiā?

(5) 跟朋友聊天儿的时候，你们常聊什么?
Gēn péngyou liáo tiānr de shíhou, nǐmen cháng liáo shénme?

(6) 看到什么你会想起小时候?
Kàndào shénme nǐ huì xiǎngqǐ xiǎoshíhou?

담화 연습

1 보기 문장 간의 의미 관계를 파악하여 순서대로 배열해 봅시다.

> 보기
>
> yì tiān, yí ge lǎo tóngxué jǔbànle yí cì xiǎoxué tóngxué jùhuì
> **A** 一天，一个老同学举办了一次小学同学聚会
>
> dàjiā yí jiàn miàn jiù liáoqǐle xiǎoxué shí de xuéxí shēnghuó, fēicháng xīngfèn
> **B** 大家一见面就聊起了小学时的学习生活，非常兴奋
>
> gèng ràng wǒmen gǎndào xīngfèn de shì, Zhāng lǎoshī yě lái le
> **C** 更让我们感到兴奋的是，张老师也来了
>
> jùhuì shì zài yì jiā kāfēiguǎnr jǔxíng de
> **D** 聚会是在一家咖啡馆儿举行的
>
> kàndào Zhāng lǎoshī, dàjiā xīnzhōng dōu chōngmǎnle gǎnjī
> **E** 看到张老师，大家心中都充满了感激

心中 xīnzhōng 명 마음속, 내심

2 벤자민의 희망 사항을 참고하여 벤자민의 이틀간의 계획표를 작성한 후, '为了'를 활용해 소개해 봅시다.

	dì-yī tiān 第一天	dì-èr tiān 第二天
zǎoshang 早上		
shàngwǔ 上午		
xiàwǔ 下午		
wǎnshang 晚上		

Wǒ xiǎng duànliàn shēntǐ,
我想锻炼身体，
yòu xiǎng tígāo Hànyǔ shuǐpíng,
又想提高汉语水平，
hái xiǎng qīngsōng yíxià.
还想轻松一下。

Wèile duànliàn shēntǐ, Běnjiémíng yīnggāi měi tiān zǎoshang pǎo bàn ge xiǎoshí bù.
为了锻炼身体，本杰明应该每天早上跑半个小时步。

08 吐鲁番
Tǔlǔfān
투루판

단어 연습

1 그림이 나타내는 단어를 보기에서 골라 봅시다.

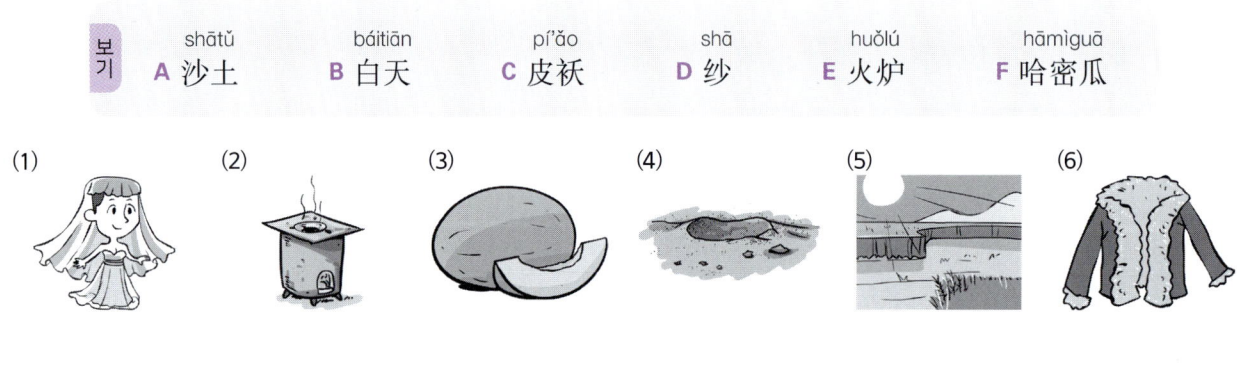

(1) _____ (2) _____ (3) _____ (4) _____ (5) _____ (6) _____

2 빈칸에 알맞은 보기를 고른 후, 큰 소리로 문장을 읽어 봅시다.

| 보기 | A 流行 liúxíng | B 流传 liúchuán | C 特别 tèbié | D 特长 tècháng | E 到处 dàochù | F 各地 gèdì |

(1) 在我的家乡，_____ 着这样一个故事。
　　Zài wǒ de jiāxiāng, _____ zhe zhèyàng yí ge gùshi.

(2) 今年夏天_____ 穿绿色的裙子。
　　Jīnnián xiàtiān _____ chuān lǜsè de qúnzi.

(3) 这段时间他的生活压力_____ 大。
　　Zhè duàn shíjiān tā de shēnghuó yālì _____ dà.

(4) 请问，你有什么体育_____ ？
　　Qǐngwèn, nǐ yǒu shénme tǐyù _____ ?

(5) 他的梦想是到世界_____ 去看看。
　　Tā de mèngxiǎng shì dào shìjiè _____ qù kànkan.

(6) 这个城市里_____ 都很拥挤。
　　Zhège chéngshì li _____ dōu hěn yōngjǐ.

3 조합할 수 있는 것끼리 모두 연결해 봅시다.

42

4 빈칸에 알맞은 보기를 고른 후, 큰 소리로 문장을 읽어 봅시다.

| 보기 | A 俗语 súyǔ | B 假如 jiǎrú | C 生 shēng | D 恋爱 liàn'ài | E 冷静 lěngjìng | F 身边 shēnbiān |

(1) 你知道哪些汉语＿＿＿？
Nǐ zhīdao nǎxiē Hànyǔ

(2) 妈妈希望我以后能在她＿＿＿工作，不要去外地。
Māma xīwàng wǒ yǐhòu néng zài tā gōngzuò, búyào qù wàidì.

(3) 听说你跟方方＿＿＿了，这是什么时候的事啊？
Tīngshuō nǐ gēn Fāngfāng le, zhè shì shénme shíhou de shì a?

(4) 马经理在什么时候都能保持＿＿＿。
Mǎ jīnglǐ zài shénme shíhou dōu néng bǎochí

(5) ＿＿＿没有手机，我们的生活会变成什么样子呢？
méiyǒu shǒujī, wǒmen de shēnghuó huì biànchéng shénme yàngzi ne?

(6) 我尝过了，这个肉有点儿＿＿＿，你再煮煮吧。
Wǒ chángguo le, zhège ròu yǒudiǎnr nǐ zài zhǔzhu ba.

어법 연습

1 의미가 통하도록 두 내용을 연결한 후, 큰 소리로 읽어 봅시다.

(1) 1957到1964年生产的计算机 · · 被称为第二代计算机。
Yī jiǔ wǔ qī dào yī jiǔ liù sì nián shēngchǎn de jìsuànjī   bèi chēngwéi dì-èr dài jìsuànjī.

(2) 中国的长城 · · 称为谜语。
Zhōngguó de Chángchéng   chēngwéi míyǔ.

(3) 我们把这种猜词的游戏 · · 被称为网民。
Wǒmen bǎ zhè zhǒng cāi cí de yóuxì   bèi chēngwéi wǎngmín.

(4) 1701年到1800年这段时间 · · 被称为世界八大奇迹之一。
Yī qī líng yī nián dào yīqiān bābǎi nián zhè duàn shíjiān   bèi chēngwéi shìjiè bā dà qíjì zhī yī.

(5) 最近六个月使用过互联网的人 · · 被称为十八世纪。
Zuìjìn liù ge yuè shǐyòngguo hùliánwǎng de rén   bèi chēngwéi shíbā shìjì.

第二代 dì-èr dài 제2세대

2 제시된 낱말을 알맞게 배열해 문장을 완성해 봅시다.

(1) 当 总是 他 很兴奋 玩儿游戏 的时候
    dāng zǒngshì tā hěn xīngfèn wánr yóuxì de shíhou
    →＿＿＿＿＿＿＿＿＿＿＿＿＿＿＿＿＿＿＿＿＿＿

(2) 我喜欢 散步 下小雨 的时候 在外边 当
    wǒ xǐhuan sàn bù xià xiǎo yǔ de shíhou zài wàibian dāng
    →＿＿＿＿＿＿＿＿＿＿＿＿＿＿＿＿＿＿＿＿＿＿

(3) 我 的时候 上台领奖 当 父母 很感激
→ _____

(4) 奶奶 总是 当 回忆家乡 会流眼泪 的时候
→ _____

(5) 送给我 的时候 我二十岁生日 当 一个照相机 妈妈
→ _____

(6) 很兴奋 当 毕业典礼 我感到 的时候 参加
→ _____

3 빈칸에 알맞은 말을 자유롭게 써넣어 문장을 완성해 봅시다.

(1) 当我不舒服的时候，我常_____。

(2) 当我紧张的时候，我常_____。

(3) 当我睡不着觉的时候，我常_____。

(4) 当我不开心的时候，我常_____。

(5) 当工作压力大的时候，我常_____。

듣기 연습

1 짧은 녹음을 듣고, 녹음 속 질문에 알맞은 답을 골라 봅시다. W-08-01

(1) A 中国的夏天很热
　　B 中国有四座城市夏天非常热
　　C 中国人冬天喜欢用火炉

(2) A 应该有花儿
　　B 不记得了
　　C 很浪漫

44

2 긴 녹음을 듣고, 녹음 속 질문에 알맞은 답을 골라 봅시다. 🔊 W-08-02

(1)
A 它研究甲骨文 (tā yánjiū jiǎgǔwén)
B 它做软件 (tā zuò ruǎnjiàn)
C 它是一家中国公司 (tā shì yì jiā Zhōngguó gōngsī)

(2)
A 不喜欢礼物 (bù xǐhuan lǐwù)
B 更重视情谊 (gèng zhòngshì qíngyì)
C 不想说自己是不是喜欢 (bù xiǎng shuō zìjǐ shì bu shì xǐhuan)

文字 wénzì 몡 문자, 글자 | **重视** zhòngshì 동 중시하다 | **情谊** qíngyì 몡 정, 정의

쓰기 연습

1 제시된 간체자가 들어간 단어를 아는 대로 다 써 봅시다.

(1) 语 (yǔ) _____ _____ _____ _____

(2) 产 (chǎn) _____ _____ _____ _____

2 녹음을 듣고 문장을 받아써 봅시다. 🔊 W-08-03

(1) _____

(2) _____

회화 연습

괄호 안의 표현을 활용해 대화를 완성해 봅시다.

(1)
A 在你们班，_____（受欢迎）? (Zài nǐmen bān, shòu huānyíng)

B 当然是阿里，他是我们的"开心果"。(Dāngrán shì Ālǐ, tā shì wǒmen de "kāixīngguǒ".)

A 什么叫"开心果"? (Shénme jiào "kāixīngguǒ"?)

B 如果一个人很幽默，他常_____（被称为）。(Rúguǒ yí ge rén hěn yōumò, tā cháng bèi chēngwéi)

A 他常常_____（开玩笑）? (Tā chángcháng kāi wánxiào)

B 对，他除了_____，还爱帮助人。_____（当……的时候），他也喜欢帮忙。(Duì, tā chúle hái ài bāngzhù rén. dāng……de shíhou, tā yě xǐhuan bāng máng.)

(2) A 安妮，你喜欢看电影吗?

B 我特别喜欢看电影，当_____，_____。

A 今天晚上有一部介绍梅兰芳的电影，你想去看吗?

B 好啊，我听说过他的故事，他_____（京剧艺术家）。

A 希望电影里能有一些戏曲的部分，
当_____，我觉得_____。

B 我觉得电影里肯定会演梅兰芳唱京剧的，我们去看看吧。

开心果 kāixīnguǒ 동 남을 즐겁게 하는 사람, 재롱둥이를 비유하는 말 | 戏曲 xìqǔ 명 중국 전통극, 희곡

담화 연습

투루판(吐鲁番)과 본인이 사는 지역을 비교하여 표를 채운 후, 작성한 표를 바탕으로 '称为'와 '当……的时候'를 활용해 한편의 글을 써 봅시다.

chéngshì de míngzi 城市的名字	Tǔlǔfān 吐鲁番	
qìhòu 气候		
jìjié 季节		
shēngchǎn shénme 盛产什么		
lǚyóu qíngkuàng 旅游情况		

季节 jìjié 명 계절, 절기

09 坐电梯
zuò diàntī

엘리베이터 타기

단어 연습

1 그림이 나타내는 단어를 보기에서 골라 봅시다.

| 보기 | A 自习 *zìxí* | B 男生 *nánshēng* | C 女生 *nǚshēng* | D 跑 *pǎo* | E 楼梯 *lóutī* | F 按钮 *ànniǔ* |

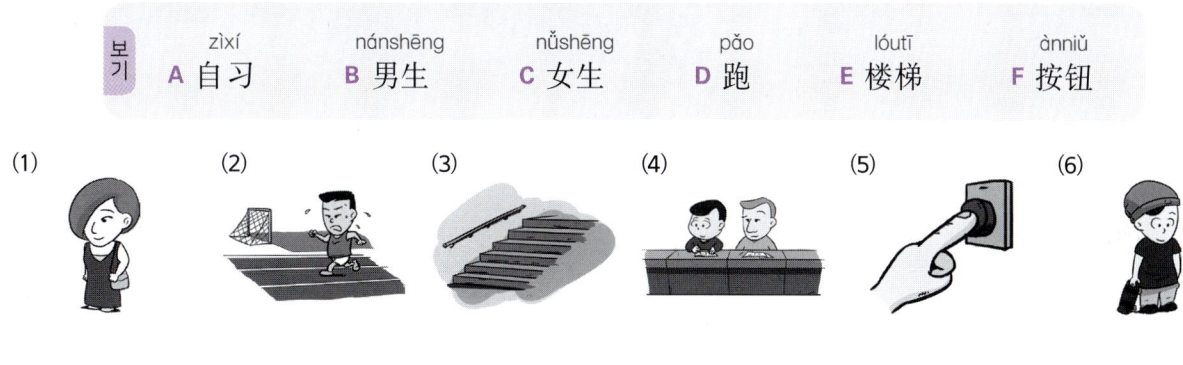

(1) (2) (3) (4) (5) (6)

2 빈칸에 알맞은 보기를 고른 후, 큰 소리로 문장을 읽어 봅시다.

| 보기 | A 眼神 *yǎnshén* | B 眼睛 *yǎnjing* | C 眼镜 *yǎnjìng* | D 眼 *yǎn* |

(1) Dàifu, qǐng nín kànkan wǒ de _____ zhè jǐ tiān hěn téng, yǒu shénme wèntí ma?
大夫，请您看看我的_____，这几天很疼，有什么问题吗？

(2) Wǒ de _____ zěnme zhǎo bu dào le? Ālǐ, nǐ bāng wǒ zhǎozhao ba.
我的_____怎么找不到了？阿里，你帮我找找吧。

(3) Běnjiémíng dì-yī _____ kàndào Fāngfāng de shíhou, jiù xǐhuan shang tā le.
本杰明第一_____看到方方的时候，就喜欢上她了。

(4) Wáng jiàoshòu kàn wǒ de _____ jiù xiàng fùqīn yíyàng.
王教授看我的_____，就像父亲一样。

(5) Wǒmen de zuòwèi zài dì-yī pái, búyòng dài _____ yě néng kàn qīngchu.
我们的座位在第一排，不用戴_____也能看清楚。

(6) Nàge nǚshēng gāngcái yòu kànle nǐ yī _____ nǐ rènshi tā ma?
那个女生刚才又看了你一_____，你认识她吗？

3 조합할 수 있는 것끼리 모두 연결해 봅시다.

条件 *tiáojiàn* 명 조건

4 사진이 나타내는 단어를 보기에서 골라 봅시다.

보기
A 借书室 jièshūshì
B 复印室 fùyìnshì
C 自习室 zìxíshì
D 楼梯 lóutī
E 电梯 diàntī

(1) _____ (2) _____ (3) _____ (4) _____ (5) _____

어법 연습

1 제시된 구를 '除非……才……' 형식으로 활용해 문장을 만들어 봅시다.

(1) 这儿能刷信用卡 我们可以买东西
zhèr néng shuā xìnyòngkǎ wǒmen kěyǐ mǎi dōngxi
→ _____

(2) 妈妈给那个孩子讲故事 她愿意去睡觉
māma gěi nàge háizi jiǎng gùshi tā yuànyì qù shuì jiào
→ _____

(3) 能把这辆车修好 我们可以开着它出去
néng bǎ zhè liàng chē xiūhǎo wǒmen kěyǐ kāizhe tā chūqu
→ _____

(4) 我能休息几天 能把毕业论文写完
wǒ néng xiūxi jǐ tiān néng bǎ bì yè lùnwén xiěwán
→ _____

(5) 你答应我的条件 我帮你
nǐ dāying wǒ de tiáojiàn wǒ bāng nǐ
→ _____

(6) 父母同意 我能跟你结婚
fùmǔ tóngyì wǒ néng gēn nǐ jié hūn
→ _____

愿意 yuànyì 동 (무엇을 하기를) 바라다, 희망하다

2 빈칸에 알맞은 보기를 고른 후, 큰 소리로 문장을 읽어 봅시다.

보기	A 只 zhǐ	B 只能 zhǐ néng	C 只有 zhǐ yǒu	D 只好 zhǐhǎo

(1) 这几天一直下大雨，运动会_____推迟到下周。
    Zhè jǐ tiān yìzhí xià dà yǔ, yùndònghuì tuīchí dào xià zhōu.

(2) 我_____会骑自行车，不会开车。
    Wǒ huì qí zìxíngchē, bú huì kāi chē.

(3) 对不起，先生，这儿_____参观，不能拍照。
    Duìbuqǐ, xiānsheng, zhèr cānguān, bù néng pāi zhào.

(4) 这件衣服小了，我_____买一件新的。
    Zhè jiàn yīfu xiǎo le, wǒ mǎi yí jiàn xīn de.

(5) 阿里，你今天晚上_____吃了半碗炸酱面，是不是身体不舒服？
    Ālǐ, nǐ jīntiān wǎnshang chīle bàn wǎn zhájiàngmiàn, shì bu shì shēntǐ bù shūfu?

(6) 你想说什么就快点儿说吧，我_____十分钟的时间。
    Nǐ xiǎng shuō shénme jiù kuài diǎnr shuō ba, wǒ shí fēnzhōng de shíjiān.

3 괄호 안 단어의 문장 속 위치를 찾아 봅시다.

(1) A 你找到 B 解决问题的办法，C 才能下班。(除非)
    nǐ zhǎodào jiějué wèntí de bànfǎ, cái néng xià bān. chúfēi

(2) A 张经理说，B 明天下大雪，会议 C 才会推迟。(除非)
    Zhāng jīnglǐ shuō, míngtiān xià dà xuě, huìyì cái huì tuīchí. chúfēi

(3) 大夫说，除非体温超过 A 38.5℃，B 可以 C 吃这种药。(才)
    Dàifu shuō, chúfēi tǐwēn chāoguò sānshíbā diǎn wǔ shèshìdù, kěyǐ chī zhè zhǒng yào. cái

(4) 除非老板来检查，A 他 B 好好儿工作 C。(才)
    Chúfēi lǎobǎn lái jiǎnchá, tā hǎohāor gōngzuò cái

(5) A 他 B 是一个 C 五岁的孩子，你怎么能让他做饭呢？(只)
    tā shì yí ge wǔ suì de háizi, nǐ zěnme néng ràng tā zuò fàn ne? zhǐ

(6) 老奶奶 A 在集市上坐了 B 一天，C 卖了一把扇子。(只)
    Lǎo nǎinai zài jíshì shang zuòle yì tiān, màile yì bǎ shànzi. zhǐ

듣기 연습

1 짧은 녹음을 듣고, 녹음 속 질문에 알맞은 답을 골라 봅시다. W-09-01

(1) A 女的不想跟男的去看电影
    nǚ de bù xiǎng gēn nán de qù kàn diànyǐng

   B 女的想看完电影后写作业
    nǚ de xiǎng kànwán diànyǐng hòu xiě zuòyè

   C 女的想写完作业再去看电影
    nǚ de xiǎng xiěwán zuòyè zài qù kàn diànyǐng

(2) A 购物
    gòu wù

   B 看风景
    kàn fēngjǐng

   C 听导游说话
    tīng dǎoyóu shuō huà

景点 jǐngdiǎn 몡 경치가 좋은 곳, 명승지, 명소

2 긴 녹음을 듣고, 녹음 속 질문에 알맞은 답을 골라 봅시다. 🔊 W-09-02

(1) A 因为她不能说话 （yīnwèi tā bù néng shuō huà）　　B 因为图书馆很安静 （yīnwèi túshūguǎn hěn ānjìng）　　C 因为她喜欢看书 （yīnwèi tā xǐhuan kàn shū）

(2) A 能开快一点儿 （néng kāikuài yìdiǎnr）　　B 可以飞过去 （kěyǐ fēi guòqu）　　C 没有办法，可能要迟到 （méiyǒu bànfǎ, kěnéng yào chídào）

쓰기 연습

1 제시된 두 글자를 문장 속 알맞은 위치에 써넣어 봅시다.

(1) 做 (zuò)　作 (zuò)　| 如果你愿意，我们可以合_____，一起_____生意。（Rúguǒ nǐ yuànyì, wǒmen kěyǐ hé_____, yìqǐ_____shēngyi.）

(2) 无 (wú)　先 (xiān)　| 坐着等人真_____聊，他来以前，我们_____看一会儿电视吧。（Zuòzhe děng rén zhēn_____liáo, tā lái yǐqián, wǒmen_____kàn yíhuìr diànshì ba.）

2 녹음을 듣고 문장을 받아써 봅시다. 🔊 W-09-03

(1) _____

(2) _____

회화 연습

자신의 실제 상황에 근거해 질문에 답해 봅시다. '除非……才……'나 '只'를 활용해 보세요.

(1) 你每天都要上班/上课吗？（Nǐ měi tiān dōu yào shàng bān / shàng kè ma?）

(2) 在你们国家，年轻人可以喝酒吗？（Zài nǐmen guójiā, niánqīngrén kěyǐ hē jiǔ ma?）

(3) 飞机起飞后，可以随便打电话吗？（Fēijī qǐfēi hòu, kěyǐ suíbiàn dǎ diànhuà ma?）

(4) 累的时候，你想做什么？（Lèi de shíhou, nǐ xiǎng zuò shénme?）

(5) 你坐飞机的时候睡过觉吗？怎么睡？（Nǐ zuò fēijī de shíhou shuìguo jiào ma? Zěnme shuì?）

(6) 在你们国家，找工作容易吗？（Zài nǐmen guójiā, zhǎo gōngzuò róngyì ma?）

随便 suíbiàn 튀 마음대로, 편한 대로

담화 연습

1 보기 문장 간의 의미 관계를 파악하여 순서대로 배열해 봅시다.

> 보기
>
> yúshì tā qù yīyuàn kàn bìng
> **A** 于是他去医院看病
>
> Ālǐ wèn dàifu chī shénme yào
> **B** 阿里问大夫吃什么药
>
> tā de sǎngzi cái néng hǎo
> **C** 他的嗓子才能好
>
> dàifu shuō chúfēi qiēchú biǎntáotǐ
> **D** 大夫说除非切除扁桃体
>
> dàifu fāxiàn tā de biǎntáotǐ bù zhǐ fāyán,　　hái tèbié yánzhòng
> **E** 大夫发现他的扁桃体不只发炎，还特别严重
>
> zhè jǐ tiān,　Ālǐ sǎngzi téng de lìhai
> **F** 这几天，阿里嗓子疼得厉害

_____

2 본인을 도서관 관장이라고 가정하고 도서관 사용 규정을 세워 본 후, '只'를 활용해 글을 완성해 봅시다.

	kěyǐ zuò de shì 可以做的事	bù néng zuò de shì 不能做的事
zìxíshì 自习室		
jièshūshì 借书室		
fùyìnshì 复印室		

Zài zhège túshūguǎn de zìxíshì li,　zhǐ néng　　　　　　　　　　　　　　　　　bù néng
在这个图书馆的自习室里，只能_____，不能_____

　　　　　　　　zhǐ　　　　　　　　　　　　　　　bù
_____；只_____，不_____。

Zài jièshūshì,
在借书室，_____。

Zài
在_____。

10 有趣的谐音词
yǒuqù de xiéyīncí
재미있는 해음자

단어 연습

1 그림이 나타내는 단어를 보기에서 골라 봅시다.

> 보기
> A 分离 fēnlí B 鱼 yú C 梨 lí D 钟 zhōng E 车牌 chēpái F 谐音词 xiéyīncí

(1) _____ (2) _____ (3) _____ (4) _____ (5) _____ (6) 四 / 死 (sì / sǐ) _____

2 빈칸에 알맞은 보기를 고른 후, 큰 소리로 문장을 읽어 봅시다.

> 보기
> A 分离 fēnlí B 出名 chūmíng C 反映 fǎnyìng D 神秘 shénmì E 热情 rèqíng F 年年有余 niánnián yǒu yú

(1) 这个故事_____出各国的风俗习惯不同。
    Zhège gùshi _____ chū gè guó de fēngsú xíguàn bù tóng.

(2) 突然要跟家人_____，心里有些难过。
    Tūrán yào gēn jiārén _____, xīnli yǒuxiē nánguò.

(3) 什么事这么_____？还要悄悄地说。
    Shénme shì zhème _____? Hái yào qiāoqiāo de shuō.

(4) 中国人过年的时候吃鱼，是希望_____。
    Zhōngguórén guò nián de shíhou chī yú, shì xīwàng _____.

(5) 这部小说让他很快就_____了。
    Zhè bù xiǎoshuō ràng tā hěn kuài jiù _____ le.

(6) 这个店的老板非常_____。
    Zhège diàn de lǎobǎn fēicháng _____.

风俗习惯 fēngsú xíguàn 풍습 | 有些 yǒuxiē 🖲 조금, 약간

3 반의어를 써 봅시다.

(1) 干燥 gānzào _____ (2) 谦虚 qiānxū _____ (3) 进步 jìnbù _____

(4) 冷冰冰 lěngbīngbīng _____ (5) 现代 xiàndài _____ (6) 冷 lěng _____

4 빈칸에 알맞은 보기를 고른 후, 큰 소리로 문장을 읽어 봅시다.

| 보기 | A 朋友 (péngyou) | B 友好 (yǒuhǎo) | C 美 (měi) | D 美丽 (měilì) | E 现实 (xiànshí) | F 现象 (xiànxiàng) |

(1) Zài wǒmen bān, shéi shì nǐ zuì hǎo de
在我们班，谁是你最好的_____？

(2) Xiǎo Zhāng hěn rèqíng, tā duì měi ge rén dōu hěn
小张很热情，他对每个人都很_____。

(3) Nǐ qùguo Xīnjiāng ma? Nà shì yí ge shénmì ér ___ de dìfang.
你去过新疆吗？那是一个神秘而_____的地方。

(4) Tā de qīzi yǒu yì shuāng néng fāxiàn ___ de yǎnjing.
他的妻子有一双能发现_____的眼睛。

(5) Zài Zhōngguó, yí ge yǒuqù de ___ shì nǚ háizi bú xià yǔ de shíhou yě dǎ sǎn.
在中国，一个有趣的_____是女孩子不下雨的时候也打伞。

(6) Yǒu shíhou, lǐxiǎng hěn měihǎo, kěshì ___ hěn nán shíxiàn.
有时候，理想很美好，可是_____很难实现。

美好 měihǎo 좋다, 훌륭하다

어법 연습

1 빈칸에 알맞은 보기를 고른 후, 큰 소리로 문장을 읽어 봅시다.

| 보기 | A 温暖而浪漫 (wēnnuǎn ér làngmàn) | B 紧张而激烈 (jǐnzhāng ér jīliè) | C 宽敞而干净 (kuānchang ér gānjìng) |
| | D 年轻而有经验 (niánqīng ér yǒu jīngyàn) | E 奇怪而神秘 (qíguài ér shénmì) | F 方便而好用 (fāngbiàn ér hǎoyòng) |

(1) Wǒmen gōngsī lóu xià de nà jiā fànguǎnr
我们公司楼下的那家饭馆儿_____。

(2) Shìjiè shang yǒu hěn duō ___ de zìrán xiànxiàng.
世界上有很多_____的自然现象。

(3) Jiù yào jié hūn le, nǐ yào bǎ fángjiān bùzhì de
就要结婚了，你要把房间布置得_____。

(4) Yǔ jiāo dàjiā shǐyòng kuàizi jiā ròu, zhè zhǒng bànfǎ
禹教大家使用筷子夹肉，这种办法_____。

(5) Zhè chǎng Yìdàlì duì hé Xībānyá duì de bǐsài.
这场意大利队和西班牙队的比赛_____。

(6) Wǒmen gōngsī xīn láile yí wèi jīnglǐ,
我们公司新来了一位经理，_____。

好用 hǎoyòng 쓰기 간편하다, 성능이 좋다 | 布置 bùzhì 진열하다, 배치하다

2 제시된 낱말을 알맞게 배열해 문장을 완성해 봅시다.

(1) 他的离开 / 很惊讶 / 我感到 / 使

→ _____

(2) 运动会 / 大雨 / 使 / 举行 / 推迟

→ _____

(3) 很不舒服 / 使 / 这么大的 / 我感到 / 温差

→ _____

(4) 老板 / 懒洋洋的工人 / 使 / 非常不满 / 感到

→ _____

(5) 谐音的使用 / 丰富而有趣 / 汉语的表达 / 使

→ _____

(6) 他 / 说不出话来 / 使 / 这个好消息 / 高兴得

→ _____

3 괄호 안 단어와 '使' '而'을 사용해 문장을 완성해 봅시다.

(1) 第一次开车上路，_____。（紧张　兴奋）

(2) 这次出国留学的经历_____。（诚恳　谦虚）

(3) 最近的任务很多，_____。（紧张　忙碌）

(4) 这家餐厅的服务很好，_____。（愉快　满意）

(5) 孙老板的事业很成功，_____。（自信　幸福）

(6) 通过他的解释，_____。（简单　清楚）

듣기 연습

1 짧은 녹음을 듣고, 녹음 속 질문에 알맞은 답을 골라 봅시다. 🔊 W-10-01

(1)
    tā biǎoyǎn de hěn hǎo
  A 她表演得很好

    tā hěn xǐhuan zhège jiémù
  B 她很喜欢这个节目

    tā hái yào zài biǎoyǎn yí cì
  C 她还要再表演一次

(2)
    tā hěn jǐnzhāng
  A 他很紧张

    tā hěn lěngjìng
  B 他很冷静

    tā xīntài hěn hǎo
  C 他心态很好

2 긴 녹음을 듣고, 녹음 속 질문에 알맞은 답을 골라 봅시다. 🔊 W-10-02

(1)
    Xiǎolì yìzhí zhù zài Xībānyá
  A 小丽一直住在西班牙

    Xiǎolì jiàqī guò de hěn chōngshí
  B 小丽假期过得很充实

    Xiǎolì jiàqī guò de bú tài yǒu yìsi
  C 小丽假期过得不太有意思

(2)
    tā qǐng péngyou lái cānjiā
  A 她请朋友来参加

    tā kāishǐ bù zhīdao péngyou wèi tā zhǔnbèi wǎnhuì
  B 她开始不知道朋友为她准备晚会

    tā gēn péngyou yìqǐ zhǔnbèi
  C 她跟朋友一起准备

쓰기 연습

1 제시된 간체자가 들어간 단어를 아는 대로 다 써 봅시다.

(1) fēn 分 _____ _____ _____ _____

(2) yīn 音 _____ _____ _____ _____

2 녹음을 듣고 문장을 받아써 봅시다. 🔊 W-10-03

(1) _____

(2) _____

회화 연습

괄호 안의 표현을 활용해 대화를 완성해 봅시다.

(1) A 我感觉你最近心情特别好。
Wǒ gǎnjué nǐ zuìjìn xīnqíng tèbié hǎo.

B 是啊，我恋爱了，跟男朋友在一起_____（使）。
Shì a, wǒ liàn'ài le, gēn nánpéngyou zài yìqǐ ... shǐ

A 你们在一起都做些什么?
Nǐmen zài yìqǐ dōu zuò xiē shénme?

B 我们_____（有时候）。
Wǒmen ... yǒu shíhou

A 你们的生活真是_____（而）。
Nǐmen de shēnghuó zhēn shì ... ér

B 我现在每天都_____（而）。
Wǒ xiànzài měi tiān dōu ... ér

(2) A 你_____（在……呢）?
Nǐ ... zài……ne

B 我_____。
Wǒ

A 水果也能在网上买?
Shuǐguǒ yě néng zài wǎng shang mǎi?

B 是啊，网上买的水果_____（而）。
Shì a, wǎng shang mǎi de shuǐguǒ ... ér

A 互联网_____（使）。
Hùliánwǎng ... shǐ

B 是啊，互联网_____
_____（除了……，还……）。
Shì a, hùliánwǎng ... chúle……, hái……

담화 연습

기억에 남는 에피소드를 몇 가지 떠올려 보고, 그중 두 가지 사건을 주제로 한편의 글을 써 봅시다. '使'와 '而'을 적절히 활용해 보세요.

사건	감정
	xīngfèn 兴奋
	shēng qì 生气
	shāngxīn 伤心
	jǐnzhāng 紧张
	déyì 得意
	jīngyà 惊讶

Yí cì,
一次，_____。

_____

Zhè jiàn shì shǐ wǒ   Hái yǒu yí cì,
这件事使我_____。还有一次，_____

_____

_____

11 海豚和鲨鱼
hǎitún hé shāyú

돌고래와 상어

단어 연습

1 그림이 나타내는 단어를 보기에서 골라 봅시다.

보기: A 鲨鱼 shāyú B 拍打 pāidǎ C 游 yóu D 大海 dàhǎi E 海豚 hǎitún F 岸边 ànbiān

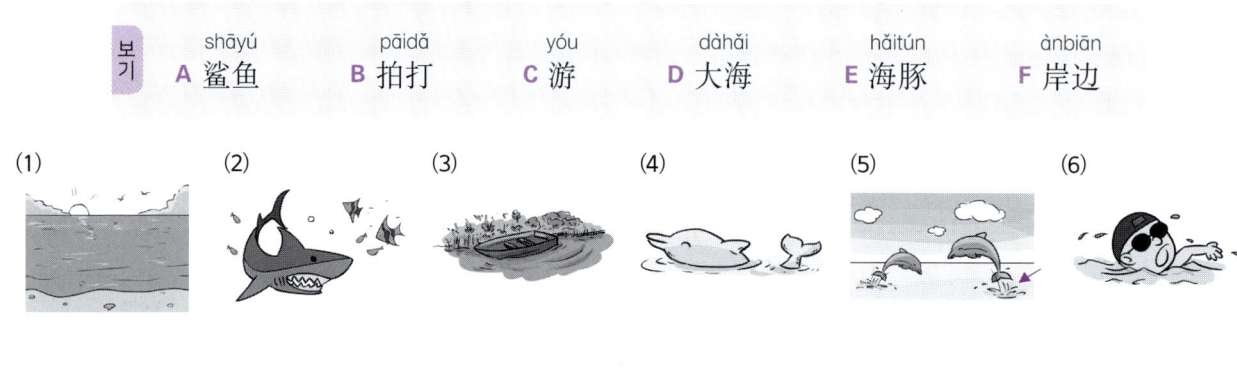

(1) _____ (2) _____ (3) _____ (4) _____ (5) _____ (6) _____

2 빈칸에 알맞은 보기를 고른 후, 큰 소리로 문장을 읽어 봅시다.

보기: A 紧紧 jǐnjǐn B 用力 yòng lì C 靠近 kàojìn D 尝试 chángshì E 失望 shīwàng F 可爱 kě'ài

(1) 那个孩子用_____的眼神看着我，我很伤心。
Nàge háizi yòng ___ de yǎnshén kànzhe wǒ, wǒ hěn shāngxīn.

(2) 我们应该_____自己解决问题，不要总是请别人帮忙。
Wǒmen yīnggāi ___ zìjǐ jiějué wèntí, búyào zǒngshì qǐng biéren bāng máng.

(3) 那个小女孩儿圆圆的脸，大大的眼睛，非常_____。
Nàge xiǎo nǚháir yuányuán de liǎn, dàdà de yǎnjing, fēicháng ___.

(4) 学生们_____抓住刘老师的手，不让他离开。
Xuéshengmen ___ zhuāzhù Liú lǎoshī de shǒu, bú ràng tā líkāi.

(5) 我_____摁了几次按钮，电梯门还是打不开。
Wǒ ___ ènle jǐ cì ànniǔ, diàntīmén háishi dǎ bu kāi.

(6) 请不要_____那个地方，小心掉下去。
Qǐng búyào ___ nàge dìfang, xiǎoxīn diào xiàqu.

圆圆 yuányuán 형 매우 둥글다

3 조합할 수 있는 것끼리 모두 연결해 봅시다.

一个 yí ge   一家 yì jiā   一块 yí kuài

手表 shǒubiǎo   金子 jīnzi   孤儿院 gū'éryuàn   义工 yìgōng   手表店 shǒubiǎodiàn   孤儿 gū'ér

4 빈칸에 알맞은 보기를 고른 후, 큰 소리로 문장을 읽어 봅시다.

> 보기
> A 失望 shīwàng　B 焦急 jiāojí　C 尴尬 gāngà　D 热情 rèqíng　E 骄傲 jiāào

(1) 我_____地等待着奶奶的手术结束。
Wǒ de děngdàizhe nǎinai de shǒushù jiéshù.

(2) 我第一次去见男朋友的父母时有点_____。
Wǒ dì-yī cì qù jiàn nánpéngyou de fùmǔ shí yǒudiǎn

(3) 因为下雨决赛竟然被取消了，真让我_____。
Yīnwèi xià yǔ juésài jìngrán bèi qǔxiāo le, zhēn ràng wǒ

(4) 尽管我们班的第一名学习成绩很好，可是他太_____，同学们都不太喜欢他。
Jǐnguǎn wǒmen bān de dì-yī míng xuéxí chéngjì hěn hǎo, kěshì tā tài tóngxuémen dōu bútài xǐhuan tā.

(5) 这个饭馆儿不仅菜很好吃，而且服务员也很_____。
Zhè ge fànguǎnr bùjǐn cài hěn hǎochī, érqiě fúwùyuán yě hěn

等待 děngdài 통 기다리다 | 取消 qǔxiāo 통 취소하다 | 尽管 jǐnguǎn 접 비록 ~라고 하더라도 | 而且 érqiě 접 게다가, 뿐만 아니라

어법 연습

1 빈칸에 알맞은 보기를 고른 후, 큰 소리로 문장을 읽어 봅시다.

> 보기
> A 朝 cháo　B 往 wǎng　C 离 lí

(1) 过马路的时候，一辆车突然_____我们冲过来。
Guò mǎlù de shíhou, yí liàng chē tūrán wǒmen chōng guòlai.

(2) 坐在车里_____路两边看，风景太美了。
Zuò zài chē li lù liǎng biān kàn, fēngjǐng tài měi le.

(3) 本杰明家_____阿里家很远。
Běnjiémíng jiā Ālǐ jiā hěn yuǎn.

(4) 你_____本杰明家的方向开，路边有一个加油站。
Nǐ Běnjiémíng jiā de fāngxiàng kāi, lù biān yǒu yí ge jiāyóuzhàn.

(5) 你知道太阳_____我们有多远吗？
Nǐ zhīdao tàiyang wǒmen yǒu duō yuǎn ma?

(6) 小狗看到方方_____它招手，马上跑了过去。
Xiǎo gǒu kàndào Fāngfāng tā zhāo shǒu, mǎshàng pǎole guòqu.

路边 lù biān 명 길가, 노변 | 小狗 xiǎo gǒu 명 강아지

2 괄호 안 단어를 사용해 문장을 완성해 봅시다.

(1) 安妮很聪明，只要看一遍书，＿＿＿＿＿＿＿＿＿＿＿＿＿。（就）

(2) 只要你坚持运动，＿＿＿＿＿＿＿＿＿＿＿＿＿。（就）

(3) 只要你常对别人微笑，＿＿＿＿＿＿＿＿＿＿＿＿＿。（就）

(4) ＿＿＿＿＿＿＿＿＿＿＿＿＿，我就一定给你买。（只要）

(5) ＿＿＿＿＿＿＿＿＿＿＿＿＿，他就一定会帮你。（只要）

(6) ＿＿＿＿＿＿＿＿＿＿＿＿＿，警察就可以马上查出那辆车是谁的。（只要）

坚持 jiānchí 통 견지하다, 고수하다

3 괄호 안 단어의 문장 속 위치를 찾아 봅시다.

(1) 大家 A 去网上 B 查查，C 就知道这个孩子多有名了。（只要）

(2) A 那个电影，B 你看过一遍 C，就会还想再看第二遍。（只要）

(3) 只要有问题，A 你 B 可以 C 来我办公室找我。（就）

(4) 只要这个实验成功了，A 我们 B 可以 C 提高粮食产量。（就）

(5) A 那个男人 B 自己 C 胳膊用力地打了三下。（朝）

(6) 你 A 一直 B 前走，走到 C 第三个红绿灯就能看见我家了。（朝）

红绿灯 hóng-lǜdēng 명 신호등

듣기 연습

1 녹음을 듣고, 녹음 속 질문에 알맞은 답을 골라 봅시다. W-11-01

(1) A 王经理　　　B 周经理　　　C 小张

(2) A 不到8岁　　　B 16岁以上　　　C 不到6岁

2 녹음을 듣고, 다음 질문에 답해 봅시다. W-11-02

(1) 如果需要服务员的帮助，应该怎么做？

Rúguǒ xiǎng tīng yīnyuè, yīnggāi zěnme zuò?
(2) 如果想听音乐，应该怎么做？

晚餐 wǎncān 몡 저녁 식사

쓰기 연습

1 두 제시어를 문장 속 알맞은 위치에 써넣어 봅시다.

(1) zháojí 着急　　jiāojí 焦急　|　Quán jiārén dōu ＿＿＿ de děngzhe yīshēng cóng shǒushùshì li chūlai, fēicháng ＿＿＿.
全家人都＿＿＿＿地等着医生从手术室里出来，非常＿＿＿＿。

(2) pāi 拍　　pà 怕　|　Xiǎo hǎitún gǎndào hěn hài ＿＿＿, yòng lì de ＿＿＿ dǎzhe shuǐmiàn.
小海豚感到很害＿＿＿＿，用力地＿＿＿＿打着水面。

手术室 shǒushùshì 몡 수술실

2 녹음을 듣고 문장을 받아써 봅시다. 🔊 W-11-03

(1) _____

(2) _____

회화 연습

괄호 안의 표현을 활용해 대화를 완성해 봅시다.

(1) A Wǒ dǎsuàn qù lǚyóu, nǐ shuō qù nǎr bǐjiào hǎo?
我打算去旅游，你说去哪儿比较好？

B _____

A Wèi shénme qù nàr? Nàge dìfang zěnmeyàng?
为什么去那儿？那个地方怎么样？

B _____ （只要……，就……） zhǐyào……, jiù……

A Nǐ qùguo ma?
你去过吗？

B Wǒ
我_____。

(2) A Qǐngwèn, zuìjìn de Zhōngguó fànguǎnr _____?
请问，最近的中国饭馆儿＿＿＿＿＿＿＿＿？

B Duìbuqǐ, zhèr fùjìn _____. Nín děi zuò dìtiě.
对不起，这儿附近＿＿＿＿＿＿＿＿。您得坐地铁。

A Zuìjìn de chēzhàn _____?
最近的车站＿＿＿＿＿＿＿＿？

B _____ （朝）
cháo

A 要坐几站?
Yào zuò jǐ zhàn?

B _____, 下车后 _____（朝），就能看见一家中国饭馆儿。
xià chē hòu　　　　　　　　cháo　jiù néng kànjiàn yì jiā Zhōngguó fànguǎnr.

车站 chēzhàn 몡 정류장, 정류소, 터미널

담화 연습

1 보기 문장 간의 의미 관계를 파악하여 순서대로 배열해 봅시다.

> 보기
>
> **A** 店里的广告上写着: 只要买十盒蜡烛, 就送小礼物。
> Diàn li de guǎnggào shang xiězhe: zhǐyào mǎi shí hé làzhú, jiù sòng xiǎo lǐwù.
>
> **B** 一天, 方方逛商店的时候, 发现蜡烛正在打折。
> Yì tiān, Fāngfāng guàng shāngdiàn de shíhou, fāxiàn làzhú zhèngzài dǎ zhé.
>
> **C** 方方问: "老板, 我的礼物呢?"
> Fāngfāng wèn: "Lǎobǎn, wǒ de lǐwù ne?"
>
> **D** 老板说: "不是多给了你一根蜡烛吗? 那就是礼物。"
> Lǎobǎn shuō: "Bú shì duō gěile nǐ yì gēn làzhú ma? Nà jiù shì lǐwù."
>
> **E** 刷完卡, 蜡烛店老板多给了方方一根蜡烛。
> Shuāwán kǎ, làzhúdiàn lǎobǎn duō gěile Fāngfāng yì gēn làzhú.
>
> **F** 为了拿到小礼物, 方方买了十盒蜡烛。
> Wèile nádào xiǎo lǐwù, Fāngfāng mǎile shí hé làzhú.

2 그림 아래의 제시어와 '朝' '只要……, 就……'를 사용해 그림과 관련된 이야기를 완성해 봅시다.

打算
dǎsuàn

下楼梯　冲
xià lóutī　chōng

应该　朝　方向
yīnggāi　cháo　fāngxiàng

一天, 本杰明 _____
Yì tiān, Běnjiémíng

_____

_____

12 Shénme yě méi zuò.
什么也没做。
아무것도 안 했어요.

단어 연습

1 빈칸에 알맞은 보기를 고른 후, 큰 소리로 문장을 읽어 봅시다.

| 보기 | A jīngxǐ 惊喜 | B jīngqí 惊奇 | C zhǎo 找 | D fān 翻 | E jímáng 急忙 | F zháojí 着急 |

(1) Kàndào fángjiān li fēicháng luàn, tā ___ de wèn: "Jīntiān jiā li lái xiǎotōu le ma?"
看到房间里非常乱，他___地问："今天家里来小偷了吗？"

(2) Míngtiān shì Ānni de shēngrì, wǒ xiǎng gěi tā yí ge ___.
明天是安妮的生日，我想给她一个___。

(3) Wǒ wàngle xiàngcè fàng nǎr le, nǐ bāng wǒ ___ yíxià.
我忘了相册放哪儿了，你帮我___一下。

(4) Qǐng dàjiā bǎ shū dǎkāi, ___ dào dì shí'èr kè de kèwén.
请大家把书打开，___到第12课的课文。

(5) Yǐjīng wǎnshang shí'èr diǎn le, Ānni hái méi huílai, māma hěn ___.
已经晚上12点了，安妮还没回来，妈妈很___。

(6) Jiějie tūrán fāxiàn shíjiān yǐjīng hěn wǎn le, suǒyǐ ___ wǎng jiā pǎo.
姐姐突然发现时间已经很晚了，所以___往家跑。

2 빈칸에 알맞은 보기를 고른 후, 큰 소리로 문장을 읽어 봅시다.

| 보기 | A shízài 实在 | B hǎojǐ 好几 | C jímáng 急忙 | D búduàn 不断 | E shíjìshang 实际上 | F jiūjìng 究竟 |

(1) Dìdi chángshìle ___ cì, dōu shībài le.
弟弟尝试了___次，都失败了。

(2) Nǎinai bù xǐhuan nàli de dōngtiān, ___ tài lěng le.
奶奶不喜欢那里的冬天，___太冷了。

(3) Xiǎomíng, jiā li ___ fāshēngle shénme shì?
小明，家里___发生了什么事？

(4) Hǎitún jǐnjǐn de wéizhe tāmen, ___ shì zài bǎohù tāmen.
海豚紧紧地围着他们，___是在保护他们。

(5) Chē yǐjīng kāiyuǎn le, dàjiā hái zài ___ de zhāo shǒu.
车已经开远了，大家还在___地招手。

(6) Zhàngfu fāxiàn shǒujī là zài shāngdiàn yǐhòu, ___ huíqu zhǎo.
丈夫发现手机落在商店以后，___回去找。

3 그림이 나타내는 단어를 보기에서 골라 봅시다.

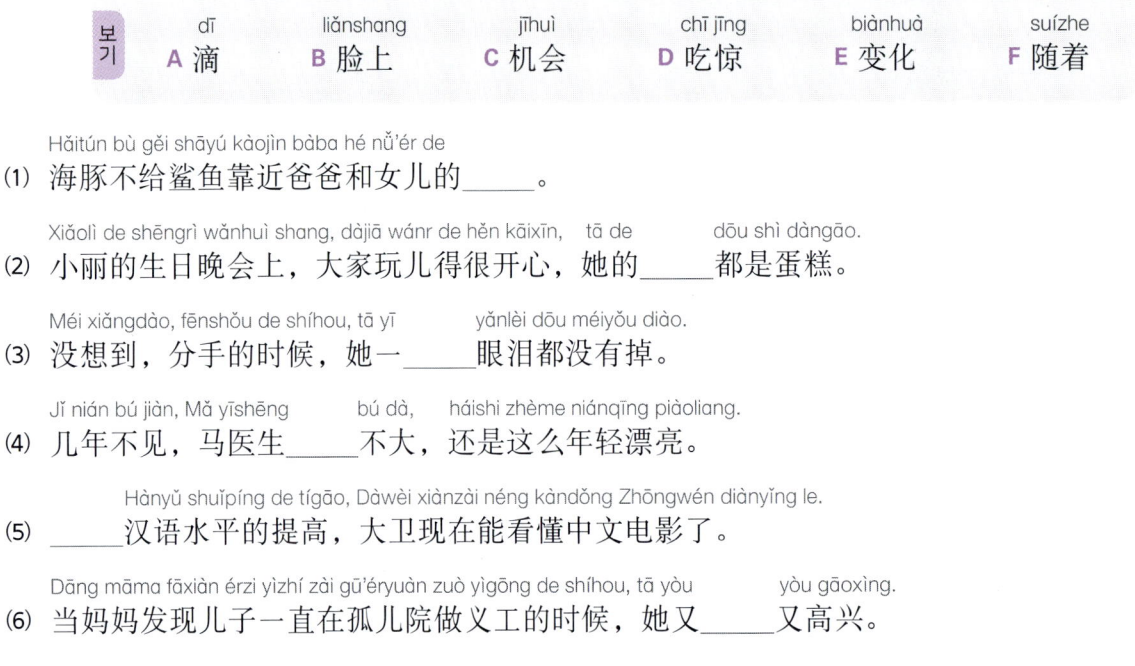

4 빈칸에 알맞은 보기를 고른 후, 큰 소리로 문장을 읽어 봅시다.

보기
A 滴 dī　B 脸上 liǎnshang　C 机会 jīhuì　D 吃惊 chī jīng　E 变化 biànhuà　F 随着 suízhe

(1) Hǎitún bù gěi shāyú kàojìn bàba hé nǚ'ér de
海豚不给鲨鱼靠近爸爸和女儿的＿＿＿。

(2) Xiǎolì de shēngrì wǎnhuì shang, dàjiā wánr de hěn kāixīn, tā de ＿＿＿ dōu shì dàngāo.
小丽的生日晚会上，大家玩儿得很开心，她的＿＿＿都是蛋糕。

(3) Méi xiǎngdào, fēnshǒu de shíhou, tā yī ＿＿＿ yǎnlèi dōu méiyǒu diào.
没想到，分手的时候，她一＿＿＿眼泪都没有掉。

(4) Jǐ nián bú jiàn, Mǎ yīshēng ＿＿＿ bú dà, háishi zhème niánqīng piàoliang.
几年不见，马医生＿＿＿不大，还是这么年轻漂亮。

(5) Hànyǔ shuǐpíng de tígāo, Dàwèi xiànzài néng kàndǒng Zhōngwén diànyǐng le.
＿＿＿汉语水平的提高，大卫现在能看懂中文电影了。

(6) Dāng māma fāxiàn érzi yìzhí zài gū'éryuàn zuò yìgōng de shíhou, tā yòu ＿＿＿ yòu gāoxìng.
当妈妈发现儿子一直在孤儿院做义工的时候，她又＿＿＿又高兴。

어법 연습

1 괄호 안 단어와 '连……都/也……' 형식을 사용해 문장을 완성해 봅시다.

(1) Tā bù xǐhuan zhào xiàng, xiàngcè
他不喜欢照相，＿＿＿＿＿＿＿＿＿＿。（相册）

(2) Wǒ xiànzài xiǎng hē shuǐ, kěshì bēizi li yì dī shuǐ
我现在想喝水，可是杯子里＿＿＿＿＿＿＿＿＿＿。（一滴水）

(3) Nǐ qǐng wǒmen chī de zhè dùn fàn tài jiǎndān le, jī hé yú
你请我们吃的这顿饭太简单了，＿＿＿＿＿＿＿＿＿＿。（鸡和鱼）

(4) Tā méiyǒu liàn'àiguo, nánpéngyou
她没有恋爱过，＿＿＿＿＿＿＿＿＿＿。（男朋友）

(5) Tā zài wàidì shēnghuóle èrshí nián, jiāxiāng de yàngzi
他在外地生活了二十年，＿＿＿＿＿＿＿＿＿＿。（家乡的样子）

Zhè jiàn shì tā shéi dōu méi gàosu, zuì hǎo de péngyou
(6) 这件事他谁都没告诉，＿＿＿＿＿＿＿＿＿＿＿＿＿＿＿＿。（最好的朋友）

2 '总是'의 문장 속 위치를 찾아 봅시다.

Tā zhèng zhàn zài ménkǒu, jiāojí de cháo wàibian wàngzhe, hái kàn shǒubiǎo.
(1) 他正 A 站在门口，焦急地 B 朝外边望着，还 C 看手表。

zài gōnggòng qìchē shang, Ālǐ bǎ bēibāo fàng zài jiǎo pángbiān.
(2) A 在公共汽车上，阿里 B 把背包 C 放在脚旁边。

zhè liǎng ge guójiā zhī jiān de guānxi zài búduàn de biànhuàzhe.
(3) A 这两个国家之间的关系 B 在不断地 C 变化着。

Tā cónglái bú wèi tārén kǎolǜ, bǎ dàjiā nòng de hěn gāngà.
(4) 她从来不为他人 A 考虑，B 把大家 C 弄得很尴尬。

Tā duì gǔlǎo ér xiàndài de chéngshì gǎn xìngqù
(5) 他 A 对古老而现代的城市 B 感兴趣 C 。

Tā cónglái bù xǐhuan zuò diàntī, měi tiān pá lóutī shàng lóu.
(6) 他从来 A 不喜欢坐电梯，每天 B 爬楼梯 C 上楼。

3 예와 같이 제시된 문장을 '总是'와 '连……都/也……'를 사용한 문장으로 바꿔 써 봅시다.

예) Tā jiā de dìshang duīmǎnle dōngxi, gānjìng de yīfu yě fàng zài dìshang.
她家的地上堆满了东西，干净的衣服也放在地上。

Tā jiā de dìshang zǒngshì duīmǎnle dōngxi, lián gānjìng de yīfu yě fàng zài dìshang.
→ 她家的地上总是堆满了东西，连干净的衣服也放在地上。

Běnjiémíng bù dǒng làngmàn, méi sòngguo nǚpéngyou huār.
(1) 本杰明不懂浪漫，没送过女朋友花儿。

→ ＿＿＿＿＿＿＿＿＿＿＿＿＿＿＿＿＿＿＿＿＿＿

Ānni shuō zìjǐ liǎojiě Zhōngguó, kěshì bù zhīdao Gù Gōng.
(2) 安妮说自己了解中国，可是不知道故宫。

→ ＿＿＿＿＿＿＿＿＿＿＿＿＿＿＿＿＿＿＿＿＿＿

Zhèli de xiàtiān hěn liángkuai, měi ge rén de jiā li dōu méiyǒu kōngtiáo.
(3) 这里的夏天很凉快，每个人的家里都没有空调。

→ ＿＿＿＿＿＿＿＿＿＿＿＿＿＿＿＿＿＿＿＿＿＿

Nàge nǚshēng hěn hàixiū, zài dàjiā miànqián bù gǎn shuō huà.
(4) 那个女生很害羞，在大家面前不敢说话。

→ ＿＿＿＿＿＿＿＿＿＿＿＿＿＿＿＿＿＿＿＿＿＿

Lín Mù hěn máng, méiyǒu shíjiān gēn wǒmen chī fàn.
(5) 林木很忙，没有时间跟我们吃饭。

→ ＿＿＿＿＿＿＿＿＿＿＿＿＿＿＿＿＿＿＿＿＿＿

地上 dìshang 몡 지상, 땅 | 面前 miànqián 몡 면전, 눈 앞

듣기 연습

1 녹음을 듣고, 녹음 속 질문에 알맞은 답을 골라 봅시다. 🔊 W-12-01

(1) A 洗脸 (xǐ liǎn)　　B 睡觉 (shuì jiào)　　C 踢球 (tī qiú)

(2) A 去博物馆 (qù bówùguǎn)　　B 看海豚表演 (kàn hǎitún biǎoyǎn)　　C 表演 (biǎoyǎn)

庆祝 qìngzhù 통 경축하다

2 녹음을 듣고, 다음 질문에 답해 봅시다. 🔊 W-12-02

(1) 安妮和小阳恋爱的时候总是一起做什么? (Ānni hé Xiǎoyáng liàn'ài de shíhou zǒngshì yìqǐ zuò shénme?)

(2) 和小阳一起去看电影的女的是谁? (Hé Xiǎoyáng yìqǐ qù kàn diànyǐng de nǚde shì shéi?)

쓰기 연습

1 제시된 간체자가 들어간 단어를 아는 대로 다 써 봅시다.

(1) 实 (shí) ＿＿＿＿　＿＿＿＿　＿＿＿＿　＿＿＿＿

(2) 海 (hǎi) ＿＿＿＿　＿＿＿＿　＿＿＿＿　＿＿＿＿

2 녹음을 듣고 문장을 받아써 봅시다. 🔊 W-12-03

(1) ＿＿＿＿＿＿＿＿＿＿＿＿＿＿＿＿

(2) ＿＿＿＿＿＿＿＿＿＿＿＿＿＿＿＿

회화 연습

괄호 안 단어를 활용해 대화를 완성해 봅시다.

(1) A 这几天总是＿＿＿＿＿＿（看不见），你在忙什么呢? (Zhè jǐ tiān zǒngshì ... kàn bu jiàn, nǐ zài máng shénme ne?)

B 这两天我忙着＿＿＿＿＿＿。 (Zhè liǎng tiān wǒ mángzhe ...)

A 怎么了? 你想换工作? (Zěnme le? Nǐ xiǎng huàn gōngzuò?)

B 不是，我们公司＿＿＿＿＿＿（经营），眼看就＿＿＿＿＿＿（倒闭）。 (Bú shì, wǒmen gōngsī ... jīngyíng, yǎnkàn jiù ... dǎobì)

Zhēn dǎoméi. Nà nǐ miànshì zěnmeyàng? Yǒu　　　　　　　　　　　　xiāoxi

A 真倒霉。那你面试怎么样？有_____（消息）？

Xiànzài jīngjì dōu bú tài hǎo,

B 现在经济都不太好，

hěn duō gōngsī jīnnián　　　　　　　　　　　　　　　　　　　　　　lián……dōu / yě……

很多公司今年_____（连……都/也……）。

(2) Zhè jǐ tiān bù zhīdao zěnme le,　wǎnshang　　　　　　　zǒngshì

A 这几天不知道怎么了，晚上_____（总是）。

Shuì jiào yǐqián　　　　　　　　　　niúnǎi　néng ràng nǐ

B 睡觉以前_____（牛奶），能让你_____。

Wǒ bù néng hē niúnǎi, hē yìdiǎnr jiù bù shūfu.

A 我不能喝牛奶，喝一点儿就不舒服。

Nà nǐ shìshi kàn xiǎoshuō ba,　　　　　　　　kùn

B 那你试试看小说吧，_____（困）。

Wǒ bù xǐhuan kàn xiǎoshuō,　　　　　　　　　　　lián……dōu / yě……

A 我不喜欢看小说，_____（连……都/也……）。

Nà nǐ qù pǎo bù ba,　　　　　　　　　　　　yī……jiù……

B 那你去跑步吧，_____（一……就……）。

面试 miànshì 통 면접시험을 보다

담화 연습

친구와 본인이 좋아하는 일을 표에 정리한 후, 정리한 내용을 바탕으로 '总是'와 '连……都/也……'를 활용해 글을 완성해 봅시다.

péngyou 朋友	wǒ 我

yǒu hěn duō tèbié xǐhuan zuò de shì. Bǐrú

_____有很多特别喜欢做的事。比如_____

_____

Wǒ yě yǒu hěn duō

_____。我也有很多

tèbié xǐhuan zuò de shì.　Bǐrú

特别喜欢做的事。比如_____

_____

_____。

13 老年人的休闲生活
lǎoniánrén de xiūxián shēnghuó

노인들의 여가 생활

단어 연습

1 그림이 나타내는 단어를 보기에서 골라 봅시다.

보기: A 象棋 xiàngqí   B 绘画 huìhuà   C 郊游 jiāoyóu   D 广场舞 guǎngchǎng wǔ   E 摄影 shèyǐng   F 麻将 májiàng

(1)   (2)   (3)   (4)   (5)   (6)

2 빈칸에 알맞은 보기를 고른 후, 큰 소리로 문장을 읽어 봅시다.

보기: A 期间 qījiān   B 同意 tóngyì   C 计划 jìhuà   D 外向 wàixiàng   E 拜年 bài nián   F 财富 cáifù

(1) 老刘的女儿爱说爱笑，是一个性格＿＿＿的女孩儿。
Lǎo Liú de nǚ'ér ài shuō ài xiào, shì yí ge xìnggé ___ de nǚháir.

(2) 奥运会比赛＿＿＿，运动员们都住在那个宾馆里。
Àoyùnhuì bǐsài ___ yùndòngyuánmen dōu zhù zài nàge bīnguǎn li.

(3) 春节那天早上，孩子们要给父母＿＿＿。
Chūn Jié nà tiān zǎoshang, háizimen yào gěi fùmǔ ___.

(4) 如果你不＿＿＿我的意见，可以说出来。
Rúguǒ nǐ bù ___ wǒ de yìjiàn, kěyǐ shuō chūlai.

(5) 大家都觉得成功是最重要的，但我认为失败是生活中最大的＿＿＿。
Dàjiā dōu juéde chénggōng shì zuì zhòngyào de, dàn wǒ rènwéi shībài shì shēnghuó zhōng zuì dà de ___.

(6) 今天的工作＿＿＿又没完成，明天还要继续工作。
Jīntiān de gōngzuò ___ yòu méi wánchéng, míngtiān hái yào jìxù gōngzuò.

3 조합할 수 있는 것끼리 모두 연결해 봅시다.

照顾 zhàogù   参加 cānjiā   享受 xiǎngshòu   练 liàn   跳 tiào

书法 shūfǎ   戏曲 xìqǔ   天伦之乐 tiānlúnzhīlè   活动 huódòng   广场舞 guǎngchǎngwǔ   老年人 lǎoniánrén

4 제시된 단어의 반의어를 써 봅시다.

(1) 内向 nèixiàng _____
(2) 同意 tóngyì _____
(3) 接受 jiēshòu _____
(4) 开始 kāishǐ _____
(5) 担心 dānxīn _____
(6) 忙碌 mánglù _____

어법 연습

1 제시된 낱말과 '有的……' 형식을 사용해 문장을 만들어 봅시다.

(1) 打5折 dǎ wǔ zhé   商店里的 shāngdiàn   打3折 dǎ sān zhé   东西 dōngxi
→ _____

(2) 看书 kàn shū   飞机上 fēijī shang   睡觉 shuì jiào   听音乐 tīng yīnyuè   人们 rénmen
→ _____

(3) 大家 dàjiā   想走楼梯 xiǎng zǒu lóutī   想坐电梯 xiǎng zuò diàntī
→ _____

(4) 毕业后 bì yè hòu   想当老师 xiǎng dāng lǎoshī   想当律师 xiǎng dāng lǜshī   同学们 tóngxuémen   想当医生 xiǎng dāng yīshēng
→ _____

(5) 被改编成 bèi gǎibiān chéng   被翻译成 bèi fānyì chéng   他写的小说 tā xiě de xiǎoshuō   外语 wàiyǔ   电视剧 diànshìjù
→ _____

(6) 看到比赛结果 kàndào bǐsài jiéguǒ   失望 shīwàng   高兴 gāoxìng   大家 dàjiā   惊讶 jīngyà
→ _____

2 제시된 문장을 '一边……一边……'을 사용한 문장으로 바꿔 써 봅시다.

(1) 刘小双听讲座的时候记问题。
Liú Xiǎoshuāng tīng jiǎngzuò de shíhou jì wèntí.
→ _____

(2) 阿月在中国学汉语，同时在一家公司做翻译。
Āyuè zài Zhōngguó xué Hànyǔ, tóngshí zài yì jiā gōngsī zuò fānyì.
→ _____

Lǎoshī jiěshì zhège cí, bìng bǎ tā xiě zài hēibǎn shang.
(3) 老师解释这个词，并把它写在黑板上。
→ _____

Tāmen zài hǎi biān shài tàiyang, tāmen zài hǎi biān liáo tiānr.
(4) 他们在海边晒太阳，他们在海边聊天儿。
→ _____

Wáng jiàoshòu xiě wénzhāng de shíhou cháng chá zīliào.
(5) 王教授写文章的时候常查资料。
→ _____

Nà jǐ ge háizi pǎozhe、 dà shēng hǎnzhe.
(6) 那几个孩子跑着、大声喊着。
→ _____

资料 zīliào 명 자료 ｜ 大声 dà shēng 명 큰 소리

3 괄호 안 단어가 들어갈 부분을 모두 찾아 봅시다.

lái cānjiā jùhuì de péngyou   xǐhuan chī zhōngcān,   xǐhuan chī xīcān.   yǒude
(1) A 来参加聚会的朋友 B 喜欢吃中餐，C 喜欢吃西餐。（有的）

Gè guó de jié hūn xísú   hěn bù yíyàng,   chuān hóngsè yīfu,   chuān báisè yīfu.   yǒude
(2) 各国的结婚习俗 A 很不一样，B 穿红色衣服，C 穿白色衣服。（有的）

Péngyoumen gàosu wǒ yìxiē jiǎn féi fāngfǎ,   jiànyì wǒ yùndòng,   jiànyì wǒ duō chī shuǐguǒ,   dōu búcuò.   yǒude
(3) 朋友们告诉我一些减肥方法，A 建议我运动，B 建议我多吃水果，C 都不错。（有的）

Xiǎomíng   tīng Wáng jiàoshòu de jiǎngzuò,   jì zìjǐ de xiǎngfǎ.   yìbiān
(4) A 小明 B 听王教授的讲座，C 记自己的想法。（一边）

Lǎo péngyou jiàn miàn,   dàjiā   hùxiāng wènhòu,   hùxiāng liǎojiě qíngkuàng.   yìbiān
(5) 老朋友见面，A 大家 B 互相问候，C 互相了解情况。（一边）

Zài jiāyóuzhàn, bù néng   jiā yóu,   dǎ diànhuà,   bù ānquán.   yìbiān
(6) 在加油站，不能 A 加油，B 打电话，C 不安全。（一边）

듣기 연습

1 녹음을 듣고, 녹음 속 질문에 알맞은 답을 골라 봅시다. 🔊 W-13-01

dàjiā bù tóngyì zhège jìhuà   dàjiā dānxīn wán bu chéng rènwu   dàjiā de yìjiàn bù yíyàng
(1) A 大家不同意这个计划 B 大家担心完不成任务 C 大家的意见不一样

tāmen yǎn de shíjiān tài cháng   tāmen shì jìsuànjī zhuānyè de   tāmen yǎn huàjù shí hái yào xué zhuānyè
(2) A 他们演的时间太长 B 他们是计算机专业的 C 他们演话剧时还要学专业

化学 huàxué 명 화학

2 녹음을 듣고, 다음 질문에 답해 봅시다. 🔊 W-13-02

(1) Yìgōng zài lǎorényuàn zuò shénme?
义工在老人院做什么?

(2) Lǎoniánrén juéde zhèxiē yìgōng zěnmeyàng?
老年人觉得这些义工怎么样?

吉他 jítā 명 기타

쓰기 연습

1 제시된 두 글자를 문장 속 알맞은 위치에 써넣어 봅시다.

(1) chuáng / má
床 / 麻
Fángjiān li zuòzhe sì ge rén, sān ge rén zuò zài yǐzi shang, yí ge rén zuò zài ___ shang,
房间里坐着四个人，三个人坐在椅子上，一个人坐在_____上，
tāmen zài dǎ ___ jiàng ne.
他们在打_____将呢。

(2) qǔ / yóu
曲 / 由
Xià yí ge jiémù shì ___ Yīngguó xuésheng wèi wǒmen biǎoyǎn de Zhōngguó chuántǒng xì ___
下一个节目是_____英国学生为我们表演的中国传统戏_____。

2 녹음을 듣고 문장을 받아써 봅시다. 🔊 W-13-03

(1) _____

(2) _____

회화 연습

괄호 안의 표현을 활용해 대화를 완성해 봅시다.

(1) A: Nǐmen guójiā de niánqīngrén yǒu shénme tǐyù àihào?
你们国家的年轻人有什么体育爱好?

B: Tāmen ___ yǒude……
他们_____（有的……）。

A: Nǐ xǐhuan shénme yùndòng?
你喜欢什么运动?

B: Wǒ zuì xǐhuan ___ Nǐmen guójiā de niánqīngrén ne?
我最喜欢_____。你们国家的年轻人呢?

A: Wǒmen guójiā de niánqīngrén ___ yǒude……
我们国家的年轻人_____（有的……）。

B: Wǒmen guójiā de niánqīngrén hé nǐmen guójiā de niánqīngrén tǐyù àihào ___
我们国家的年轻人和你们国家的年轻人体育爱好_____。

(2) A: Zánmen yìqǐ qù ___ ba.
咱们一起去_____吧。

B: Pǎo bù duō lèi a!
跑步多累啊!

13 老年人的休闲生活

A 体育馆里有_____，可以_____（一边……一边……）。

B 那些电视节目我都不喜欢。

A 如果你不喜欢_____，还可以听音乐，
_____（一边……一边……）。

B _____（一边……一边……），这真不错！我跟你一起去。

담화 연습

1 보기 문장 간의 의미 관계를 파악하여 순서대로 배열해 봅시다.

> 보기
> A 原来是一些老年人在看下象棋。阿里觉得很有意思。
> B 他们有的在等公共汽车，有的一边走路一边吃早饭。
> C 他不会下中国象棋，想跟他们学学。
> D 他发现，北京人早上都很忙。
> E 突然，阿里发现路边有很多人围在一起，于是骑了过去。
> F 为了了解北京人的生活，阿里一大早就骑着车上街了。

_____

2 괄호 안의 표현을 활용해 글을 완성해 봅시다.

观众朋友们，大家好，现在我为您介绍_____。在这所老年大学里，老年人_____（丰富多彩），他们_____
_____（有的……）。最受欢迎的课是_____，
因为_____。老人们每天从_____
到_____上课，下课以后大家_____
（一边……一边……）。如果您也想像他们一样，_____（欢迎）。

14 青藏铁路
Qīng-Zàng tiělù
칭짱철도

단어 연습

1 빈칸에 알맞은 보기를 고른 후, 큰 소리로 문장을 읽어 봅시다.

| 보기 | A 与 yǔ | B 和 hé | C 幸福 xìngfú | D 幸运 xìngyùn | E 引进 yǐnjìn | F 促进 cùjìn |

(1) 今天我要_____孩子一起去海洋馆参观。
　　Jīntiān wǒ yào háizi yìqǐ qù hǎiyángguǎn cānguān.

(2) 我们要加强_____其他大学的交流。
　　Wǒmen yào jiāqiáng qítā dàxué de jiāoliú.

(3) _____就是一家人在一起享受天伦之乐。
　　jiù shì yì jiā rén zài yìqǐ xiǎngshòu tiānlúnzhīlè.

(4) 真_____, 这次旅行都是晴天。
　　Zhēn zhè cì lǚxíng dōu shì qíngtiān.

(5) 多晒太阳可以_____身体对营养的吸收。
　　Duō shài tàiyang kěyǐ shēntǐ duì yíngyǎng de xīshōu.

(6) 这个工厂_____了新的技术和设备。
　　Zhège gōngchǎng le xīn de jìshù hé shèbèi.

营养 yíngyǎng 명 영양 | 吸收 xīshōu 동 흡수하다 | 技术 jìshù 명 기술 | 设备 shèbèi 명 설비, 시설

2 빈칸에 알맞은 보기를 고른 후, 큰 소리로 문장을 읽어 봅시다.

| 보기 | A 海拔 hǎibá | B 要是 yàoshi | C 促进 cùjìn | D 沿线 yánxiàn | E 珍稀 zhēnxī | F 省 shěng |

(1) 政府正在想办法_____经济的发展。
　　Zhèngfǔ zhèngzài xiǎng bànfǎ jīngjì de fāzhǎn.

(2) 世界第一高峰珠穆朗玛峰_____8844.43米。
　　Shìjiè dì-yī gāofēng Zhūmùlǎngmǎ Fēng bāqiān bābǎi sìshísì diǎn sì sān mǐ.

(3) 我喜欢坐火车，坐火车可以看铁路_____的风景。
　　Wǒ xǐhuan zuò huǒchē, zuò huǒchē kěyǐ kàn tiělù de fēngjǐng.

(4) 安妮，你在中国见过_____的大熊猫吗？
　　Ānni, nǐ zài Zhōngguó jiànguo de dàxióngmāo ma?

(5) 中国有23个_____，你知道都是哪些吗？
　　Zhōngguó yǒu èrshísān ge nǐ zhīdao dōu shì nǎxiē ma?

(6) _____考上了研究生，我就不去外企工作了。
　　kǎoshangle yánjiūshēng, wǒ jiù bú qù wàiqǐ gōngzuò le.

大熊猫 dàxióngmāo 명 판다

3 조합할 수 있는 것끼리 모두 연결해 봅시다.

怕 (pà) ·　　　　　　　　　· 百分之十 (bǎi fēnzhī shí)

后悔 (hòuhuǐ) ·　　　　　　　· 国内 (guónèi)

提醒 (tí xǐng) ·　　　　　　　· 很长时间 (hěn cháng shíjiān)

倒退 (dàotuì) ·　　　　　　　· 考试的时间 (kǎoshì de shíjiān)

住 (zhù) ·　　　　　　　　　· 失败 (shībài)

　　　　　　　　　　　　　　· 台风 (táifēng)

4 그림이 나타내는 단어를 보기에서 골라 봅시다.

보기　A 铁路 (tiělù)　B 淡水湖 (dànshuǐhú)　C 藏羚羊 (zànglíngyáng)　D 收银台 (shōuyíntái)　E 船 (chuán)　F 南极 (nánjí)

(1) _____　(2) _____　(3) _____　(4) _____　(5) _____　(6) _____

어법 연습

1 괄호 안의 표현과 '要是……的话' 형식을 사용해 문장을 완성해 봅시다.

(1) _____, 鲨鱼可能会弄伤爸爸和女儿。(海豚保护)
　　shāyú kěnéng huì nòngshāng bàba hé nǚ'ér. (hǎitún bǎohù)

(2) _____, 我一定要去听听。(李教授做讲座)
　　wǒ yídìng yào qù tīngting. (Lǐ jiàoshòu zuò jiǎngzuò)

(3) _____, 就打个电话告诉我。(参加晚会)
　　jiù dǎ ge diànhuà gàosu wǒ. (cānjiā wǎnhuì)

(4) _____, 就出去走走。(看书看累了)
　　jiù chūqu zǒuzou. (kàn shū kànlèi le)

(5) _____, 欢迎来我们公司。(打工)
　　huānyíng lái wǒmen gōngsī. (dǎ gōng)

(6) _____, 就应该注意锻炼。(减肥)
　　jiù yīnggāi zhùyì duànliàn. (jiǎn féi)

2 '甚至'의 문장 속 위치를 찾아 봅시다.

(1) 老刘 A 很喜欢游泳，B 冬天都 C 去游泳。
　　Lǎo Liú hěn xǐhuan yóu yǒng, dōngtiān dōu qù yóu yǒng.

(2) 她 A 减肥的时候 B 不吃肉，C 不吃米饭。
　　Tā jiǎn féi de shíhou bù chī ròu, bù chī mǐfàn.

(3) 张经理 A 去过很多地方，B 去过南极 C 。
　　Zhāng jīnglǐ qùguo hěn duō dìfang, qùguo nánjí

(4) 他 A 发现妻子今天 B 没收拾房间，C 碗都没洗。
　　Tā fāxiàn qīzi jīntiān méi shōushi fángjiān, wǎn dōu méi xǐ.

(5) 安妮不但 A 会唱歌，B 还会弹钢琴和 C 拉小提琴。
　　Ānni búdàn huì chàng gē, hái huì tán gāngqín hé lā xiǎotíqín.

(6) 王经理今天 A 太忙了，B 连饭 C 都没有时间吃。
　　Wáng jīnglǐ jīntiān tài máng le, lián fàn dōu méiyǒu shíjiān chī.

3 제시된 낱말을 알맞게 배열해 문장을 완성해 봅시다.

(1) 你们　能　的话　努力　进入决赛　要是　甚至
　　Nǐmen néng dehuà nǔlì jìnrù juésài yàoshi shènzhì

　　→ _____

(2) 还能　幸运　获奖　的话　要是　甚至
　　hái néng xìngyùn huò jiǎng dehuà yàoshi shènzhì

　　→ _____

(3) 甚至　的话　你后悔　可以　要是　再选一次
　　shènzhì dehuà nǐ hòuhuǐ kěyǐ yàoshi zài xuǎn yí cì

　　→ _____

(4) 可以　你不放心　的话　先不给他钱　要是　甚至
　　kěyǐ nǐ bú fàng xīn dehuà xiān bù gěi tā qián yàoshi shènzhì

　　→ _____

(5) 可以　你不困　要是　玩儿一个晚上　甚至　的话
　　kěyǐ nǐ bú kùn yàoshi wánr yí ge wǎnshang shènzhì dehuà

　　→ _____

(6) 他甚至　想背包旅游　有机会　的话　一年　要是
　　tā shènzhì xiǎng bēi bāo lǚyóu yǒu jīhuì dehuà yì nián yàoshi

　　→ _____

듣기 연습

1 녹음을 듣고, 녹음 속 질문에 알맞은 답을 골라 봅시다. 🔊 W-14-01

(1) A 去坐船 qù zuò chuán
   B 查天气 chá tiānqì
   C 回上海 huí Shànghǎi

(2) A 好朋友 hǎo péngyou
   B 姐姐和妹妹 jiějie hé mèimei
   C 妈妈和女儿 māma hé nǚ'ér

明后天 mínghòutiān 명 내일모레, 내일이나 모레

2 녹음을 듣고, 다음 질문에 답해 봅시다. 🔊 W-14-02

(1) 爸爸同意什么了? Bàba tóngyì shénme le?

(2) 爸爸说怎么才能学好汉语? Bàba shuō zěnme cái néng xuéhǎo Hànyǔ?

笔 bǐ 양 묶, 건[돈이나 재물을 세는 단위]

쓰기 연습

1 제시된 간체자가 들어간 단어를 아는 대로 다 써 봅시다.

(1) 后 hòu _____ _____ _____ _____

(2) 进 jìn _____ _____ _____ _____

2 녹음을 듣고 문장을 받아써 봅시다. 🔊 W-14-03

(1) _____

(2) _____

회화 연습

괄호 안의 표현을 활용해 대화를 완성해 봅시다.

(1) A 现在购物网站_____（越来越），我都不知道_____。
    Xiànzài gòu wù wǎngzhàn yuèláiyuè wǒ dōu bù zhīdao

B 我常在网上买东西，我来帮你吧。_____？
    Wǒ cháng zài wǎng shang mǎi dōngxi, wǒ lái bāng nǐ ba.

A 我想买双鞋，你给我介绍_____。
    Wǒ xiǎng mǎi shuāng xié, nǐ gěi wǒ jièshào

B 买鞋我经常上"好乐买"，_____（又……又……）。
    Mǎi xié wǒ jīngcháng shàng "Hǎolèmǎi", yòu……yòu……

A _____（要是……的话），能退能换吗？
    yàoshi……dehuà néng tuì néng huàn ma?

B 不但_____，_____（甚至）。
    Búdàn shènzhì

(2) A 你怎么有点儿不高兴？
    Nǐ zěnme yǒudiǎnr bù gāoxìng?

B 我最近工作很忙，甚至_____（毕业典礼）。
    Wǒ zuìjìn gōngzuò hěn máng, shènzhì bì yè diǎnlǐ

A 那你请假吧。
    Nà nǐ qǐng jià ba.

B _____（出差）。
    chū chāi

A 我觉得_____（要是……的话），_____（后悔）。
    Wǒ juéde yàoshi……dehuà hòuhuǐ

B 那我给经理打电话，_____。
    Nà wǒ gěi jīnglǐ dǎ diànhuà,

毕业照 bìyèzhào 명 졸업 사진

담화 연습

표를 참고하여, 두 가지 교육 방식에 대한 글을 괄호 안의 단어를 사용해 완성해 봅시다.

	교육 방식 1	교육 방식 2
shēnghuó 生活	zuò yóuxì、zuò yùndòng、gēn lǎoshī qù jiāoyóu 做游戏、做运动、跟老师去郊游	shàng xué、huí jiā 上学、回家
xuéxí 学习	zài jiā wánr、kàn diànshì、bù xiě zuòyè jiù shuì jiào 在家玩儿、看电视、不写作业就睡觉	xiě zuòyè、fùxí、hěn wǎn shuì jiào 写作业、复习，很晚睡觉
àihào 爱好	zìjǐ xuǎnzé àihào 自己选择爱好	fùmǔ juédìng、dài háizi xué wàiyǔ、xué yīnyuè， 父母决定，带孩子学外语、学音乐， kěnéng xué háizi bù xǐhuan de dōngxi 可能学孩子不喜欢的东西
huódòng 活动	fùmǔ péi háizi qù bówùguǎn、lǚyóu、dāng yìgōng 父母陪孩子去博物馆、旅游，当义工	fùmǔ péi háizi xuéxí 父母陪孩子学习

Wǒ fāxiàn, xiànzài de jiātíng li yǒu liǎng zhǒng jiàoyù fāngshì, zhè liǎng zhǒng fāngshì yǒu hěn dà de bù tóng.
我发现，现在的家庭里有两种教育方式，这两种方式有很大的不同。

Yì zhǒng jiàoyù fāngshì shì háizi měi tiān yǒu _____ fēngfù _____ ,
一种教育方式是孩子每天有_____（丰富），_____，

shènzhì   Háizi huí jiā yǐhòu   shènzhì
甚至_____。孩子回家以后_____，甚至

              jiù kěyǐ qù shuì jiào, Háizi kěyǐ   Fùmǔ péi
_____就可以去睡觉。孩子可以_____。父母陪

háizi zuò hěn duō shìqing,   shènzhì
孩子做很多事情，_____，甚至_____。

Lìng yì zhǒng jiàoyù fāngshì shì háizi   Huí jiā yǐhòu chúle
另一种教育方式是孩子_____。回家以后除了_____，

hái yào   hěn wǎn cái néng shuì jiào, Fùmǔ juédìng
还要_____，很晚才能睡觉。父母决定_____。

Xiūxi de shíhou, háizi yào   shènzhì
休息的时候，孩子要_____，甚至_____。

Fùmǔ   Wǒ juéde
父母_____。我觉得_____。

15 地球一小时
dìqiú yì xiǎoshí

지구를 위한 한 시간

단어 연습

1 조합할 수 있는 것끼리 모두 연결해 봅시다.

jiǎnshǎo 减少 ·	· 节约水电 jiéyuē shuǐdiàn
xuǎnzé 选择 ·	· 专业 zhuānyè
fāqǐ 发起 ·	· 环境保护活动 huánjìng bǎohù huódòng
chàngyì 倡议 ·	· 亲子时光 qīnzǐ shíguāng
páifàng 排放 ·	· 碳排放 tàn páifàng
	· 有害物质 yǒu hài wùzhì

水电 shuǐdiàn 명 수도와 전기

2 빈칸에 알맞은 보기를 고른 후, 큰 소리로 문장을 읽어 봅시다.

보기	A 谈心 tán xīn	B 项 xiàng	C 熄灯 xī dēng	D 晚餐 wǎncān	E 聚餐 jùcān	F 食品 shípǐn

(1) Nǐ yīnggāi duō yùndòng, duō chī yìxiē jiànkāng ___。
你应该多运动，多吃一些健康____。

(2) Wáng āyí fēicháng rèqíng, dàjiā dōu yuànyì gēn tā ___ zhǎo tā jiějué wèntí.
王阿姨非常热情，大家都愿意跟她____，找她解决问题。

(3) Zhàngfu zuòle yì zhuō fēngshèng de ___ děngzhe qīzi huí jiā.
丈夫做了一桌丰盛的____，等着妻子回家。

(4) Wǒ hé péngyou měi ge yuè dōu yào ___ Yǒu shíhou qù fànguǎnr, yǒu shíhou zài jiā li.
我和朋友每个月都要____。有时候去饭馆儿，有时候在家里。

(5) Zuìhòu yí wèi líkāi jiàoshì de tóngxué, qǐng bié wàngle ___
最后一位离开教室的同学，请别忘了____。

(6) Zhè ___ xiāoshòu rènwu hěn zhòngyào, nǐ néng wánchéng ma?
这____销售任务很重要，你能完成吗？

3 그림이 나타내는 단어를 보기에서 골라 봅시다.

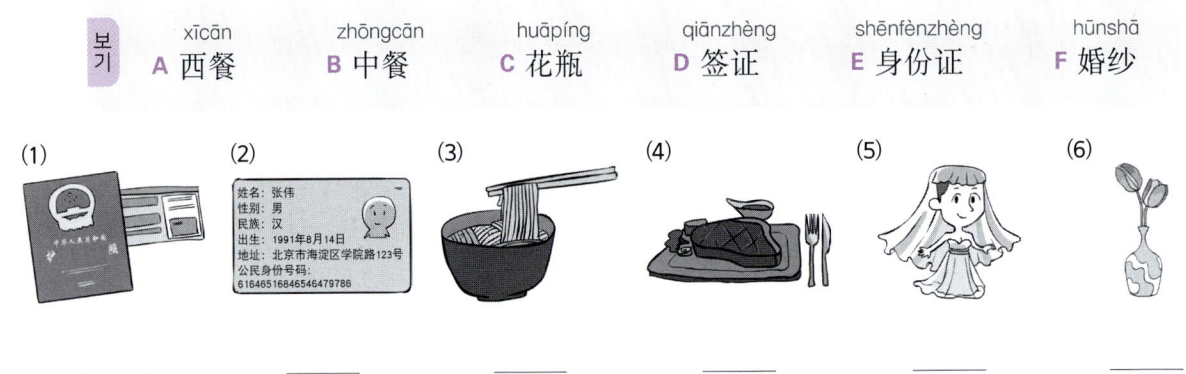

(1) _____ (2) _____ (3) _____ (4) _____ (5) _____ (6) _____

4 빈칸에 알맞은 동사를 보기에서 골라 봅시다.

보기
A 写 xiě   B 摆 bǎi   C 插 chā   D 切 qiē   E 填 tián   F 剪 jiǎn

(1) _____ 椅子 yǐzi   (2) _____ 汉字 Hànzì   (3) _____ 纸 zhǐ

(4) _____ 蛋糕 dàngāo   (5) _____ 花儿 huār   (6) _____ 表 biǎo

纸 zhǐ 명 종이

어법 연습

1 제시된 문장을 '或者……或者……' 형식을 사용한 문장으로 바꿔 써 봅시다.

(1) 如果有问题，你可以给我发短信，也可以发电子邮件。
Rúguǒ yǒu wèntí, nǐ kěyǐ gěi wǒ fā duǎnxìn, yě kěyǐ fā diànzǐ yóujiàn.

→ _____

(2) 今年寒假我可能去香港，也可能去伦敦。
Jīnnián hánjià wǒ kěnéng qù Xiānggǎng, yě kěnéng qù Lúndūn.

→ _____

(3) 我经常去那家咖啡店，有时候看书，有时候上网。
Wǒ jīngcháng qù nà jiā kāfēidiàn, yǒu shíhou kàn shū, yǒu shíhou shàng wǎng.

→ _____

(4) 明天我给你打电话，可能上午，可能下午。
Míngtiān wǒ gěi nǐ dǎ diànhuà, kěnéng shàngwǔ, kěnéng xiàwǔ.

→ _____

　　　　　Zhōumò, Ālǐ yìbān zài jiā kànkan diànshì,　　yǒushí yě dǎsǎo dǎsǎo fángjiān.
(5) 周末，阿里一般在家看看电视，有时也打扫打扫房间。
　　→ _____

　　　　　Zài zhè jiā shāngdiàn mǎi dōngxi, nǐ shuā kǎ、jiāo xiànjīn dōu kěyǐ.
(6) 在这家商店买东西，你刷卡、交现金都可以。
　　→ _____

2 빈칸에 알맞은 보기를 고른 후, 큰 소리로 문장을 읽어 봅시다.

| 보기 | A 拿上 (náshang) | B 穿上 (chuānshang) | C 画上 (huàshang) | D 写上 (xiěshang) | E 贴上 (tiēshang) | F 种上 (zhòngshang) |

　　　zhè jiàn qípáo,　nǐ jiù shì zuì piàoliang de nǚrén.
(1) _____这件旗袍，你就是最漂亮的女人。

　　　Qùnián, yéye nǎinai zài ménkǒu　　le píngguǒshù.
(2) 去年，爷爷奶奶在门口_____了苹果树。

　　　Qǐng nín zài zhèr yòng Hànzì　　zìjǐ de míngzi.
(3) 请您在这儿用汉字_____自己的名字。

　　　Běnjiémíng xiěhǎo dìzhǐ,　　yóupiào, zhǔnbèi bǎ xìn jì chūqu.
(4) 本杰明写好地址，_____邮票，准备把信寄出去。

　　　Wǒ huàle yì zhī xiǎo gǒu, kěshì hái méi wèi tā　　yǎnjing.
(5) 我画了一只小狗，可是还没为它_____眼睛。

　　　Tā xǐwán liǎn,　　shǒujī, lián zǎofàn dōu méi chī jiù chū mén le.
(6) 他洗完脸，_____手机，连早饭都没吃就出门了。

3 괄호 안 단어를 '或者……或者……'나 '동사+上' 형식으로 활용해 문장을 완성해 봅시다.

　　　　　　　　　　　　　　　nǐ zhǐyào sān diǎn dào gōngsī jiù kěyǐ.　dìtiě　chūzūchē
(1) _____，你只要三点到公司就可以。（地铁　出租车）

　　　Nǐ yīnggāi xué yì mén wàiyǔ,　　　　　　　Hànyǔ　Xībānyáyǔ
(2) 你应该学一门外语，_____。（汉语　西班牙语）

　　　Nǐ kěyǐ bǎ zìjǐ de xiǎngfǎ gàosu lǎoshī,　　　　shuō chūlai　xiě chūlai
(3) 你可以把自己的想法告诉老师，_____。（说出来　写出来）

　　　Qǐng nǐ zài shēnqǐngbiǎo shang　　　　　míngzi　zhàopiàn
(4) 请你在申请表上_____。（名字　照片）

　　　Kàn　diànyǐng de shíhou, yào　　　　　yǎnjìng
(5) 看3D电影的时候，要_____。（眼镜）

　　　Cānjiā zhòngyào huìyì, nǐ děi　　　　　píxié　lǐngdài
(6) 参加重要会议，你得_____。（皮鞋　领带）

申请表 shēnqǐngbiǎo 명 신청 용지 | **皮鞋** píxié 명 가죽 구두

듣기 연습

1 짧은 녹음을 듣고, 녹음 속 질문에 알맞은 답을 골라 봅시다. 🔊 W-15-01

(1) A 那门课 (nà mén kè)
B 教材 (jiàocái)
C 报名表 (bàomíngbiǎo)

(2) A 银色 (yínsè)
B 绿色 (lǜsè)
C 黑色 (hēisè)

2 녹음을 듣고, 다음 질문에 답해 봅시다. 🔊 W-15-02

(1) 北京路边的小公园里有什么? (Běijīng lù biān de xiǎo gōngyuán li yǒu shénme?)

(2) 这样的小公园有什么好处? (Zhèyàng de xiǎo gōngyuán yǒu shénme hǎochù?)

쓰기 연습

1 제시된 두 글자를 문장 속 알맞은 위치에 써넣어 봅시다.

(1) 议 (yì)　义 (yì) | _____工们倡_____: 全社会要多关心老年人。
(gōngmén chàng　　quán shèhuì yào duō guānxīn lǎoniánrén.)

(2) 亲 (qīn)　新 (xīn) | _____年前一天, 幼儿园组织了一次_____子活动, 有很多父母带着孩子参加。
(nián qián yì tiān, yòu'éryuán zǔzhīle yí cì　　zi huódòng, yǒu hěn duō fùmǔ dàizhe háizi cānjiā.)

关心 guānxīn 동 관심을 기울이다 | 组织 zǔzhī 동 조직하다, 구성하다

2 녹음을 듣고 문장을 받아써 봅시다. 🔊 W-15-03

(1) _____

(2) _____

회화 연습

괄호 안의 표현과 '或者……或者……' 방향보어 '上'을 활용해 대화를 완성해 봅시다.

(1) A 请问, 我想_____ (中文演讲比赛), 怎么报名?
(Qǐngwèn, wǒ xiǎng　　　　Zhōngwén yǎnjiǎng bǐsài　zěnme bào míng?)

B 你得先_____。
(Nǐ děi xiān)

```
         Zài nǎr kěyǐ nádào bàomíngbiǎo?
   A  在哪儿可以拿到报名表？
                              wǎng shang  bàomíngchù    dōu kěyǐ nádào.
   B  _____（网上　报名处），都可以拿到。

         Bàomíngbiǎo yòng Yīngwén háishi Zhōngwén tiánxiě?
   A  报名表用英文还是中文填写？
         Yòng Zhōngwén                      hái yào                        zhàopiàn
   B  用中文_____，还要_____（照片）。

         Nǐ de xīn jiā                          piàoliang
(2) A  你的新家_____（漂亮）！
         Wǒ juéde hái shǎo diǎnr shénme dōngxi.
   B  我觉得还少点儿什么东西。
         Nǐ kěyǐ zài zhuōzi shang              huāpíng                      huār
   A  你可以在桌子上_____（花瓶），_____（花儿）。
         Nà gāngqín shang ne?
   B  那钢琴上呢？
         Kěyǐ                   zhàopiàn
   A  可以_____（照片）。
         Hǎo zhǔyi!
   B  好主意！
```

报名处 bàomíngchù 명 접수처

담화 연습

1 보기 문장 간의 의미 관계를 파악하여 순서대로 배열해 봅시다.

> 보기
>
> kàn shū kànlèi le,　jiù xiūxi yíhuìr
> **A** 看书看累了，就休息一会儿
>
> wǒ jīngcháng dàishang yì běn shū, huòzhě qù gōngyuán, huòzhě qù hé biān
> **B** 我经常带上一本书，或者去公园，或者去河边
>
> jì néng jiējìn dàzìrán,　yòu néng bǎohù huánjìng
> **C** 既能接近大自然，又能保护环境
>
> zhōumò, wǒ bù xǐhuan yí ge rén zài jiā
> **D** 周末，我不喜欢一个人在家
>
> huòzhě wàngwang lǜsè de shù, huòzhě zài hé biān zǒuzou. Zhèyàng
> **E** 或者望望绿色的树，或者在河边走走。这样
>
> nǐ rènwéi wǒ de zuòfǎ hǎo ma
> **F** 你认为我的做法好吗

_____

河边 hé biān 명 강변, 강가

2 본인을 환경보호재단의 대변인이라고 가정하고, 환경 보호를 위한 제안서를 써 봅시다. '或者……或者……'와 방향보어 '上'을 활용해 보세요.

chàngyìshū
倡议书

Zuìjìn jǐ nián, quán qiú de huánjìng   zhèngzài
最近几年，全球的环境_____。_____正在

bèi pòhuài. Wèile   wǒmen chàngyì:
被破坏。为了_____，我们倡议：

Duō   shǎo
(1) 多_____，少_____。

Shàng-xià bān shí, huòzhě   huòzhě
上下班时，或者_____，或者_____。

Jiéyuē   Zhōumò huò wǎnshang
(2) 节约_____。周末或晚上_____。

Gòu wù shí bú yòng   kěyǐ zìjǐ
(3) 购物时不用_____，可以自己_____。

Bù   huò shǎo   Yīnwèi xī yān jì   yòu
(4) 不____，或少____。因为吸烟既____，又____。

(5) _____。

jījīnhuì
_____基金会

nián   yuè   rì
____年____月____日

16 母亲水窖
mǔqīn shuǐjiào
어머니의 우물

단어 연습

1 그림이 나타내는 단어를 보기에서 골라 봅시다.

| 보기 | A 干旱 gānhàn | B 劳动 láodòng | C 山路 shānlù | D 母亲 mǔqīn | E 水窖 shuǐjiào | F 雨水 yǔshuǐ |

(1) _____ (2) _____ (3) _____ (4) _____ (5) _____ (6) _____

2 빈칸에 알맞은 보기를 고른 후, 큰 소리로 문장을 읽어 봅시다.

| 보기 | A 干旱 gānhàn | B 干燥 gānzào | C 取得 qǔdé | D 获得 huòdé | E 实现 shíxiàn | F 实施 shíshī |

(1) 洪水和_____都会给人们的生活带来很大的影响。
   Hóngshuǐ hé _____ dōu huì gěi rénmen de shēnghuó dàilai hěn dà de yǐngxiǎng.

(2) 我不太喜欢那个城市，气候太_____了。
   Wǒ bú tài xǐhuan nàge chéngshì, qìhòu tài _____ le.

(3) 现在人们可以通过互联网_____很多信息。
   Xiànzài rénmen kěyǐ tōngguò hùliánwǎng _____ hěn duō xìnxī.

(4) 为了_____生活用水，这些妇女要走很远的山路。
   Wèile _____ shēnghuó yòngshuǐ, zhèxiē fùnǚ yào zǒu hěn yuǎn de shānlù.

(5) 为了_____童年的梦想，安妮每天都练习弹钢琴。
   Wèile _____ tóngnián de mèngxiǎng, Ānnī měi tiān dōu liànxí tán gāngqín.

(6) 中国是什么时候开始_____"母亲水窖"工程的？
   Zhōngguó shì shénme shíhou kāishǐ _____ "mǔqīn shuǐjiào" gōngchéng de?

3 제시된 동사와 함께 쓰일 수 있는 목적어를 써 봅시다.

(1) 修建_____ xiūjiàn
(2) 收集_____ shōují
(3) 进口_____ jìn kǒu
(4) 举行_____ jǔxíng
(5) 麻烦_____ máfan
(6) 减轻_____ jiǎnqīng

4 빈칸에 알맞은 보기를 고른 후, 큰 소리로 문장을 읽어 봅시다.

보기	A 垃圾	B 节假日	C 亲戚	D 受伤	E 难办	F 晚点

(1) 听说你_____了，严重不严重？

(2) 厨房里怎么这么多_____，咱们收拾一下吧。

(3) 这件事有点儿_____，让我再想想办法。

(4) 越来越多的中国人都在_____出国旅游。

(5) 飞机又_____了，我在机场等了三个多小时。

(6) 丁律师只邀请了_____来参加自己的婚礼。

어법 연습

1 괄호 안 단어와 '大都'를 사용해 문장을 완성해 봅시다.

(1) 这个地方的藏羚羊不多，游客_____。（看不到）

(2) 由于天气的原因，今天的航班_____。（晚点）

(3) 为了减轻学生的负担，老师_____。（减少）

(4) 这些婚纱_____，她不知道选哪一件好。（漂亮）

(5) 今天的表演太精彩了，我想没来的人_____。（后悔）

(6) 这个地方的服务很不错，工作人员_____。（热情）

游客 yóukè 명 여행객, 관광객

2 '不得不'의 문장 속 위치를 찾아 봅시다.

(1) 她 A 一直心情不好，我 B 留下来 C 陪她。

(2) 台风 A 就要来了，旅行计划 B 往后 C 推迟。

(3) 为了 A 完成任务，他 B 加班 C 工作。

(4) 这件事没人 A 能帮我，我 B 自己想 C 办法。

(5) 由于粮食产量 A 减少，政府 B 从别的国家 C 进口粮食。

(6) 她 A 想多睡一会儿，但是外面一直有人 B 敲门，她 C 起床了。

3 제시된 낱말을 알맞게 배열해 문장을 완성해 봅시다.

(1) 受伤了　不得不　比赛　这个队的运动员　放弃了　大都

→ _____

(2) 中国　大都　西部　不得不　人们　很干旱　供生活使用　收集雨水

→ _____

(3) 在国内　他　大都　举行婚礼　他的亲戚　不得不　回国

→ _____

(4) 去城市　在家　不得不　妇女　这里的男人　劳动　打工了　大都

→ _____

(5) 不习惯　吃西餐　导游　去吃中餐　老年人　大都　带他们　不得不

→ _____

(6) 给他翻译　中文菜单　不得不　大卫　大都　我　看不懂

→ _____

듣기 연습

1 녹음을 듣고, 녹음 속 질문에 알맞은 답을 골라 봅시다. 🔊 W-16-01

(1) A 头疼　　　　　B 扁桃体发炎了　　　　C 盲肠发炎了

(2) A 去买衣服　　　B 去买照相机　　　　　C 去公园郊游

2 녹음을 듣고, 다음 질문에 답해 봅시다. 🔊 W-16-02

(1) 以前"我"的生活怎么样?
    Yǐqián "wǒ" de shēnghuó zěnmeyàng?

(2) 放弃工作以后，"我"受得了吗?"我"感觉怎么样?
    Fàngqì gōngzuò yǐhòu, "wǒ" shòu de liǎo ma? "Wǒ" gǎnjué zěnmeyàng?

受得了 shòu de liǎo 동 견딜 수 있다, 참을 수 있다

쓰기 연습

1 제시된 간체자가 들어간 단어를 아는 대로 다 써 봅시다.

(1) 路 (lù) _____ _____ _____ _____

(2) 收 (shōu) _____ _____ _____ _____

2 녹음을 듣고 문장을 받아써 봅시다. 🔊 W-16-03

(1) _____

(2) _____

회화 연습

괄호 안의 표현을 활용해 대화를 완성해 봅시다.

(1) A 就要毕业了，_____ (找工作)?
    Jiù yào bì yè le, zhǎo gōngzuò

B 我_____ (不着急)。
    Wǒ bù zháojí

A 那_____ (打算)?
    Nà dǎsuàn

B 我打算_____ (旅行一年)。
    Wǒ dǎsuàn lǚxíng yì nián

A 是吗? 你不想_____ (赶快)吗?
    Shì ma? Nǐ bù xiǎng gǎnkuài ma?

B 在我们国家，像我这么大的年轻人，大都先_____，然后再找工作。
    Zài wǒmen guójiā, xiàng wǒ zhème dà de niánqīngrén, dàdōu xiān ránhòu zài zhǎo gōngzuò.

A 我们国家_____ (压力)，
    Wǒmen guójiā yālì

因此我们_____ (不得不)，
    yīncǐ wǒmen bù dé bù

yǐhòu yǒu jīhuì
以后有机会＿＿＿＿＿＿＿＿＿＿＿＿＿＿＿＿＿＿＿＿＿。

(2) A　Tīngshuō zài Běijīng, měi zhōu yǒu yì tiān bù néng kāi chē.
听说在北京，每周有一天不能开车。

B　Shì a, gēnjù chēpáihào de zuìhòu yí wèi shùzì, měi tiān yǒu liǎng ge shùzì de chē bù néng shàng lù.
是啊，根据车牌号的最后一位数字，每天有两个数字的车不能上路。

A　Zhèyàng zuò huì　　　　　　　　　yǐngxiǎng
这样做会＿＿＿＿＿＿＿＿＿＿＿＿＿（影响）？

B　Shì de.　Běijīng de jiāotōng bú tài hǎo, zhèyàng zuò dàdōu shì wèile　　jiǎnqīng
是的。北京的交通不太好，这样做大都是为了＿＿＿＿＿＿＿＿＿＿＿＿＿（减轻）。

A　Kěshì xūyào kāi chē de rén　　　　　　　　fāngbiàn
可是需要开车的人＿＿＿＿＿＿＿＿＿＿＿＿＿（方便）。

B　Méi bànfǎ.　Wèile jiǎnqīng jiāotōng yālì, yě wèile jiǎnshǎo tàn páifàng, zhèngfǔ　　bù dé bù
没办法。为了减轻交通压力，也为了减少碳排放，政府＿＿＿＿＿＿＿＿＿＿＿＿＿（不得不）。

因此 yīncǐ 접 그래서, 이로 인하여 | 车牌号 chēpáihào 차량 번호 | 位 wèi 명 (숫자의) 자릿(수)

담화 연습

괄호 안의 표현과 '大都' '不得不'를 활용해 글을 완성해 봅시다.

　　　　　　　　　suízhe　de fāzhǎn,　　　　　　　　　yuèláiyuè　dào chéngshì dǎ gōng.
＿＿＿＿＿＿＿＿＿＿＿（随着）的发展，＿＿＿＿＿＿＿＿＿＿＿（越来越）到城市打工。

Zhèxiē rén　　　　　　　　niánqīng fūqī　 tāmen de gōngzuò hěn xīnkǔ, dàizhe háizi yìqǐ shēnghuó hěn kùnnan,
这些人＿＿＿＿＿＿＿＿＿＿＿＿＿（年轻夫妻），他们的工作很辛苦，带着孩子一起生活很困难，

yīncǐ zhèxiē háizi　　　　　　　liú zài nóngcūn　 Zhèxiē háizi　　　　　　yóu lǎorén zhàogu
因此这些孩子＿＿＿＿＿＿＿＿＿＿＿（留在农村）。这些孩子＿＿＿＿＿＿＿＿＿＿＿（由老人照顾）。

Tāmen quēshǎo fùmǔ de guān'ài,　　　　　　　　　　　　shènzhì
他们缺少父母的关爱，＿＿＿＿＿＿＿＿＿＿＿＿＿＿＿＿＿（甚至）。

Wǒ rènwéi, yào jiějué zhè yí wèntí, zhèngfǔ yīnggāi
我认为，要解决这一问题，政府应该＿＿＿＿＿＿＿＿＿＿＿＿＿＿＿＿＿＿
＿＿＿＿＿＿＿＿＿＿＿＿＿＿＿＿＿＿＿＿＿＿＿＿＿＿＿＿＿＿＿＿＿。

关爱 guān'ài 동 관심을 갖고 돌보다, 사랑으로 돌보다

17 月光族
yuèguāngzú

위에광족

단어 연습

1 빈칸에 알맞은 보기를 고른 후, 큰 소리로 문장을 읽어 봅시다.

> 보기
> A 盼望 pànwàng B 希望 xīwàng C 度过 dùguò D 花 huā E 无奈 wúnài F 不得不 bù dé bù

(1) 这是我为你做的生日蛋糕，_____你喜欢。
Zhè shì wǒ wèi nǐ zuò de shēngrì dàngāo, nǐ xǐhuan.

(2) 小时候，我总是_____着快点儿长大。
Xiǎo shíhou, wǒ zǒngshì zhe kuài diǎnr zhǎngdà.

(3) 上周末是爷爷的生日，全家人在一起_____了愉快的一天。
Shàng zhōumò shì yéye de shēngrì, quán jiā rén zài yìqǐ le yúkuài de yì tiān.

(4) 我们开着车，_____了一个多小时才找到那家书店。
Wǒmen kāizhe chē, le yí ge duō xiǎoshí cái zhǎodào nà jiā shūdiàn.

(5) 我只剩下两块钱，_____坐公共汽车回家。
Wǒ zhǐ shèngxia liǎng kuài qián, zuò gōnggòng qìchē huí jiā.

(6) 那位老人_____地接受了他们的条件，从老房子里搬出去了。
Nà wèi lǎorén de jiēshòule tāmen de tiáojiàn, cóng lǎo fángzi li bān chūqu le.

2 빈칸에 알맞은 보기를 고른 후, 큰 소리로 문장을 읽어 봅시다.

> 보기
> A 基本 jīběn B 普遍 pǔbiàn C 其实 qíshí D 偶尔 ǒu'ěr E 算 suàn F 够 gòu

(1) 妈妈嘴上说让孩子自己生活，_____心里很惦记他。
Māma zuǐ shang shuō ràng háizi zìjǐ shēnghuó, xīnli hěn diànjì tā.

(2) 阿亮每天要上课，晚上要打工，周末还要做义工，_____没有时间逛商场。
Āliàng měi tiān yào shàng kè, wǎnshang yào dǎ gōng, zhōumò hái yào zuò yìgōng, méiyǒu shíjiān guàng shāngchǎng.

(3) 你一个大小伙子，一碗炸酱面怎么_____吃呢？
Nǐ yí ge dà xiǎohuǒzi, yì wǎn zhájiàngmiàn zěnme chī ne?

(4) 在这个城市，骑车上下班是一个非常_____的现象。
Zài zhège chéngshì, qí chē shàng-xià bān shì yí ge fēicháng de xiànxiàng.

(5) 我只是_____喝一杯咖啡，经常喝的话会睡不着觉。
Wǒ zhǐ shì hē yì bēi kāfēi, jīngcháng hē dehuà huì shuì bu zháo jiào.

(6) 在北京，一个月2000块租金的房子不_____贵。
Zài Běijīng, yí ge yuè liǎngqiān kuài zūjīn de fángzi bú guì.

租金 zūjīn 명 임대료

3 조합할 수 있는 것끼리 모두 연결해 봅시다.

gǎibiàn	jiēchù	chū kǒu	gǎishàn	shuō
改变	接触	出口	改善	说

tàidu	dàzìrán	tiáojiàn	xīnlihuà	chǎnpǐn	dǎoyǎn
态度	大自然	条件	心里话	产品	导演

4 그림이 나타내는 단어를 보기에서 골라 봅시다.

보기: A 月初 yuèchū　B 年底 niándǐ　C 月中 yuèzhōng　D 年初 niánchū　E 年中 niánzhōng　F 月底 yuèdǐ

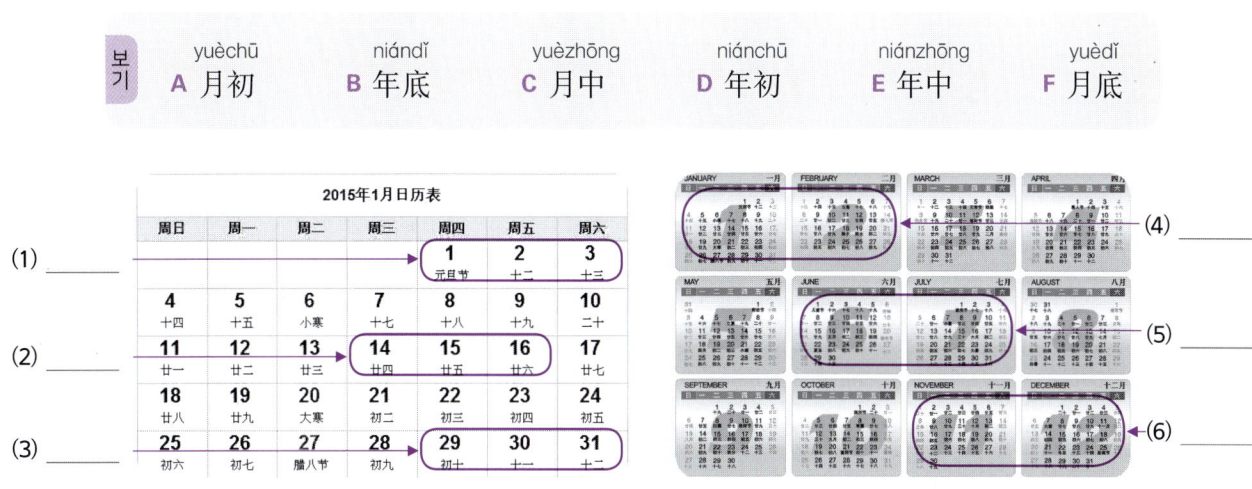

(1) _____　(2) _____　(3) _____　(4) _____　(5) _____　(6) _____

어법 연습

1 괄호 안의 단어를 사용하여 '只有……才……' 형식의 문장을 완성해 봅시다.

(1) Zhǐyǒu tōngguò kǎoshì,
只有通过考试，_____。（毕业 bì yè　学校 xuéxiào）

(2) Zhǐyǒu dāngle māma,
只有当了妈妈，_____。（照顾 zhàogù　辛苦 xīnkǔ）

(3) Zhǐyǒu nà bǎ huángsè de yàoshi
只有那把黄色的钥匙_____。（打开 dǎ kāi　箱子 xiāngzi）

(4) Zhǐyǒu jīnglìguo gānhàn de rén
只有经历过干旱的人_____。（节约 jiéyuē　水资源 shuǐ zìyuán）

(5) Zhǐyǒu bǎ huār dōu màiguāng,
只有把花儿都卖光，_____。（钱 qián　晚饭 wǎnfàn）

水资源 shuǐzìyuàn 명 수자원

2 '不仅……，还……' 형식을 사용해 제시된 두 문장을 하나의 문장으로 바꿔 써 봅시다.

(1) 张秘书今天要准备会议文件。／ 张秘书今天要去机场接人。

　　→ _____

(2) 青藏铁路是世界上最长的铁路。／ 青藏铁路是世界上最高的铁路。

　　→ _____

(3) 那些海豚把他们紧紧地围在中间。／ 那些海豚用力地拍打水面。

　　→ _____

(4) 谐音词的使用使汉语的表达更丰富。／ 谐音词的使用使汉语的表达更有趣。

　　→ _____

(5) 那个撞了他的人没说对不起。／ 那个撞了他的人骑着车离开了。

　　→ _____

(6) 警察找到了我的自行车。／ 警察把自行车给我送回来了。

　　→ _____

3 괄호 안 단어의 문장 속 위치를 찾아 봅시다.

(1) 只有阿里那么聪明的人，A 能 B 想出来 C 这么好的主意。（才）

(2) 黑格尔的父亲说，只有空马车，A 会 B 产生 C 那么大的噪音。（才）

(3) A 你陪我，B 我才愿意 C 去旅行。（只有）

(4) 他 A 见到我，B 没打招呼，C 还冷冷地看了我一眼。（不仅）

(5) 林教授不仅 A 研究环境污染问题，他 B 研究 C 怎样保护环境。（还）

(6) A 在工作中，人们不仅 B 认识了世界，C 改变了世界。（还）

듣기 연습

1 녹음을 듣고, 녹음 속 질문에 알맞은 답을 골라 봅시다. 🔊 W-17-01

(1) A 淡水湖 (dànshuǐhú)　　B 藏羚羊 (zànglíngyáng)　　C 淡水湖的名字 (dànshuǐhú de míngzi)

(2) A 老北京的 (lǎo Běijīng de)　　B 老饭馆儿的 (lǎo fànguǎnr de)　　C 家里的 (jiā li de)

2 녹음을 듣고, 다음 질문에 답해 봅시다. 🔊 W-17-02

(1) 为什么很多农村家庭只有老人和儿童？ (Wèi shénme hěn duō nóngcūn jiātíng zhǐ yǒu lǎorén hé értóng?)

(2) 那些年轻人什么时候才回家？ (Nàxiē niánqīngrén shénme shíhou cái huí jiā?)

数量 shùliàng 명 수량, 양

쓰기 연습

1 제시된 간체자가 들어간 단어를 아는 대로 다 써 봅시다.

(1) 约 (yuē) ＿＿＿＿＿　＿＿＿＿＿　＿＿＿＿＿　＿＿＿＿＿

(2) 业 (yè) ＿＿＿＿＿　＿＿＿＿＿　＿＿＿＿＿　＿＿＿＿＿

2 녹음을 듣고 문장을 받아써 봅시다. 🔊 W-17-03

(1) ＿＿＿＿＿＿＿＿＿＿＿＿＿＿＿＿＿＿＿＿＿＿＿＿＿＿＿＿

(2) ＿＿＿＿＿＿＿＿＿＿＿＿＿＿＿＿＿＿＿＿＿＿＿＿＿＿＿＿

회화 연습

자신의 실제 상황에 근거해 질문에 답해 봅시다. '只有……, 才……'나 '不仅……, 还……'를 활용해 보세요.

(1) 你觉得什么样的人可以当校长？ (Nǐ juéde shénme yàng de rén kěyǐ dāng xiàozhǎng?)

(2) 你认为什么样的朋友是真正的朋友？ (Nǐ rènwéi shénme yàng de péngyou shì zhēnzhèng de péngyou?)

(3) 你认为健康重要吗？为什么？ (Nǐ rènwéi jiànkāng zhòngyào ma? Wèi shénme?)

(4) 吸烟有什么不好？ (Xī yān yǒu shénme bù hǎo?)

Nǐ xǐhuan kuài jiézòu de shēnghuó háishi màn jiézòu de shēnghuó? Wèi shénme?
(5) 你喜欢快节奏的生活还是慢节奏的生活？为什么？

Nǐ rènwéi chéngwéi yì míng yōuxiù de lǎoshī de tiáojiàn shì shénme?
(6) 你认为成为一名优秀的老师的条件是什么？

담화 연습

1 보기 문장 간의 의미 관계를 파악하여 순서대로 배열해 봅시다.

> 보기
>
> nàli de hǎishuǐ tèbié lán, yángguāng tèbié míngmèi, shuǐguǒ yě tèbié xīnxian
> A 那里的海水特别蓝，阳光特别明媚，水果也特别新鲜
>
> zài nàli, wǒ bùjǐn yóule yǒng, xiǎngshòule yángguāng, hái chīdàole hěn duō shuǐguǒ
> B 在那里，我不仅游了泳，享受了阳光，还吃到了很多水果
>
> wǒ zhǐ shuōle yí jù huà: "Zhǐyǒu zìjǐ qùguo yí cì, cái néng zhēnzhèng gǎnshòu dào."
> C 我只说了一句话："只有自己去过一次，才能真正感受到。"
>
> qùnián Chūn Jié wǒ shì zài Hǎinán dùguò de. Nàr de dōngtiān yìdiǎnr yě bù lěng
> D 去年春节我是在海南度过的。那儿的冬天一点儿也不冷
>
> huílai hòu, péngyoumen dōu wèn wǒ: "Hǎinán zěnmeyàng?"
> E 回来后，朋友们都问我："海南怎么样？"

海水 hǎishuǐ 명 바닷물, 해수

2 월급이 8000元이라고 가정하고 월 지출 계획표를 작성해 봅시다. 작성한 표를 바탕으로 '不仅……, 还……'를 활용해 글을 완성해 보세요.

월 지출 계획표
월급 : _____
지출 : _____ _____ _____ _____
잔액 : _____

Wǒ měi ge yuè de gōngzī shì bā qiān yuán. Wǒ bùjǐn yào   hái yào
我每个月的工资是8000元。我不仅要_____，还要_____。

　　　　　　　　　yào zhīfù　　　yuán　　　　　　　　　　　　　　　　yào zhīfù　　　yuán,
_____要支付_____元，_____要支付_____元，

　　　　　　　　　yào zhīfù　　　yuán,　　　　　　　　　　　　　　　yào zhīfù　　　yuán
_____要支付_____元，_____要支付_____元。

Shèngxia   yuán, wǒ dǎsuàn
剩下_____元，我打算_____。

18 细心
xìxīn

세심함

단어 연습

1 그림이 나타내는 단어를 보기에서 골라 봅시다.

| 보기 | A 会议 huìyì | B 山水 shānshuǐ | C 课表 kèbiǎo | D 增加 zēngjiā | E 背面 bèimiàn | F 会计 kuàijì |

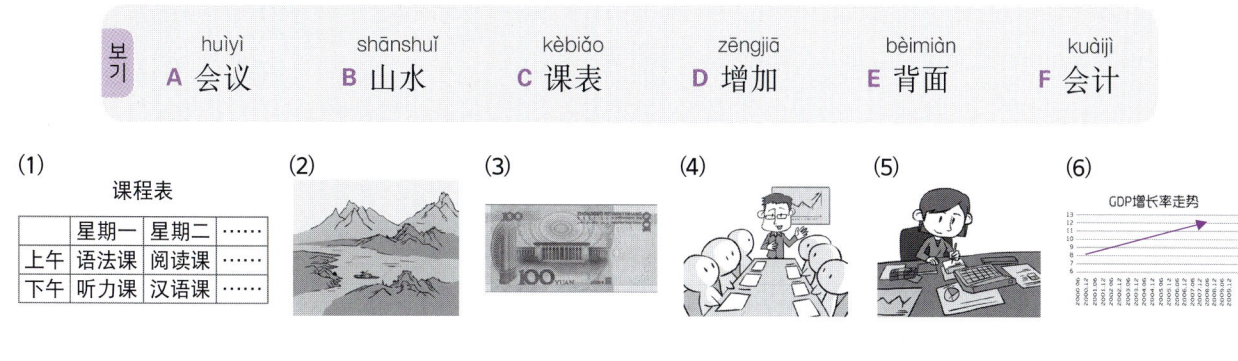

(1) ____ (2) ____ (3) ____ (4) ____ (5) ____ (6) ____

2 빈칸에 알맞은 보기를 고른 후, 큰 소리로 문장을 읽어 봅시다.

| 보기 | A 细心 xìxīn | B 认真 rènzhēn | C 跨国 kuàguó | D 国际 guójì | E 遍 biàn | F 轮 lún |

(1) 她的工作态度一直很_____。
　　Tā de gōngzuò tàidu yìzhí hěn

(2) 妈妈很_____，连孩子细微的情绪变化都能发现。
　　Māma hěn   lián háizi xìwēi de qíngxù biànhuà dōu néng fāxiàn.

(3) 他妈妈是一家_____公司的经理。
　　Tā māma shì yì jiā   gōngsī de jīnglǐ.

(4) 我每天看新闻，及时了解当前的_____形势。
　　Wǒ měi tiān kàn xīnwén, jíshí liǎojiě dāngqián de   xíngshì.

(5) 六_____比赛以后，意大利队获得了冠军。
　　Liù   bǐsài yǐhòu, Yìdàlì duì huòdéle guànjūn.

(6) 我想再看一_____那个电视剧。
　　Wǒ xiǎng zài kàn yí   nàge diànshìjù.

细微 xìwēi 휑 미세하다 | **情绪** qíngxù 똉 감정, 기분 | **冠军** guànjūn 똉 챔피언, 우승(자), 1등

3 빈칸에 알맞은 양사를 보기에서 골라 봅시다.

| 보기 | A 位 wèi | B 张 zhāng | C 门 mén | D 条 tiáo | E 件 jiàn |

(1) 一____假币 jiǎbì　(2) 一____难事 nánshì　(3) 一____课程 kèchéng　(4) 一____主考官 zhǔkǎoguān　(5) 一____新闻 xīnwén

4 빈칸에 알맞은 보기를 고른 후, 큰 소리로 문장을 읽어 봅시다.

| 보기 | A 顺利 shùnlì | B 正式 zhèngshì | C 录用 lùyòng | D 好处 hǎochù | E 增加 zēngjiā | F 运用 yùnyòng |

(1) 2001年，母亲水窖工程____开始实施。
　　Èr líng líng yī nián, mǔqīn shuǐjiào gōngchéng kāishǐ shíshī.

(2) 我们应该把学到的知识____到生活中去。
　　Wǒmen yīnggāi bǎ xuédào de zhīshi dào shēnghuó zhōng qù.

(3) 你别吸那么多烟了，吸烟对身体没有____。
　　Nǐ bié xī nàme duō yān le, xī yān duì shēntǐ méiyǒu

(4) 听说你被一家跨国公司____了，我真替你感到高兴。
　　Tīngshuō nǐ bèi yì jiā kuàguó gōngsī le, wǒ zhēn tì nǐ gǎndào gāoxìng.

(5) 由于李小姐弄丢了签证，买机票的时候不太____。
　　Yóuyú Lǐ xiǎojie nòngdiūle qiānzhèng, mǎi jīpiào de shíhou bú tài

(6) 月光族不但要节约用钱，还要想办法____自己的收入。
　　Yuèguāngzú búdàn yào jiéyuē yòng qián, hái yào xiǎng bànfǎ zìjǐ de shōurù.

어법 연습

1 '都'를 사용해 밑줄 친 부분에 대해 묻는 문장을 만들어 봅시다.

(1) 明天有<u>数学课、英文课、地理课和体育课</u>。
　　Míngtiān yǒu shùxuékè、Yīngwénkè、dìlǐkè hé tǐyùkè.
　　→ _____

(2) 我这个月买了<u>一个手机、两件衣服和三本书</u>。
　　Wǒ zhège yuè mǎile yí ge shǒujī, liǎng jiàn yīfu hé sān běn shū.
　　→ _____

(3) 骑自行车的好处很多，<u>可以锻炼身体，还可以保护环境</u>。
　　Qí zìxíngchē de hǎochù hěn duō, kěyǐ duànliàn shēntǐ, hái kěyǐ bǎohù huánjìng.
　　→ _____

Zuótiān de jùhuì shang, wǒ jiàndàole Lǐ Lì, Zhāng Qiáng, Wáng Huān hé Zhào Míng.
(4) 昨天的聚会上，我见到了<u>李丽、张强、王欢和赵明</u>。
→ _____

Jīnglǐ cānjiāguo de huìyì yǒu értóng jījīn huìyì, quánqiú jīngjì huìyì, shípǐn ānquán huìyì.
(5) 经理参加过的会议有<u>儿童基金会议、全球经济会议、食品安全会议</u>。
→ _____

Yìngpìnzhě yǒu dàxué bìyèshēng, gāng cóng hǎiwài liú xué huílai de xuésheng, hái yǒu qítā gōngsī de xiāoshòuyuán.
(6) 应聘者有<u>大学毕业生、刚从海外留学回来的学生，还有其他公司的销售员</u>。
→ _____

应聘者 yìngpìnzhě 명 응시자, 지원자

2 제시된 낱말을 알맞게 배열해 문장을 완성해 봅시다.

(1) yuèguāngzú / zǒngshì / lái shuō / bú gòu huā / duì / qián
月光族　　　总是　　　来说　　　不够花　　　对　　　钱
→ _____

(2) jìzhù / hěn zhòngyào / lái shuō / dàolù de míngzi / sījī / duì
记住　　　很重要　　　来说　　　道路的名字　　　司机　　　对
→ _____

(3) dǎoyǎn / lái shuō / pāichū / yōuxiù de diànyǐng / duì / zuì zhòngyào
导演　　　来说　　　拍出　　　优秀的电影　　　对　　　最重要
→ _____

(4) hǎochī de fànguǎnr / měishíjiā / lái shuō / shì zuì xìngfú de shì / duì / zhǎodào
好吃的饭馆儿　　　美食家　　　来说　　　是最幸福的事　　　对　　　找到
→ _____

(5) lái shuō / bǐ shìyè / nǚrén / duì / jiātíng / gèng zhòngyào
来说　　　比事业　　　女人　　　对　　　家庭　　　更重要
→ _____

(6) háizi de jiànkāng / gèng zhòngyào / duì / zìjǐ de / fùmǔ / lái shuō / bǐ
孩子的健康　　　更重要　　　对　　　自己的　　　父母　　　来说　　　比
→ _____

3 제시된 문장을 '对……来说'를 사용한 문장으로 바꿔 써 봅시다.

Zhǔkǎoguān juéde xuǎnchū zuì héshì de rén bú shì yí jiàn róngyì de shì.
(1) 主考官觉得选出最合适的人不是一件容易的事。
→ _____

Nánrén juéde yìbiān hē píjiǔ, yìbiān kàn bǐsài, shì hěn kuàilè de shì.
(2) 男人觉得一边喝啤酒，一边看比赛，是很快乐的事。
→ _____

Xiǎolì juéde míngtiān de bì yè diǎnlǐ shì jiéshù, yě shì yí ge xīn de kāishǐ.
(3) 小丽觉得明天的毕业典礼是结束，也是一个新的开始。
→ _____

Wǒ juéde jiārén de yìjiàn, yóuqí shì bàba de yìjiàn hěn zhòngyào.
(4) 我觉得家人的意见，尤其是爸爸的意见很重要。
→ _____

Zuò shēngyi de shíhou, chéngshí bǐ zhuàn qián gèng zhòngyào.
(5) 做生意的时候，诚实比赚钱更重要。
→ _____

Zìrán huánjìng duì rénmen de fāzhǎn yǐngxiǎng hěn dà.
(6) 自然环境对人们的发展影响很大。
→ _____

合适 héshì 휑 적당하다, 적합하다, 알맞다

듣기 연습

1 녹음을 듣고, 녹음 속 질문에 알맞은 답을 골라 봅시다. 🔊 W-18-01

(1) A 没意思 (méi yìsi)
　　B 很开心 (hěn kāixīn)
　　C 很幸福 (hěn xìngfú)

(2) A 多看书 (duō kàn shū)
　　B 多了解实际情况 (duō liǎojiě shíjì qíngkuàng)
　　C 多写文章 (duō xiě wénzhāng)

2 녹음을 듣고, 다음 질문에 답해 봅시다. 🔊 W-18-02

Zhōngguórén xǐhuan nǎxiē shùzì? Wèi shénme?
(1) 中国人喜欢哪些数字？为什么？

Wèi shénme Měiguórén bù xǐhuan "shísān" zhège shùzì?
(2) 为什么美国人不喜欢"13"这个数字？

쓰기 연습

1 제시된 간체자가 들어간 단어를 아는 대로 다 써 봅시다.

(1) 主 (zhǔ) _____ _____ _____ _____

(2) 用 (yòng) _____ _____ _____ _____

2 녹음을 듣고 문장을 받아써 봅시다. 🔊 W-18-03

(1) _____

(2) _____

회화 연습

괄호 안의 표현을 활용해 대화를 완성해 봅시다.

(1) A 听说你学过很多外语，你_____（都）?
  Tīngshuō nǐ xuéguo hěn duō wàiyǔ, nǐ ... dōu

  B 除了_____以外，我还_____。
  Chúle ... yǐwài, wǒ hái

  A 你觉得学习语言，_____（重要）?
  Nǐ juéde xuéxí yǔyán, ... zhòngyào

  B _____（对……来说），
  duì...lái shuō

  _____很重要，_____更重要。
  hěn zhòngyào, gèng zhòngyào.

  A 那_____（对……来说），应该怎么了解文化呢?
  Nà ... duì...lái shuō yīnggāi zěnme liǎojiě wénhuà ne?

  B 建议大家_____（历史 习俗 博物馆）。
  Jiànyì dàjiā ... lìshǐ xísú bówùguǎn

(2) A 听说你假期去中国旅游了，你_____（都）?
  Tīngshuō nǐ jiàqī qù Zhōngguó lǚyóu le, nǐ ... dōu

  B 我去了_____，还去了_____。
  Wǒ qùle ... hái qùle

  A 吐鲁番的景色怎么样?
  Tǔlǔfān de jǐngsè zěnmeyàng?

  B 景色很美，去旅游的人也很多。
  Jǐngsè hěn měi, qù lǚyóu de rén yě hěn duō.

  _____（对……来说），他们的收入_____（靠）。
  duì...lái shuō tāmen de shōurù kào

Zhōngguó de xībù shì bu shì qìhòu hěn gānhàn?
A 中国的西部是不是气候很干旱?

Shì de,   duì……lái shuō
B 是的，_____（对……来说），

shuǐ   zhēnxī   suǒyǐ xiūjiànle hěn duō shuǐjiào.
水_____（珍稀），所以修建了很多水窖。

景色 jǐngsè 명 풍경, 경치

담화 연습

'对……来说'를 사용해 자신의 가족들에게 제일 중요한 것이 무엇인지 자세히 설명해 봅시다.

	shénme zuì zhòngyào 什么最重要	wèi shénme 为什么
bàba 爸爸		
māma 妈妈		
wǒ 我		

Wǒ yéye qùnián shēng bìng zhù yuàn le, xiànzài shēntǐ   suǒyǐ duì wǒ yéye lái shuō, shēntǐ jiànkāng zuì zhòngyào.
我爷爷去年生病住院了，现在身体_____，所以对我爷爷来说，身体健康最重要。

Xiànzài tā měi tiān dōu
现在他每天都_____。

19 丝绸之路
sīchóu zhī lù

실크로드

단어 연습

1 그림이 나타내는 단어를 보기에서 골라 봅시다.

| 보기 | A 茶叶 cháyè | B 瓷器 cíqì | C 丝绸 sīchóu | D 西安 Xī'ān | E 欧洲 Ōuzhōu | F 非洲 Fēizhōu |

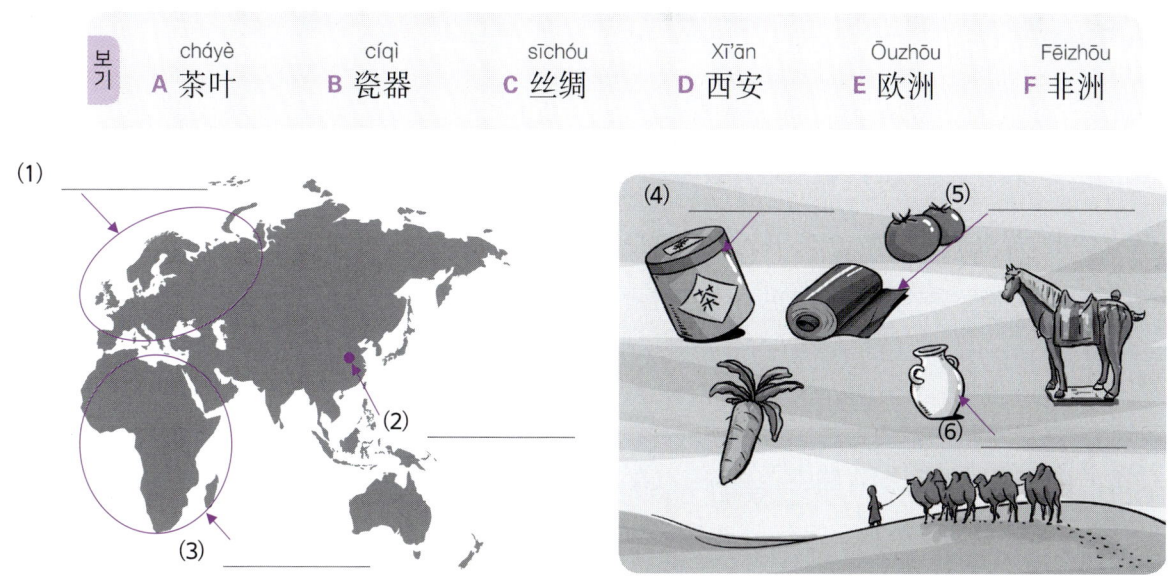

(1) _____ (2) _____ (3) _____ (4) _____ (5) _____ (6) _____

2 빈칸에 알맞은 보기를 고른 후, 큰 소리로 문장을 읽어 봅시다.

| 보기 | A 贸易 màoyì | B 生意 shēngyi | C 物品 wùpǐn | D 货物 huòwù | E 运送 yùnsòng | F 送 sòng |

(1) 汉朝时，中国人就已经开始跟外国人做_____了。
　　Háncháo shí, Zhōngguórén jiù yǐjīng kāishǐ gēn wàiguórén zuò ___ le.

(2) 中美_____交流促进了两个国家的经济发展。
　　Zhōng-Měi ___ jiāoliú cùjìnle liǎng ge guójiā de jīngjì fāzhǎn.

(3) 阿里认为，水、地图、手机是旅行时必须要带的_____。
　　Ālǐ rènwéi, shuǐ、dìtú、shǒujī shì lǚxíng shí bìxū yào dài de ___.

(4) 那批_____还没送到，超市的经理十分着急。
　　Nà pī ___ hái méi sòngdào, chāoshì de jīnglǐ shífēn zháojí.

(5) 会议结束后，由老张开车把大家_____到机场。
　　Huìyì jiéshù hòu, yóu Lǎo Zhāng kāi chē bǎ dàjiā ___ dào jīchǎng.

(6) 那辆_____货物的车已经从工厂出发了。
　　Nà liàng ___ huòwù de chē yǐjīng cóng gōngchǎng chūfā le.

外国人 wàiguórén 圆 외국인 | 中美 Zhōng-Měi 고유 중앙아메리카 | 地图 dìtú 圆 지도 | 批 pī 양 더미, 무리

3 그림이 나타내는 단어를 보기에서 골라 봅시다.

4 빈칸에 알맞은 보기를 고른 후, 큰 소리로 문장을 읽어 봅시다.

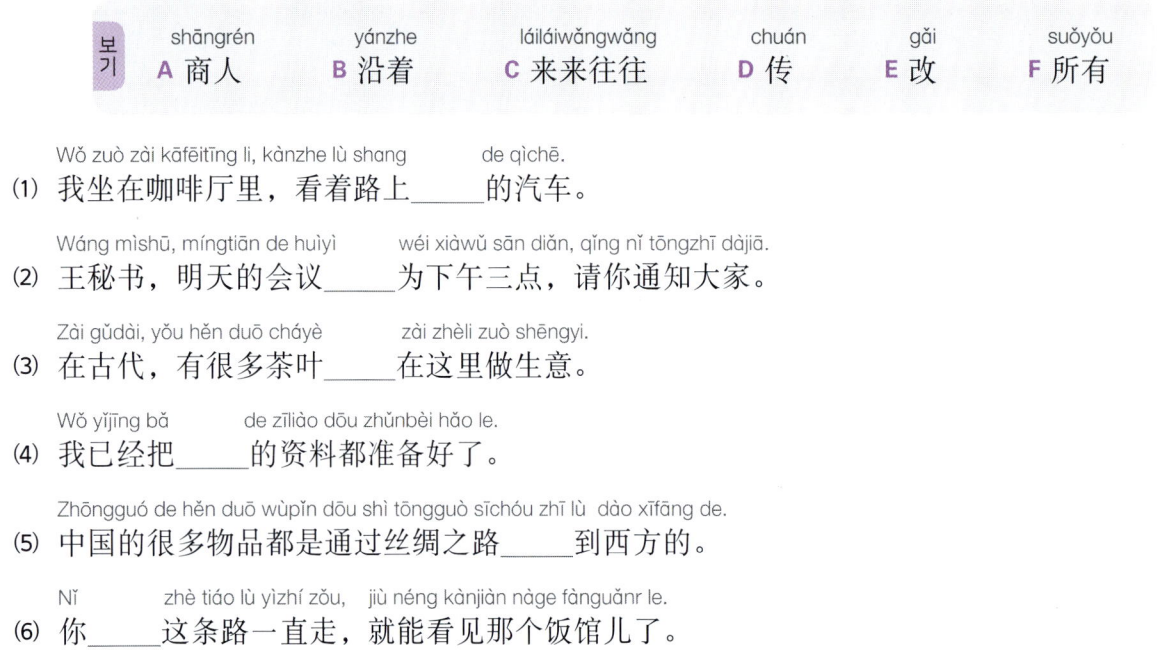

咖啡厅 kāfēitīng 몡 커피숍, 카페

어법 연습

1 빈칸에 알맞은 보기를 고른 후, 큰 소리로 문장을 읽어 봅시다.

    Hěn duō rén méi dào yuèdǐ jiù bǎ qián huāguāng le, dàjiā bǎ zhè zhǒng xiànxiàng _____ "yuèguāng".
(1) 很多人没到月底就把钱花光了，大家把这种现象_____ "月光"。

    Wǒmen yīnggāi bǎ dìqiú _____ mǔqīn, yìqǐ bǎohù tā.
(2) 我们应该把地球_____母亲，一起保护她。

(3) 那个孩子通过努力学习，终于把梦想_____现实。
<small>Nàge háizi tōngguò nǔlì xuéxí, zhōngyú bǎ mèngxiǎng xiànshí.</small>

(4) 我们可以把"2"_____"二"或"两"。
<small>Wǒmen kěyǐ bǎ "èr" huò "liǎng".</small>

(5) 同学们一致认为他可以代表我们班，大家通过投票把他_____班长。
<small>Tóngxuémen yízhì rènwéi tā kěyǐ dàibiǎo wǒmen bān, dàjiā tōngguò tóupiào bǎ tā bānzhǎng.</small>

(6) 大家正在研究怎么把这本小说_____电影。
<small>Dàjiā zhèngzài yánjiū zěnme bǎ zhè běn xiǎoshuō diànyǐng.</small>

一致 yízhì 부 함께, 같이 | 代表 dàibiǎo 통 대표하다 | 投票 tóupiào 명 투표

2 '几乎'의 문장 속 위치를 찾아 봅시다.

(1) 他的变化 A 很大，B 我 C 认不出了。
<small>Tā de biànhuà hěn dà, wǒ rèn bu chū le.</small>

(2) 那场讲座 A 我 B 连一个字 C 都没听懂。
<small>Nà chǎng jiǎngzuò wǒ lián yí ge zì dōu méi tīngdǒng.</small>

(3) 我 A 是最后 B 一个 C 知道那个消息的人。
<small>Wǒ shì zuìhòu yí ge zhīdao nàge xiāoxi de rén.</small>

(4) 那是 A 一项 B 不可能完成的任务，可是 C 他却顺利完成了。
<small>Nà shì yí xiàng bù kěnéng wánchéng de rènwu, kěshì tā què shùnlì wánchéng le.</small>

(5) 我 A 要 B 放弃的时候，王教授 C 鼓励我要坚持。
<small>Wǒ yào fàngqì de shíhou, Wáng jiàoshòu gǔlì wǒ yào jiānchí.</small>

(6) A 大学同学的名字我 B 都已经忘了 C。
<small>dàxué tóngxué de míngzi wǒ dōu yǐjīng wàng le.</small>

鼓励 gǔlì 통 격려하다, (용기를) 북돋우다

3 괄호 안의 표현을 사용해 문장을 완성해 봅시다.

(1) 人们_____。（把+A+동사+为+B　孔子的思想　儒家思想）
<small>Rénmen bǎ wéi Kǒngzǐ de sīxiǎng Rújiā sīxiǎng</small>

(2) 汉语里，可以_____。（把+A+동사+为+B　为　为）
<small>Hànyǔ li, kěyǐ bǎ wéi wèi wéi</small>

(3) 很多父母都_____。（把+A+동사+为+B　孩子　家庭中心）
<small>Hěn duō fùmǔ dōu bǎ wéi háizi jiātíng zhōngxīn</small>

(4) 雨下得太大了，_____。（几乎　看　清楚）
<small>Yǔ xià de tài dà le, jīhū kàn qīngchu</small>

(5) 林秘书很忙，_____。（几乎　休息）
<small>Lín mìshū hěn máng, jīhū xiūxi</small>

(6) 今年冬天冷极了，_____。（几乎　天天　雪）
<small>Jīnnián dōngtiān lěng jí le, jīhū tiāntiān xuě</small>

19 丝绸之路　103

듣기 연습

1 녹음을 듣고, 녹음 속 질문에 알맞은 답을 골라 봅시다. 🔊 W-19-01

(1) A 不认识 (bú rènshi)　　B 认识 (rènshi)　　C 不知道 (bù zhīdao)

(2) A 两点，第三会议室 (liǎng diǎn, dì-sān huìyìshì)　　B 三点，第一会议室 (sān diǎn, dì-yī huìyìshì)　　C 两点，第一会议室 (liǎng diǎn, dì-yī huìyìshì)

会议室 huìyìshì 명 회의실 | 分别 fēnbié 부 각각, 따로따로

2 녹음을 듣고, 다음 질문에 답해 봅시다. 🔊 W-19-02

(1) 什么是"八零后""九零后"？
　　Shénme shì "bā líng hòu" "jiǔ líng hòu"?

(2) "八零后"和"九零后"的消费习惯怎么样？
　　"Bā líng hòu" hé "jiǔ líng hòu" de xiāofèi xíguàn zěnmeyàng?

年代 shídài 명 시대, 연대 | 出生 chūshēng 동 출생하다, 태어나다 | 特点 tèdiǎn 명 특징, 특색

쓰기 연습

1 제시된 두 글자를 문장 속 알맞은 위치에 써넣어 봅시다.

(1) 毛衣 (máoyī)　贸易 (màoyì) | 这家_____公司主要是向全世界出口_____。
　　Zhè jiā　　gōngsī zhǔyào shì xiàng quán shìjiè chūkǒu

(2) 篇 (piān)　遍 (biàn) | 这_____文章写得真精彩，我已经看了三_____了。
　　Zhè　　wénzhāng xiě de zhēn jīngcǎi, wǒ yǐjīng kàn sān　　le.

2 녹음을 듣고 문장을 받아써 봅시다. 🔊 W-19-03

(1) _____

(2) _____

회화 연습

자신의 실제 상황에 근거해 질문에 답해 봅시다. '把+A+동사+为+B'나 '几乎'를 활용해 보세요.

(1) 什么是"地球一小时"？
　　Shénme shì "dìqiú yì xiǎoshí"?

(2) 你知道"母亲节"是哪一天吗？
　　Nǐ zhīdao "Mǔqīn Jié" shì nǎ yì tiān ma?

(3) 你身边的人，谁算是"中国通"？
　　Nǐ shēnbiān de rén, shéi suàn shì "zhōngguótōng"?

Nǐ zuì xǐhuan zuò shénme? Duō cháng shíjiān zuò yí cì?
(4) 你最喜欢做什么？多长时间做一次？

Nǐ xuéguo de shēngcí hé Hànzì, hái dōu jìde ma?
(5) 你学过的生词和汉字，还都记得吗？

Nǐ hái jìde zuì máng de yì tiān ma? Mángle duō cháng shíjiān?
(6) 你还记得最忙的一天吗？忙了多长时间？

담화 연습

1 보기 문장 간의 의미 관계를 파악하여 순서대로 배열해 봅시다.

> 보기
> dōng dào dàhǎi, zhōngjiān jīngguò hěn duō shěng shì
> A 东到大海，中间经过很多省市
>
> suǒyǐ rénmen bǎ tā chēngwéi "mǔqīn hé"
> B 所以人们把它称为"母亲河"
>
> Huáng Hé shì Zhōngguó dì-èr tiáo cháng hé
> C 黄河是中国第二条长河
>
> tā xī qǐ Qīng-Zàng Gāoyuán
> D 它西起青藏高原
>
> yīnwèi Huáng Hé duì Zhōngguó de nóngyè chǎnshēngle shēnyuǎn de yǐngxiǎng
> E 因为黄河对中国的农业产生了深远的影响

省市 shěng shì 명 성(省)과 시(市) | 高原 gāoyuán 명 고원 | 农业 nóngyè 명 농업

2 예약자의 요구 사항을 참고해 제안서에 대한 의견을 '把+A+동사+为+B'를 활용해 써 봅시다.

> Bā rén cānjiā, sì rén shì sùshízhě,
> 8人参加，4人是素食者，
> liǎng rén zhōu liù méi kòngr, dà bùfen rén dōu kāi chē.
> 2人周六没空儿，大部分人都开车。

Fúwùyuán de yànhuì fāng'àn: Yànhuì shíjiān: Xīngqīliù, zhōngwǔ shí'èr diǎn.
服务员的宴会方案：宴会时间：星期六，中午12:00。

càidān
菜单

liáng cài
凉菜 차게 먹는 요리

- táng bàn xīhóngshì
  糖拌西红柿
- liáng bàn huángguā
  凉拌黄瓜

rè cài
热菜 익힌 요리

- xīhóngshì niúròu
  西红柿牛肉
- nǎilào yángròu
  奶酪羊肉
- zháyú
  炸鱼
- huángguā jīdàn
  黄瓜鸡蛋

tāng:
汤 탕

- yútāng
  鱼汤

diǎnxin
点心 간식

- qiǎokèlì dàngāo
  巧克力蛋糕

yǐnliào
饮料 음료

- pútaojiǔ
  葡萄酒
- píjiǔ
  啤酒
- kāfēi
  咖啡

Yànhuì shíjiān Xīngqīliù bù héshì yīnwèi yǒu liǎng rén Xīngqīliù méi kòngr.
宴会时间星期六不合适，因为有2人星期六没空儿。

_____（星期日）。热菜中_____不合适，因为

yǒu sì rén shì sùshízhě.
有4人是素食者。_____（西红柿炒鸡蛋）。

素食者 sùshízhě 채식주의자 | **宴会** yànhuì 圏 연회, 파티 | **方案** fāng'àn 圏 제안, 방안 | **拌** bàn 圏 버무리다, 비비다 | **黄瓜** huángguā 圏 오이

20 汉语和唐人街
Hànyǔ hé Tángrénjiē
중국어와 차이나타운

단어 연습

1 빈칸에 알맞은 보기를 고른 후, 큰 소리로 문장을 읽어 봅시다.

보기	A 时期 shíqī	B 时间 shíjiān	C 修建 xiūjiàn	D 建立 jiànlì	E 发音 fāyīn	F 音节 yīnjié

(1) 我在大学＿＿＿，参加过不少活动，认识了不少朋友。
　　Wǒ zài dàxué ___ cānjiāguo bù shǎo huódòng, rènshile bù shǎo péngyou.

(2) 王秘书生完孩子以后，休息了一段＿＿＿。
　　Wáng mìshū shēngwán háizi yǐhòu, xiūxile yí duàn ___.

(3) 两国政府决定合作＿＿＿一条铁路。
　　Liǎng guó zhèngfǔ juédìng hézuò ___ yì tiáo tiělù.

(4) 秦始皇＿＿＿了中国历史上第一个统一的国家。
　　Qínshǐhuáng ___ le Zhōngguó lìshǐ shang dì-yī ge tǒngyī de guójiā.

(5) "天气"属于双＿＿＿词。
　　"Tiānqì" shǔyú shuāng ___ cí.

(6) 在我们班，大卫的＿＿＿最好，差不多跟中国人一样。
　　Zài wǒmen bān, Dàwèi de ___ zuì hǎo, chàbuduō gēn Zhōngguórén yíyàng.

属于 shǔyú 통 ~에 속하다

2 조합할 수 있는 것끼리 모두 연결해 봅시다.

来自 láizì　　自称 zìchēng　　从事 cóngshì　　热爱 rè'ài　　聚集 jùjí

生活 shēnghuó　　国外 guówài　　国家 guójiā　　中国通 zhōngguótōng　　很多人 hěn duō rén　　教育工作 jiàoyù gōngzuò

3 빈칸에 알맞은 보기를 고른 후, 큰 소리로 문장을 읽어 봅시다.

보기	A 因此 yīncǐ	B 祖先 zǔxiān	C 寒冷 hánlěng	D 一半 yíbàn	E 例如 lìrú	F 球队 qiúduì

(1) 你知道中国人的＿＿＿是谁吗？
　　Nǐ zhīdao Zhōngguórén de ___ shì shéi ma?

(2) 这条贸易之路运送过很多丝绸，＿＿＿被命名为"丝绸之路"。
　　Zhè tiáo màoyì zhī lù yùnsòngguo hěn duō sīchóu, ___ bèi mìngmíng wéi "sīchóu zhī lù".

　　　　　Ānnī zuì xǐhuan de　　　shì Yìdàlì duì,　yīnwèi duìyuán gègè dōu hěn shuài.
(3) 安妮最喜欢的_____是意大利队，因为队员个个都很帅。

　　　　　Sīchóu zhī lù shang yùnsòngguo hěn duō huòwù,　sīchóu、cháyè、cíqì děng.
(4) 丝绸之路上运送过很多货物，_____丝绸、茶叶、瓷器等。

　　　　　Zhè tiáo qúnzi huāle Dīng xiǎojiě　　de gōngzī.
(5) 这条裙子花了丁小姐_____的工资。

　　　　　Nánjí shì shìjiè shang zuì　　de dìfang zhī yī.
(6) 南极是世界上最_____的地方之一。

4 중국 왕조, 나라의 이름을 아는 대로 다 써 봅시다.

_____　_____　_____　_____

_____　_____　_____　_____

어법 연습

1 제시된 문장을 '来自'를 사용한 문장으로 바꿔 써 봅시다.

　　Zhèxiē shāngrén yíbàn dōu shì cóng Ōuzhōu lái de.
(1) 这些商人一半都是从欧洲来的。

→ _____

　　Tā àiren de jiāxiāng shì Shànghǎi.
(2) 他爱人的家乡是上海。

→ _____

　　Shuǐjiào zhōng de shuǐ shì dìxià shōují de yǔshuǐ.
(3) 水窖中的水是地下收集的雨水。

→ _____

　　Zhè suǒ dàxué de xuésheng shì cóng quán guó gè dì lái de.
(4) 这所大学的学生是从全国各地来的。

→ _____

　　Wǒ de xiǎngfǎ shì gēnjù zìjǐ de shēnghuó jīngyàn tíchū de.
(5) 我的想法是根据自己的生活经验提出的。

→ _____

　　Cóng kuàguó gōngsī lái de zhǔkǎoguān rènwéi, xìxīn cái shì zuì hǎo de nénglì.
(6) 从跨国公司来的主考官认为，细心才是最好的能力。

→ _____

2 '所'의 문장 속 위치를 찾아 봅시다.

(1) 刘邦 A 建立的国家 B 被 C 称为汉朝。
   Liú Bāng jiànlì de guójiā bèi chēngwéi Hàncháo.

(2) 这位老人 A 要 B 做的 C 是一个复杂的手术。
   Zhè wèi lǎorén yào zuò de shì yí ge fùzá de shǒushù.

(3) 爸爸说，他 A 担心的 B 是 C 爷爷的身体。
   Bàba shuō, tā dānxīn de shì yéye de shēntǐ.

(4) 小丽刚才 A 说的都 B 是心里话，你应该 C 相信她。
   Xiǎolì gāngcái shuō de dōu shì xīnlihuà, nǐ yīnggāi xiāngxìn tā.

(5) 学长 A 让我告诉大家，下学期 B 增加的课程都不 C 算难。
   Xuézhǎng ràng wǒ gàosu dàjiā, xià xuéqī zēngjiā de kèchéng dōu bù suàn nán.

(6) 我喜欢旅游，但 A 注意的不仅 B 是风景，C 还有习俗和文化。
   Wǒ xǐhuan lǚyóu, dàn zhùyì de bùjǐn shì fēngjǐng, hái yǒu xísú hé wénhuà.

3 제시된 낱말을 알맞게 배열해 문장을 완성해 봅시다.

(1) 战国时期　　所说的 "China"　　"秦" 的发音　　来自　　我们
    Zhànguó shíqī　suǒ shuō de　　　　　"Qín" de fāyīn　láizì　wǒmen
    → _____

(2) 大部分　　唐人街里　　中国　　所聚集的人　　来自
    dà bùfen　Tángrénjiē li　Zhōngguó　suǒ jùjí de rén　láizì
    → _____

(3) 来自　　所说的　　你今天　　哪份报纸　　新闻
    láizì　　suǒ shuō de　nǐ jīntiān　nǎ fèn bàozhǐ　xīnwén
    → _____

(4) 是一位　　新疆的歌星　　所喜欢的　　来自　　他
    shì yí wèi　Xīnjiāng de gēxīng　suǒ xǐhuan de　láizì　tā
    → _____

(5) 所运送的　　这些商人　　来自　　是　　中国的丝绸
    suǒ yùnsòng de　zhèxiē shāngrén　láizì　shì　Zhōngguó de sīchóu
    → _____

(6) 所需要的信息　　他查遍了　　才找到　　来自　　会议的资料
    suǒ xūyào de xìnxī　tā chábiànle　cái zhǎodào　láizì　huìyì de zīliào
    → _____

듣기 연습

1 짧은 녹음을 듣고, 녹음 속 질문에 알맞은 답을 골라 봅시다. 🔊 W-20-01

(1) A 听得懂 (tīng de dǒng)　　B 听不懂 (tīng bu dǒng)　　C 不知道 (bù zhīdao)

(2) A 主持人 (zhǔchírén)　　B 观众 (guānzhòng)　　C 家人 (jiārén)

熟悉 shúxī 형 잘 알다, 익숙하다 | 来信 láixìn 명 보내온 편지

2 녹음을 듣고, 다음 질문에 답해 봅시다. 🔊 W-20-02

(1) 为什么小李的钱总是不够花?
　　Wèi shénme Xiǎo Lǐ de qián zǒngshì bú gòu huā?

(2) 为什么小李和朋友都很高兴?
　　Wèi shénme Xiǎo Lǐ hé péngyou dōu hěn gāoxìng?

쓰기 연습

1 제시된 간체자가 들어간 단어를 아는 대로 다 써 봅시다.

(1) 自 (zì) _____　_____　_____

(2) 公 (gōng) _____　_____　_____

2 녹음을 듣고 문장을 받아써 봅시다. 🔊 W-20-03

(1) _____

(2) _____

회화 연습

괄호 안의 표현을 활용해 대화를 완성해 봅시다.

(1) **主考官** (zhǔkǎoguān)　你好，请先_____（介绍）。
　　　Nǐ hǎo, qǐng xiān　　　　　　　　jièshào

　　毕业生 (bìyèshēng)　您好，我叫_____（来自），是一名刚毕业的大学生。
　　　Nín hǎo, wǒ jiào　　　　láizì　shì yì míng gāng bì yè de dàxuéshēng.

　　主考官 (zhǔkǎoguān)　我们公司_____（所……的）。
　　　Wǒmen gōngsī　　　　　　suǒ……de

　　毕业生 (bìyèshēng)　我在上大学的时候，就_____。
　　　Wǒ zài shàng dàxué de shíhou, jiù

	zhǔkǎoguān	Nǐ de xiāoshòu nénglì zěnmeyàng?
	主考官	你的销售能力怎么样?
	bìyèshēngn	Wǒ zǒngshì néng_____(需求),
	毕业生	xūqiú
		bìng bāng tāmen_____(选择)。
		并帮他们 xuǎnzé

(2) A　Zuótiān wǎnshang nǐ qù kàn wénhuà yǎnchū le ma?
　　　昨天晚上你去看文化演出了吗?

　　B　Méiyǒu, wǒ_____(看电影)。节目怎么样?
　　　没有，我 kàn diànyǐng　Jiémù zěnmeyàng?

　　A　Fēicháng jīngcǎi, tāmen_____(所……的) 都是中国传统艺术。
　　　非常精彩，他们 suǒ……de　dōu shì Zhōngguó chuántǒng yìshù.

　　B　Dōu yǒu nǎxiē yìshùjiā yǎnchū?
　　　都有哪些艺术家演出?

　　A　Méiyǒu yìshùjiā, yǎnyuán dōu shì_____(来自)。
　　　没有艺术家，演员都是 láizì

　　B　Zhēn méi xiǎngdào tāmen yě zhème rè'ài Zhōngguó chuántǒng yìshù.
　　　真没想到他们也这么热爱中国传统艺术。

담화 연습

여태까지 받았던 선물 중 가장 마음에 들었던 선물에 대해 써 봅시다. '来自'와 '所+동사+的'를 활용해 보세요.

zuì xǐhuan de yí jiàn lǐwù 最喜欢的一件礼物	
zhè jiàn lǐwù láizì…… 这件礼物来自……	
shénme shíhou shōudào de 什么时候收到的	
xǐhuan de yuányīn 喜欢的原因	
lǐwù de yìyì 礼物的意义	
duì zìjǐ de yǐngxiǎng 对自己的影响	

Wǒ zuì xǐhuan de yí jiàn lǐwù shì
我最喜欢的一件礼物是_____。_____

다락원 홈페이지 및 콜롬북스 APP에서
MP3 파일 다운로드 및 실시간 재생 서비스

New Concept Chinese
신개념 중국어 4 워크북

지은이 崔永华
옮긴이 임대근, 이수영
펴낸이 정규도
펴낸곳 (주)다락원

모범답안 감수 钱兢(국민대학교 교수)
책임편집 박소정, 이상윤
디자인 박나래, 최영란

다락원 경기도 파주시 문발로 211
전화 (02)736-2031 (내선 250~252/내선 430~439)
팩스 (02)732-2037
출판등록 1977년 9월 16일 제406-2008-000007호

Copyright © 2015, 北京语言大学出版社
한국 내 Copyright © 2017, (주)다락원

이 책의 한국 내 저작권은 北京语言大学出版社와의
독점 계약으로 (주)다락원이 소유합니다.

저자 및 출판사의 허락 없이 이 책의 일부 또는 전부를 무단 복제
·전재·발췌할 수 없습니다. 구입 후 철회는 회사 내규에 부합
하는 경우에 가능하므로 구입문의처에 문의하시기 바랍니다.
분실·파손 등에 따른 소비자 피해에 대해서는 공정거래위원회에서
고시한 소비자 분쟁 해결 기준에 따라 보상 가능합니다. 잘못된 책
은 바꿔 드립니다.

---

http://www.darakwon.co.kr
다락원 홈페이지를 방문하시면 상세한 출판정보와 함께 동영상
강좌, MP3자료 등 다양한 어학 정보를 얻으실 수 있습니다.

New Concept Chinese
신개념 중국어와 함께 보면 좋은 책

어휘를 더 공부하고 싶다면,
新HSK VOCA 礼리物우
리우, 한난희 저 | 648면 | 17,500원
(mp3파일 무료 다운로드)

어법을 더 공부하고 싶다면,
중국어 쉬운 문법
김종호, 강희명 저 | 224면 | 13,000원

작문을 더 공부하고 싶다면,
중국어 쉬운 작문 1
陈作宏, 邓秀均 저 | 152면 | 10,000원

중국어 쉬운 작문 2
陈作宏, 张璟, 邓秀均 저 | 224면 | 11,000원

문화를 더 공부하고 싶다면,
쉽게 이해하는 중국 문화
김태만, 김창경, 박노종, 안승웅 저 | 336면 | 16,500원

신개념 중국어

New Concept Chinese

왜 '신개념' 중국어인가?

- 본문+단어+어법 '**학습**'이 딱 **두 페이지**로 끝! 부담감 DOWN, 성취감 UP!
- 단어+어법 '**복습**' 역시 딱 **두 페이지**로 끝! 지루함 DOWN, 효율성 UP!
- 쉬운 본문으로 **코어 학습**! → 연습 문제로 복습하며 **실전 적응**!

4

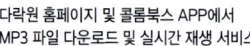

다락원 홈페이지 및 콜롬북스 APP에서
MP3 파일 다운로드 및 실시간 재생 서비스

ISBN 978-89-277-2214-4
ISBN 978-89-277-2183-3(set)

정가 15,000원
(본책·워크북·MP3 CD 1장 포함)